JN238717

グローバル企業の経営倫理・CSR

[監修] 日本経営倫理学会
[編著] 小林俊治・高橋浩夫

Global Business Ethics and CSR

Japan Society for Business Ethics Study
Shunji Kobayashi, Hiroo Takahashi

東京 白桃書房 神田

●●● はしがき

　経営倫理というと経営者はあまり普段は口にしたくない言葉だと思われてきた。筆者らが翻訳したアメリカの経営倫理の教科書の著者であるハーバード・ビジネス・スクール教授のフランシス・アギュラー（Aguilar, F.）は，その書き出しの部分で，経営倫理は「興味深い課題であるが，実務家は避けて通りたい」言葉だといっている（高橋浩夫ほか訳『企業の成長戦略と経営倫理』産業能率大学出版部，2000年）。
　避けて通りたい経営倫理は今，多発する企業不祥事によって会社を窮地へと追い込み，場合によっては再生が不可能になって市場から追い出されることすらある。われわれ消費者を欺いた行為は大変厳しいものがあり，そう甘くはない。不祥事の発生によって消費者，マスコミから批判されブランドの価値は一瞬にして失われる。大企業，中小企業でも長年培ってきた信用そしてブランド力があればあるほど，その反動は大きい。
　不祥事の発生によって失われた信用，ブランドを修復するには相当の時間とコストがかかり，それに耐えられない企業は倒産へと追い込まれるのが今日の企業の姿である。
　それでは，経営倫理とは何か。日本でこの言葉の意味が問われだしたのは1990年代以降，つまりバブル崩壊後である。バブル崩壊によって日本企業の業績は落ち込み，それを修復しようと様々な悪徳行為ともいえる不祥事を起こした。その要因のひとつには，トップからの業績達成のプレッシャーがあったこととの関係も否めない。そこで発覚した不祥事といえば損失補塡，利益供与，粉飾決算，談合入札，贈収賄，総会屋対策……である。
　ところがこれらの不祥事をよく考えると，みな法律（商法）で禁じられている違法行為だ。法律で禁じられていることを行えばペナルティがある。法律は強制力がある。法治国家である我が国の社会では，すべての活動は基本的に決められたルール，法律の上に成り立っている。それを守ることによっ

て平和で安全な社会が保たれている。したがって，法律を犯した違法行為は当然制裁を受けてしかるべきだ。

それでは法律と倫理はどういう関係なのだろうか。倫理は法律と違い，外部からの強制ではなくわれわれ1人ひとりがもっている心の部分，つまり良心の命ずる行動規範である。したがって，われわれの行動規範である倫理はまず社会のルールを定めた法律を最低限守ることである。しかし，法律を守れば何を行っても良いかというと，そうではないところに倫理の意義がある。

法律で定められていなくともそれぞれの国，社会，そしてコミュニティにはみんなが共有している考え方，価値観，つまり分かりやすくいえばみんなが共有する「常識」というものがある。その社会で共有されている常識とあまりにもかけ離れた行動をとると何らかの形の制裁を受ける。そうすると，企業の不祥事は，法律に違反した行為であることはもちろんのこと，倫理的そして常識的に考えてもおかしな行為である。

これを考えると法律も倫理も常識もそうかけ離れた概念ではなく，法律＝倫理＝常識としてイコールの関係が成り立つ。しかし，ここで大事なことは法律も経済活動の進展によって様々な新しい法規制が制定されるように，倫理や常識も社会の進展に対応して進化している。昔の常識と今の常識，そして将来の常識はイコールではない。

経営に携わる人が考えなければならないことは，経済が高度成長期にあった工業化社会では企業の価値が最優先し，われわれの社会の価値の基本となっていたところがあった。しかし，今は企業を取り巻く利害関係者の考え方も含めた対境関係のなかで経営に携わらなければならない。利害関係者には消費者，株主，地域社会，社員，組合，自治体，等々がある。つまり，これらの利害関係者はそれぞれが大きな発言力をもち賢明になり，それらに悪影響を及ぼすような行為には黙っていない。

とくに消費者は厳しい目で企業をみているし，その権利を守るための法律も次々と制定されている。さらに，今日の我が国の企業はグローバルな事業活動を行い世界に進出している。企業を取り巻く経営環境は国内だけでなく国際環境のなかで事業活動を推進しなければならない。そこには様々な国際ルール（国連のグローバル・コンパクト，GRI（グローバル・レポーティン

グ・イニシアティブ），OECD の多国籍企業の行動基準など）も生まれ，その指針の下で行動しなければならない。このような背景には国際的な利害関係者の進化ということもあるが，他方では市場経済の進展によるグローバルな企業間競争がこのまま進むとしたらわれわれの社会，地球環境はどうなるのかという危機感がある。環境問題はその中心課題のひとつだ。今日の経営はまず企業を取り巻く利害関係者の進化に企業は何ができるかという演繹的発想からの経営戦略が必要なのである。

倫理は心の部分といったが，企業という組織体は1人ひとりの人間が各々の仕事をもつことによって成り立っている職務の体系である。1人ひとりが善良な心をもっていても組織体ではそれが折り曲げられる場合もあれば，逆に組織によって正される場合もある。それを左右するものは組織に流れる共有の価値観や企業文化というものである。共有の価値観はすぐ出来るものではなく日々の仕事のなかで長い時間をかけて育まれていく。

われわれの企業は何のためにあるか，それは社会にとって必要なのか，社会の役に立っているのか，これらの問いかけにはっきりとした経営理念をもち実践しているかどうかが問われる。これを創業時に確固たる行動指針にしている企業，それを会社の司令塔であるトップ自身が行動規範として全社員に語りかけ，共有させているかどうかが問われる。

経営倫理というと不祥事を起こさない「守りの倫理」をつい考えがちだが，それだけではない。社会にとって良いこと，あるいは環境にとって良いことは自信をもって経営する「攻めの倫理」で考えることも経営倫理であり，これこそが現代の CSR が議論される所以である。企業の社会貢献である CSR は，企業活動の一部を社会貢献するということではなく，本業である企業活動を通して社会に貢献する企業経営の根本に関わる問題である。

さて，そうするとこれまでわれわれの価値基盤となってきた20世紀の工業化社会の企業人格と今日の21世紀の企業人格はどうであろうか。ここでは企業を取り巻く常識，倫理，法律などの外側のパワーが強くなり，影響力が大きくなっている。しかし，間違ってならないことは，企業自体の経営活動が弱くなったということではなくその質的性格が変わってきているということである。ここでは企業を取り巻く社会の常識，倫理，法律等の質的内容が高

20世紀の企業人格の位置　　　　　21世紀の企業人格の位置

企業／法律／倫理／常識
バリューシフト
企業／法律／倫理／常識

（企業を核にした遠心的拡大の社会規範）　　（社会規範の変化による企業のあり方）

社会規範 { 法律 ＝ 倫理（経営倫理）＝ 常識（慣例・慣習） }
→これらの関係は基本的にイコール

		20世紀の企業人格	21世紀の企業人格
社会規範	法律	企業に対する法規制比較的ゆるやか	企業に対する法規制の強化 グローバル経営行動規範の強化
	（企業）倫理	企業活動の部分的認識	企業活動の全体的認識
	常識	ステークホルダーの影響小 —企業が核—	ステークホルダーの影響大 —市場の進化—
企業経営の基本	基本思想	経済活動・企業のプライオリティー優先	社会・環境との共生と創造
	社会責任	企業活動の一部	企業活動の全体戦略
	経営認識	企業を核にした遠心的拡大	社会規範の変化による経営発想
	企業目標	経済的目標の達成 （資本の論理の優先）	経済的目標＋社会的目標 （資本の論理＋資本の倫理）
	企業価値	見える資産 （設備・建物…）	見えざる資産 （ブランド・企業文化・社徳・社風…）
	企業成長	成長・拡大路線	成熟・競争の激化

出所：日本経営倫理学会・（社）経営倫理実践研究センター監修，高橋浩夫編著（2009）『トップ・マネジメントの経営倫理』白桃書房，p.14より。

度化し，企業との関係が様々な形で厳しくなっていることである。ここからいえることは，今日，企業はまず現代の企業の常識，倫理，法律は何かということをよく認識し社会のなかの企業として経営を行わなければならない（図表参照）。CSRは企業活動の一部ではなく経営戦略の基本である本業に

軸をおいている。この意味でも現代の企業はその変革の潮流にあり，リン・シャープ・ペイン（Paine, L. S.）の著書『バリューシフト―経営倫理の新時代』（鈴木主税・塩原通緒訳，毎日新聞社，2004年／*Value Shift*, The McGraw-Hill, 2003），つまり価値観の変革に相通じるものがある。

さて，本書は日本企業のグローバル化がますます進むなかで多国籍企業の経営倫理をどのように考えたらよいのかという基本認識からスタートとした。日本経営倫理学会は研究活動をいくつかの研究部会に分けて進めてきているが，「グローバル企業の経営倫理」研究会は2009年5月にスタートし，新進気鋭の研究者が集まって討議を重ね，日本の代表的企業へのアンケート調査も行いながら研究活動を進めてきた。アンケートは，2010年末から2011年初めにかけて実施した。アンケート調査は学会と姉妹関係にある経営倫理実践研究センター会員企業に協力していただいた。当初，本書は「グローバル企業の経営倫理」研究会メンバーだけの研究報告を考えていた。しかし，近年の日本企業のグローバル化の度合いはますます強まり，本書のテーマを再構成して体系的に考えてみることにした。

折しも2013年は日本経営倫理学会が創立20周年を迎えることになる。記念行事としていくつか計画しているなかのひとつとして本書を出版することになった。

第1部は「日本企業のグローバル化と経営倫理」の倫理的フレームワークを提起し，第2部では日本企業のグローバル化が進展するなかでの戦略課題の内容になっている。第3部は本書のベースとなった調査結果と欧米企業の比較研究も掲げている。第4部は各国企業の経営倫理として，イギリス，アメリカ，韓国，台湾企業の事例が掲載されている。

日本の多国籍企業やそのグローバル展開についての研究書は数多くあるが，経営倫理研究の側面からグローバル企業のあり方を考察したものはあまりない。本書はこのような意味からも学会や産業界の方々に少しでも貢献できれば幸いである。

本書のベースとなったアンケート調査等で一般社団法人経営倫理実践研究センター専務理事・手島祥行氏，常務理事・松本邦明氏，日本経営倫理学会事務長の内田玲子さんには多大の協力をいただいた。最後に日本経営倫理学

会や経営倫理実践研究センター関係の出版でいつも親身になってご協力いただいている編集担当の平千枝子さんに御礼を述べたい。

　2013年　初春
　2011年3月11日の東日本大震災からの復興を願って

本書の執筆者を代表して
日本経営倫理学会会長
高橋　浩夫

●●● 目　次

はしがき

第1部　日本企業のグローバル化と経営倫理

第 1 章　企業のグローバル化と企業倫理 ―――― 3

　　1　企業の国際化 ……………………………………… 3
　　2　企業倫理の国際的制度化 ………………………… 4
　　3　制度化の実態 ……………………………………… 7
　　4　企業のグローバル化と価値問題 ………………… 9
　　5　企業グローバル化と企業倫理教育 ……………… 12

第 2 章　多国籍企業のビジネスエシックス：
　　　　　人権問題と紛争鉱物を巡って ―――― 15

　　はじめに ……………………………………………… 15
　　1　企業社会責任としての人権尊重 ………………… 16
　(1)　指導原則を導出するまでの3つのステップ …… 17
　(2)　ラギー・レポートにおける企業の人権尊重責任 …… 18
　(3)　企業に求める5つの基本原則と4つの実践原則 …… 20
　　2　コンゴ東部地区における人権問題と多国籍企業に
　　　　求められる実践 ………………………………… 22
　(1)　ドッド＝フランク法1502条とコンゴ東部地区に
　　　　おける問題 ……………………………………… 23
　(2)　OECD デュデリジェンス・ガイダンスの特徴 …… 24
　(3)　多国籍企業が忘れてはならないこと …………… 27

第 3 章　国際的多元化社会における企業倫理：
多国籍企業をめぐる倫理問題とは何か ———— 30

　　はじめに ………………………………………………… 30
　1　国際的共同体主義とは何か …………………………… 33
　2　国際共同体主義の問題点 ……………………………… 38
　3　倫理的合意形成手続きとその制度化の構図 ………… 40

第 2 部　グローバル企業の経営倫理と戦略的課題

第 4 章　BOPビジネスの視点からみた，グローバルCSRとCSV（共益の創造）———— 47

　1　BOPビジネスへの展開と日本企業の成長戦略 ……… 47
　2　BOPビジネスでCSVが生かされる条件 …………… 53
　3　BOPビジネスの普及・啓発に向けて ………………… 60

第 5 章　グローバル企業における「価値共有型」の経営倫理：
ジョンソン・エンド・ジョンソンの「我が信条（Our Credo）」を通じての検討 ———— 65

　　はじめに ………………………………………………… 65
　1　ジョンソン・エンド・ジョンソンのグローバル経営
　　　……………………………………………………………… 66
　2　「我が信条（Our Credo）」 …………………………… 68
　3　「我が信条（Our Credo）」に基づいたCSRの展開 … 70
　4　「我が信条（Our Credo）」に基づいた企業不祥事への対応 ……………………………………………………… 73
　5　「価値共有型」の「我が信条（Our Credo）」 ……… 74

6　おわりに ………………………………………………… *76*

第 6 章　ソーシャル・エンタープライズの本質 ──── *81*

　　　はじめに ……………………………………………………… *81*
　　　1　ソーシャル・エンタープライズとは ………………… *81*
　　　2　ネオ・リベラリズムとソーシャル・エンタープライズ
　　　　 …………………………………………………………… *84*
　　　3　新しい資本主義へのカタリスト ……………………… *87*
　　　4　ソーシャル・エンタープライズの特徴と経営倫理 … *89*
　　　5　おわりに ………………………………………………… *95*

第 7 章　グローバル企業の不祥事とその対応 ──── *98*

　　　はじめに ……………………………………………………… *98*
　　　1　不祥事 …………………………………………………… *99*
　　　2　日本企業の不祥事 ……………………………………… *103*
　　　3　グローバル企業の不祥事 ……………………………… *112*
　　　4　日系グローバル企業の不祥事対策 …………………… *114*
　　　5　おわりに ………………………………………………… *116*

第 8 章　グローバル企業の企業行動指針の変遷と CSR：
　　　　　グローバル・コンパクト，GRI ガイドライン，ISO26000 ─ *119*

　　　1　グローバル企業の CSR と企業行動指針 …………… *119*
　　　2　企業行動指針が作成される歴史的な背景 …………… *121*
　　　3　現代グローバル企業の CSR に関する行動指針 …… *122*
　　　4　企業行動指針の展望 …………………………………… *126*

第3部 グローバル企業の経営倫理とCSR ―調査結果分析―

第9章 「グローバル企業の経営倫理・CSR」の現状：
日本の主要なグローバル企業－BERC会員企業の調査から ― 133

 はじめに ……………………………………………………………… 133
 1 アンケート調査 ………………………………………… 134
 2 「グローバル企業の経営倫理・CSR」の現状 ………… 145

第10章 欧米グローバル企業のCSRの取り組み：
欧州150社，北米120社の調査より ―――――― 153

 1 CSRに関する欧米グローバル企業調査 ……………… 153
 (1) CSRの検討領域と欧米企業調査 ……………………… 153
 (2) 欧米企業によるCSR推進体制 ………………………… 155
 2 欧米企業によるCSRへの取り組み動向 ……………… 158
 (1) 組織統治 ………………………………………………… 158
 (2) 従業員対応 ……………………………………………… 161
 (3) 環境問題・社会貢献対応 ……………………………… 164

第11章 日本企業のグローバル化に向けて：
管理者の倫理観に関する実態調査をもとに ―――――― 169

 はじめに ……………………………………………………………… 169
 1 日本企業における倫理制度化の取り組み …………… 169
 2 日本企業における管理者の倫理観 …………………… 172
 3 日本企業のグローバル化に向けて …………………… 180

第4部　主要国の経営倫理とCSRの実際展開

第12章　イギリス企業の経営倫理とCSR ——— 187

　はじめに ··· 187
　1　研究動向 ··· 188
　2　促進要因 ··· 190
　3　個別企業の事例 ·· 194
　4　おわりに ··· 197

第13章　米国におけるCSRの展開と課題 ——— 199

　はじめに ··· 199
　1　CSRを果たす目的 ··· 200
　2　戦略化するCSR ·· 207
　3　Benefit Corporation ··· 210
　4　おわりに ··· 213

第14章　韓国におけるグローバル企業の経営倫理とCSR ——— 216

　はじめに ··· 216
　1　韓国の倫理的環境 ··· 217
　2　韓国グローバル企業のCSR活動の現状 ····················· 220
　3　韓国のグローバル企業のサプライヤー行動憲章 ······· 223
　4　韓国のグローバル企業の内部告発制度 ···················· 224
　5　おわりに ··· 227

第 15 章　台湾企業の CSR の実際 ―――― 231

1　台湾における CSR 論議 ………………………… *231*
2　台湾中小企業と CSR ……………………………… *233*
3　台湾大手企業と CSR ……………………………… *234*
4　台湾企業の CSR 事例 ……………………………… *236*
5　台塑グループの CSR レポートからみる企業の課題
　……………………………………………………… *240*
6　台湾における経営倫理・CSR の展望 …………… *243*

あとがき
索引

第1部

●●● 日本企業のグローバル化と経営倫理

第**1**章 企業のグローバル化と企業倫理
●●●●

小林　俊治

1 │ 企業の国際化

　一般に，企業活動がマルチドメスティック段階やマルチリージョナル段階を超えて，真のグローバル化に直面するとき，文化間のコンフリクトが生じる。例えば，同じ資本主義国のアメリカと日本では，弁護士が人口1人あたり，30倍以上いる前者の企業風土と後者のそれとは異質なものといわざるをえない。日本からアメリカへの進出企業や日本へ進出するアメリカ企業は，そうした法律環境の相違に適応する必要があり，場合によっては，法律環境を変化させるロビングなどの広報活動によって，自社に有利な環境を創造することもできる。だが，巨大な多国籍企業が開発途上国の政治部門に介入することは，1970年代初めITTがチリのアジェンデ政権崩壊に関与した例でも分かるように，これまでも生じたが，企業倫理的には望ましくない行為である。

　とくに日本の場合には，先進資本主義国に位置づけられながら，日本異質論者が指摘するように，独特の企業風土がある。近年の建設入札における談合慣習などは，異質の例であり，改善すべきであるが，「内発」的にではなくいわゆる外国からの「外圧」によって，あるいは「外圧」を利用して，改革が進められている。現在まで，日本では談合を拒否したり，「密告」や「内部告発」をすることは，業界のインナー・サークルにおける「倫理」に反する行為とされたようだ（ただし日本でも2006年に談合などを自主申告した事業者に対してリニエンシー制度が導入された）。

　かくみると，善悪の判断基準のグローバル化とは，世界各国あるいは民族

の価値観の多様性を認識し，エスノセントリックに陥らないことである。しかし，後に指摘するが，南アフリカ共和国におけるアパルトヘイトを是認するのが難しいように，また日本からみると，アメリカの銃製造業者の主張する自衛用などの武器所有の自由の是認が難しいように，1国の伝統に根付いた慣行も，グローバルな観点から批判されなければならない。本章でいう多文化主義とは，たんなる文化相対主義でも，倫理相対主義でもなく，過度な人間性の抑圧を批判し，そのうえで各文化の存在価値を認めようとする立場である。

また，上に述べたように，1国1民族の企業倫理や企業文化をひとくくりにすることは，論議の厳密性を欠くことになる。ある業界などに関しては「業界の常識は，社会の非常識」といわれているようだが，業界によっても倫理感覚が違うといえる。また企業内でも，従業員の世代によって，また世代を越えて，共通の感覚があり，さらに国際志向派とドメスティック志向派とでは物事を判断する基準に違いがある。また，戦略決定者や執行者が男性か女性かによっても，マネジメントの方法が変わりうる。

本章は，上のような多様な価値観の並存を前提として，企業がグローバル化するさいに直面する問題を企業倫理の視点から検討し，あわせてアメリカの大学での国際ビジネスの企業倫理教育がいかに実施されているかを紹介してみたい。

2 企業倫理の国際的制度化

ここでいう制度化とは，GATT やその他の多国間協定などの国際法的な制度ではなく，強制力を伴わない多国籍企業の行動指針や行動規範(コード)を指す。つまり，法律ではないが，順守するのが正当とみなされるソフト・ロー的な倫理規定の制定を制度化という。現在そうしたコードは，OECD（経済協力開発機構）などの4機関が制定している。

例えば，Bassiry（1990）によれば，国連多国籍企業委員会の行動規範は，OECD の1976年の「多国籍企業の行動指針」の影響を受けて作成された。そして，1993年の EU の成立というコンテキストを考慮すると，この OECD

の行動規範も強い強制力をもつものに転化されているといえる。ヨーロッパに進出しているアメリカ系企業も、これまで権力にものをいわせて、そうしたボランタリーなコードを守らない場合があったが、EUの統合が進めば、そうした行動をとれなくなる。つまりEUがそれだけ強い影響力をもちうるのである。

また、Getz（1990）は、国際商業会議所（ICC）、OECD、ILOおよび国連多国籍企業委員会（UN／CTC）にみられる多国籍企業の行動規範を比較分析している。ILOの1977年の「多国籍企業および社会政策に関する三者宣言」が開発途上国への直接投資にまつわる労使問題に焦点を当てているのに対して、他の3コードは受入国の主権を尊重する前述のOECDのコードと近似している。だが、ゲッツによれば4コードとも多国籍企業が受入国の政府、経営者団体および労働団体と協議して現地の開発計画に調和した行動をとるよう規定している。またOECDとUN／CTCは公務員に対する賄賂を禁止している。

ゲッツは、これら4コードがどれだけその内容においてカント的およびロールズ的正義論を含み、どれだけベンサム的な功利主義（動機より結果を重視）を少なく含むかという基準によって、4コードを3領域でランク付けする。①多国籍企業と政府の関係では、UN／CTC、OECD、ICC、ILO、②多国籍企業と公衆の関係（技術移転や環境破壊など）ではUN／CTC、ICC、OECD、ILO、③多国籍企業と個人との関係（消費者問題や従業員問題など）ではILO、OECD、UN／CTC、ICCの順である。

こうしたランク付けをみると、やはり国連関係が理想的なコードを作成しているといえる。国連憲章そのものがその前文ですでに、人権を強調していること、また1948年の国連人権宣言で普遍的な基本的人権を尊重すべきであることを明確にした状況などを考慮すれば、国連およびILO（国連独立機関）のコードが義務論的要素を多く含むことは理解できる。各コードの基本的目的が異なるので（企業倫理の視点からすればどれも望ましい行動を要求しているが）容易に結論づけられない。だが、ICCのランクが低いことは否めない。これは、国際ビジネスだけでなく、今日のビジネス一般に不可避的な功利主義的傾向を反映しているといえよう。それと同時に同会議所が、経営者

団体であることも，それが功利主義に傾く理由であろう。また，明確に功利主義志向でなくとも，義務論が弱ければ，理想主義的といえないであろう。なお，ICC のガイドラインは，①多国籍国業の投資政策，②所有と経営，③財務・金融政策，④法律制度，⑤労働政策，⑥テクノロジー・商業政策，の6分野を対象としている。

上のような超企業的コードは，ゲッツが指摘するように，企業が個々の責任で署名したものではない。ICC や ILO の場合でも，自社の代表が国の代表として署名する場合以外は，企業にとって強い拘束力をもたないと指摘されている。

次に多国籍企業の個々のコードをみてみよう。この場合のコード・オブ・コンダクトには，いわゆる就業規則や独禁法遵守規定などのような企業内の法規的規則はほとんど含まれない。例えば「正直であれ」とか「社会に貢献せよ」ということは，多くの企業のコードに含まれているが，取引マニュアルのような当事者間の権利と義務を明記した文書には，そうした倫理的規定はほとんどみられない。したがって，倫理的行動を規定する行動規範は，一般的な倫理を企業倫理という個別的な応用倫理にあてはめた結果に生じる規範であり，その意味では前述の法規的規則よりも根本的モラルにかかわっているといえよう。その半面，また，抽象的であるという限界もある。さらに，賞罰規定が明文化されていないのが普通である。それゆえ，倫理的行動の規範（コード）は，「経営理念」とか「経営哲学」などと同じような性格をもち，そうした「理念」が行動のガイダンスになっているケースもある。松下電器（現パナソニック）の松下幸之助によって制定された経営理念は，戦前に発表されたが，今日でもパナソニック社員の行動規範になっている。それゆえ，同社には新しい戦略やスローガンが何年かごとに生み出されるが，創業者が作成したコードは，これまで不変である。

また，Wood (1990) によると，アメリカのノートンは28国に120の工場をもつ研削機械メーカーである。同社は1976年にこれまでの倫理コードを改定して「企業というものは通常，経済的なものと考えられているが，より現実的には，またより重要なことには，企業は人々より構成される制度である。そうしたものとして，企業は経済的責任のみならず，道徳的基準および倫理

的責任をもつ……」という前文に始まって，賄賂の禁止や会社としての政治献金の禁止などを規定している長文の倫理コードを作成した（Wood, 1990, pp.284-287）。

かかる企業倫理の成文化は，その制度化の出発点になろう。つまり，企業倫理委員会とか倫理監査室など，「企業倫理」そのものを管理の対象とする部門が出現して，制度化が完成する。

3 | 制度化の実態

筆者も参加した日本生産性本部の1991年当時の「企業倫理の制度化に向けて」という調査報告書によると，倫理綱領（code of ethics）をもっている企業は，調査に回答した日本の有力企業の218社のうち30％であり，アメリカ（1990年）では同711社のうち85％，ヨーロッパ（イギリス，西ドイツ（当時），フランス）の同189社（アメリカなどの外資系企業を除く）のうち33％である（日本企業以外は文献調査による）。これによれば，倫理コードが最も普及しているのはアメリカであり，次いで西ドイツ（47％）イギリス，日本，フランスの順である。とくにフランスでは，50社のうち18％が倫理コードをもつにすぎない。

また同調査によればアメリカでは，1981年にすでに28％の企業が倫理コードを制定していた。その点からすれば，日本，フランス，イギリスはアメリカより作成時期が10年も遅れているといえよう。

企業のグローバル化に伴い，企業の意思決定者は，多元的な価値体系のなかで，決定を下す。そのとき，企業が決定の道徳的，倫理的基準を提示していれば，意思決定者は決定の方向を獲得しやすい。

ところで，Brooks（1989）は，カナダの化学工業の企業における「行動規範」にかかわる要素を図表1-1のように提示している。

この企業は，12に及ぶコードを遵守しなければならない。自社の行動規範に加えて，南アフリカの事業活動に対しては政府の規制とサリバン原則の遵守がある。サリバン原則とは，黒人牧師（シオン・バプティスト派）であるL. H. サリバン（Sullivan, L. H.）師によって1978年に提起された次の6原則

図表1-1　企業倫理コード

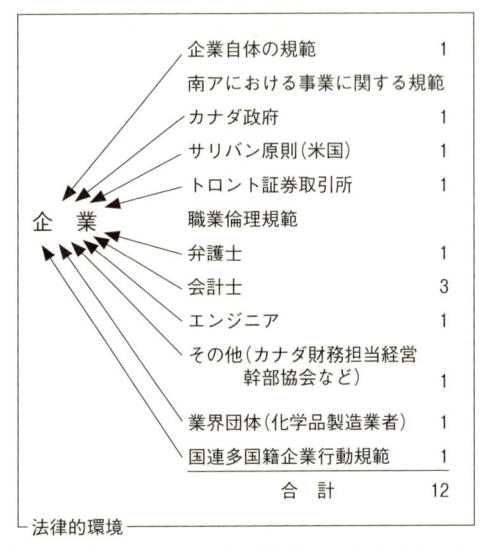

企業自体の規範	1
南アにおける事業に関する規範	
カナダ政府	1
サリバン原則（米国）	1
トロント証券取引所	1
職業倫理規範	
弁護士	1
会計士	3
エンジニア	1
その他（カナダ財務担当経営幹部協会など）	1
業界団体（化学品製造業者）	1
国連多国籍企業行動規範	1
合　計	12

─ 法律的環境 ─

出所：Brooks（1989），Corparate Codees of Ethics, *Journal of Business Ethics*, Feb.-Mar.

である（Weedon, 1986）。すなわち，南アフリカ共和国に子会社をもつアメリカ企業の行動原則とは，①すべての食事，慰安および労働の施設において人種差別をしないこと，②すべての従業員に平等で公正な雇用慣行を実施すること，③同一労働時間で同一労働もしくは同等の労働をなすすべての従業員に同等の賃金を支払うこと，④黒人および他の非白人を多数，監督職，管理職，事務職，および専門職に従事させるように準備するトレーニング・プログラムの導入と開発をすること，⑤経営および監督の職につく黒人および非白人の人数を増加させること，⑥住宅，交通，教育，レクリエーション，および保健の施設のような労働環境以外の分野で従業員の生活の質を改善すること，以上の6原則である。カナダの他の企業もこの原則に署名できる（その後，こうしたアメリカをはじめとする世界各国のアパルトヘイト反対運動のために，南アの人種差別撤廃や民主化は急速に進められた）。

その他，企業には各専門職ごとに企業を越えた職業倫理があり，コードがある。しかし，こうしたコードは法律ではない，したがって厳格な強制力を

もたない。とくに国際的な企業行動において，コードを守ることは企業の「良心」を必要とすると同時に，そのコードが各国企業にとって遵守に価いする普遍性をもつべきである。

また，倫理コードをもつ企業ともたない企業との行動を比較したMathews (1990) の調査によると，企業行動の倫理性（この場合は犯罪行為などの法律違反）については，ほとんど差がない。むしろ，その企業が属している業界と企業規模が企業の倫理性に影響を与えた。この調査はアメリカの製造業485社の1973年から1980年までの不法行為を対象としたもので，そのうち202社がコードをもち，104社がもたないと判断された。したがって，306社が実際の研究対象となった。法律違反は，規模（売上高）が大きいほど多く，業界では食品，医薬品および医療器具の業界の法律違反が多かった。これらの業界の違反が多いのは，生命や健康にかかわる製品，サービスを提供しているため，関連法規が厳しいと説明されている。

以上，企業の倫理の制度化をグローバルな視点を考慮して検討した。マシゥズの調査では，グローバル化度と倫理性についての調査はないが，規模と法律違反が相関していることから，グローバル化した企業の倫理性のレベルの検証が問題となろう。

4 企業のグローバル化と価値問題

前述した企業における倫理コードのヨーロッパや日本での普及の低さを，それらの国の企業倫理が低いレベルにあるからであると判断するのは，軽率である。イギリス，西ドイツ，フランスの各国の文化は，それぞれ独自のアイデンティティをもち，アメリカのように多民族国家で，常にアイデンティティが拡散する恐れのある文化とは違う。したがって，Ciulla (1991) が指摘するように，ヨーロッパ企業では，アメリカ本土の企業のような文書化された倫理コードはそれほど必要とせず，社員が共通の価値観に基づいて行動するのが当然という文化がある。「普通の人々が当然のように実行し，悪者が当然無視するようなことを文書化する時間とお金がもったいない」という意味のイギリスの会社役員の言葉が引用されているが，それでも最近では倫

理コードを作成する企業が増加したのはアメリカ系企業の影響であるという。フランス企業では，倫理コードが少ないのはアメリカ系企業がフランスには少ないためであると指摘されている。つまり，企業活動のグローバル化が，現地の同質的な企業文化にヒビ割れをもたらし，新しい行動準則を設定させるようになってきている。

また，Vogel（1992）はヨーロッパには貴族的，前資本主義的な価値観が残存しており，企業の利益追求が本来，道徳的にいかがわしいことであるとみなしているので，企業が反倫理的行動に走っても驚かないと指摘している。それに対して，アメリカ企業は，そうしたヨーロッパ的伝統を欠いているので，理想主義的になるという。さらにボーゲルは，アメリカ型とヨーロッパ・日本型の企業倫理の相違を，①個人主義倫理対コミュニカティブ倫理もしくはコンセンサス倫理，②フォーマルな，ルール化された倫理対インフォーマルなコントロールに基づく倫理，③普遍主義倫理対個別主義倫理，とに分け，前者をアメリカ型とし，後者をヨーロッパ・日本型とする。ただ，3番目の相違点である普遍主義対個別主義の場合，イギリスおよび北ヨーロッパの文化はアメリカにより近いと指摘されている。

上のようなボーゲルの分類は，資本主義をライン型とアングロサクソン型に分類したアルベール（1992）の分類と類似している。ただ，アルベールによれば，アメリカやヨーロッパの成功している多国籍企業には，共通点がある。すなわち，コカ・コーラなどに代表されるアメリカ系多国籍企業は，ネオアメリカ型資本主義（企業ですら商品となる）で経営されているのでなく，長期的に物事を考え，人間関係を重視するライン型に属する。さらに，「アメリカ，ヨーロッパどちらであろうと，多国籍企業は，2つの資本主義を統合させた最良の形のイメージとなっている。そして，ライン型にみられる保護主義の恐れや，アメリカ型の金融熱の危険を超越しているのだ」と指摘し，ヨーロッパ系のシェルの倫理規範がきわめて厳格であり，従業員もそれを受容していると述べている。

たしかに，ボーゲルの分類通りの企業倫理の区別が可能であろうが，現在，成功している多国籍企業は，そうした分類を越えた新しいグローバルな企業体制を生み出しているといえよう。それは，アルベールの指摘する人間

の集団としての企業の側面と株主資本の集団としての企業の側面をミックスした企業体であり，さらに，企業のエリート層は両側面の融合という困難な仕事を成し遂げるという責務を負っている，といわれる。その場合，企業倫理の基準は，公正な競争を重視することであろう。各種の情報をもつ啓発された消費者は，不正をなしたり，競争を回避する企業を支持しない。そこでは，カント的，ロールズ的な正義観が重視される。

　他方，アジアに目を向けると，また違った倫理観がみられる。イスラム教，仏教，道教，ヒンドゥー教，神道，キリスト教（カソリック，プロテスタント），儒教などの宗教もしくは疑似宗教があり，同一宗教内でも，原理主義者や改革派がおり，宗教的多様性が，この地域の特質のひとつになっている。そうした宗教的多様性のある地域では，企業倫理も多様でありうる。同じ儒教文化圏で，儒教資本主義国ともいえる日本，韓国，シンガポール，中国（厳密には資本主義国とはいえないが，上海などに株式市場がある）でも，企業への忠誠を重視してきた日本と家族を重視してきた中国や韓国とは，倫理コードが違うであろう。タマサート大学のP.チッティワタナポン（Chittiwatanapong）准教授が指摘するように，そうした日本の企業倫理からは，例えば環境倫理において，地域社会の側に立つより，企業側を支持するという方向に立ちやすい（チッティワタナポン，1991）。

　こうした日本企業の行動は，アジアからみると道徳的に問題があり，また進出先の国々における利益追求の厳しさは，日本の企業が明らかに，かなりゲゼルシャフト化していることを示す。これに対して他のアジア諸国はまだなおゲマインシャフト的企業が主流であるといえよう。家族とか地域社会，同一の言語や伝統が重視され，近代化に伴う自然破壊や人間性の疎外を回避しようとする。

　ボーゲルやアルベールの分類は，こうしてみると，日米欧の資本主義企業を対象とした類型化にすぎず，他にアジア，中南米，アフリカ，中近東，オセアニアなどにも，それぞれの文化を基盤にもつ資本主義企業が成立する可能性があり，また成立したところもある。そして，非西欧的文化，とくにアジアにおける仏教的な他者への配慮にみられる競争意識の希薄さ，あるいは弱者への思いやりといった価値観は，最近では欧米のフェミニスト組織研究

者たちから，重要な国際的経営資源であり，欧米においても導入されるべきであると主張されてきている[1]。

このように功利主義でもなく，厳密なカント主義でもない，素朴な感情を重視する「思いやり」の倫理は，今後，企業がグローバル化するさいに必要となる道徳的要素となろう。企業が軍隊的なハイアラキーの組織から，平等や他者へのケアリング重視の緩やか組織へと変化せざるをえない（従業員の意識変化，創造性向上のためなどにより）状況に直面している日欧米の企業にとって，この非西欧的なアジア的企業倫理は，大きな意味をもつといえよう。

5 企業グローバル化と企業倫理教育

以上述べたように，企業のグローバル化は，経営戦略策定者にも執行者にも大きな影響を与えている。そうした状況は，すでに多くの研究者によって調査分析されてきている。しかし，企業倫理の次元でのグローバル化の問題の本格的研究は，T. ドナルドソン（Donaldson, T.）や W. C. フレデリック（Fredrick, W. C.）などの研究を除けば，それほど多くない。それゆえまた，グローバル化の倫理面の教育もまだ不充分である。

とくに教育面における充実をはかるために，ペンシルバニア大学ウォートン・スクールは「ビジネスエシックス教育における国際的視点」（"Bringing a Global Perspective to Teaching Business Ethics," March, 1993）という調査報告書をオックスフォード大学テンプルトン校の協力を得て作成した。バージニア大学の E. フリーマン（Freeman, E.）教授は，「企業倫理」の講義のうち25％を国際的問題にあて，テキストは彼と同僚との共書 *Corporate Strategy and the Search for Ethics* を使用し，中近東の賄賂事件のケースなども使う。問題点は，学生が，複雑な倫理問題を考えるのに充分なほど，国際ビジネスの経験を積んでいないということである。

また，テキサス大学オースチン校の S. サルブ（Sarbu, S.）教授は，「ビジネスの社会的および倫理的責任」という授業で，10％を国際企業倫理に使い，テキストはフリードマン（Friedman, M.）の『資本主義と自由』，S. ルイス

(Lewis, S.)の『バビット』，K. ボネガット（Vonnegut, K.）の『プレイヤー・ピアノ』およびT. ビーチャム（Beauchamp, T.）の *Ethical Issues in Business : Inquiries, Cases and Readings* などを使用している。問題点は，学生が倫理の学習に抵抗感をもつことや彼ら自身の文化的バイアスをもつことなどである。

スペースの関係で詳論はできないが，アメリカおよびヨーロッパにおいて，国際ビジネスと企業倫理がきわめて密接に結びつけられ，次世代教育の大きなテーマになっていることを指摘しておきたい。

かつての日米経済摩擦は，究極のところ倫理観の相違に基づく倫理摩擦であるという説が主張されてきている。この見解は，日本異質論のひとつのヴァリアントであるが，アメリカも，日本からみれば異質の社会であり，倫理摩擦の視点からみれば，多文化主義に基づいて，摩擦を最適度にするのが望ましい。この場合の最適度とは，摩擦をゼロにするのではなく，倫理観の共有度を高めることである。そのためにも国際ビジネスに関する倫理教育が重要となる。同じことが，日米関係だけでなく，他の国との関係においてもいえよう。

注
1 例えば，Reed, M. and Hughes, M. eds.（1992）*Rethinking Organization*, Sage を参照。

参考文献
Bassiry, G. R.（1990）"Business Ethics and the United Nations: A Code of Conduct," *SAM Advanced Management Journal*, Vol. 55. No.4, Autumn, pp. 38-41.
Brooks, L. J.（1989）"Corporate Codes of Ethics," *Journal of Business Ethics*, Vol. 8 Feb.–Mar., pp. 117-129.
Ciulla, J. B.（1991）"Why Is Business Taking about Ethics?: Reflections on Foreign Conversations," *California Management Review*, Vol. 39, No.1, Fall, pp. 67-86.
Getz, K. A.（1990）"International Codes of Conduct: An Analysis of Ethical Reasoning," *Journal of Business Ethics*, Vol. 9, No.7, July, pp. 567-577.
Mathews, M. C.（1990）"Codes of Ethics: Organizational Behavior and Misbehavior," in Frederick, W. C. and L. E. Preston eds., *Business Ethics*, JAI Press.
Weedon, D. R. Jr.（1986）"The Evolution of Sullivan Principle Compliance," *Business and Society*, No. 57, Spring, pp. 55-60.

Wood, D.J. (1990) *Business and Society*, Harper.
Vogel, D. (1992) "The Globalization of Business Ethics: Why America Remains Distinctive," *California Management Review*, Vol. 35, No.1, Fall pp.30-49.
アルベール，M. 著・小池はるひ訳（1992）『資本主義対資本主義』竹内書店。
チッティワタナポン，P.（1991）「日本の外交関係とその倫理的問題」望月幸義・永安幸正編『グローバル時代の経済倫理』広池学園出版部，pp. 153-181。
日本生産性本部（1991）「企業倫理の制度化に向けて―第一回マネージングビジネスエシックス国際比較調査」報告書，1991年12月。

本稿は社団法人世界経済研究協会発行『世界経済評論』1994年1月号に掲載されたものを同協会の許可を得て加筆訂正したものである。

第2章 多国籍企業のビジネスエシックス

人権問題と紛争鉱物を巡って

●●●●

髙　巖・田中　敬幸

はじめに

　企業と社会の関係を理解するうえで，ビジネスを巡る法制度上の環境に関する理解は欠かせない。とりわけ，グローバルにビジネスを展開する企業にとって，それはきわめて重要となる。ビジネスが国内だけに限定されていれば，経営にかかわる法制度は比較的分かりやすいが，国境を越えるビジネスとなると，枠組みは一気に複雑となる。進出先の法規制に加え，多国間で合意される条約や協定などもかかわってくるからである。

　さらに，グローバル・コミュニティは，法制度や多国間条約の枠組みを提供するだけでなく，様々な倫理の実践をも企業に求めてくる。その要請は多岐にわたるが，本章では，今世紀に入り，とくに大きな要請となっている「人権問題に対する世界的な動き」に焦点を当てたい。

　かつて，企業は，安い労働力，低い税率，緩い法規制を求め，あるいは巨大な流通市場を求め，多国籍化していった。しかし，事業を通しての影響力が大きくなるにつれ，社会は，企業に対し，より大きな責任を担うよう期待しはじめた。適正利益の確保，労働機会の提供，企業統治の充実，環境保護・保全，地域社会への貢献などがそれであったが，21世紀を迎え，グローバル・コミュニティは，かつてとは比較にならないほど強くまた明確に，人権尊重の実践を企業に求めるようになっている。

　その内容がいかなるものであるかを理解するため，次の2つの国際的に合意されたフレームワークをみていきたい。第1は，2005年～2011年にかけ，国連人権理事会が集中的に議論し，公表した成果物「企業と人権に関する指

導原則(Guiding Principles on Business and Human Rights)」である。第2は、人権問題への具体的な取り組みとして、OECDが発行した「リスクの高い紛争地域からの鉱物に対し、責任あるサプライチェーン管理を行うためのデュデリジェンス・ガイダンス (OECD Due Diligence Guidance for Responsible Supply Chains of Minerals from Conflict-Affected and High-Risk Areas)」である。

現在、世界で最も深刻な人権問題を抱えている地域はどこかと問われれば、われわれは、躊躇することなく、コンゴ民主共和国の東部地区をとりあげよう。同地域では、武装勢力が奴隷や強制労働を用いて、鉱物の採掘・輸送・売買などを行い、またそれによって得た外貨で武器・弾薬を購入している。これが地域の人権侵害という悪循環を作り出しているのである。

この人権問題に対処するため、米国は、米証券取引所に上場される証券発行者(企業)に対し、紛争地域を原産とする鉱物の情報を開示するよう義務付けた。これにより、証券発行者は、サプライチェーン内で操業する世界中の取引先に対し調査協力を要請することになる。それゆえ、今後、国際社会として夥しい数の企業が紛争鉱物の情報を蓄積・共有することになっていこう。

1 企業社会責任としての人権尊重

1990年代、企業活動のグローバル化が進んだことで、国連では、企業と人権に関する問題がより頻繁にとりあげられるようになった。そのなかで、「人権の促進、尊重、保護といった人権上の義務を国家だけでなく企業にまで課す」(企業の人権保障義務)といった議論が出てくるようになった。2005年、国連人権委員会は、国連事務総長特別代表に「人権と多国籍企業その他事業体」に関する新たな視点より、議論を始めるよう要請した。これを受け仕事に着手したのが、ハーバード大学教授のジョン・ラギー (Ruggie, J.) であった。それゆえ、その後、人権委員会から出てくる一連の報告書は「ラギー・レポート」と総称されている[1]。

(1) 指導原則を導出するまでの３つのステップ

　2011年のラギー・レポート（最終報告書）によれば，国連における作業は３つのステップを経て進められた。第１ステップでは，人権に関する既存の諸基準や実践例が収集され，盛り込むべき内容の整理が行われた。2005年当時，多様なステークホルダーがビジネスと人権に関する議論をしていたが，そこには共有できる知識はほとんどなかった。かかる問題認識より，第１ステップでは「企業で起こりやすい人権侵害行為」「人権法および刑法を巡る国際的進展」「国家や企業の実践例」などの分野を意識し，できるだけ多くの関連情報を収集していった（United Nations, 2011, p.3）。

　続く第２ステップは，2007年に始まった。当時，ラギーは，人権に関するいろいろな取り組みはあるものの，いずれも社会や市場を動かすほどの力になっていないと理解し，そうならざるをえない理由を「関係するステークホルダーの期待や行動を収斂させるための権威づけられた焦点がない」ことに求めた。裏返せば「権威づけられた焦点」を作る必要を感じたわけだ。国連の要請を受け，彼は，その「焦点」を作るため，第２ステップの作業を始めた。そして，2008年６月，「人権の保護，尊重，救済のフレームワーク」に関する勧告を人権理事会に提出した[2]。

　このフレームワークは「企業その他による人権侵害行為より人々を守る国家の義務」「人権を尊重するための企業の責任」「人権侵害を受けた人々が利用できる救済手段の必要」という３つの柱からなるものであった。注目したいのは，第２の柱が，企業の「人権を保障する義務」ではなく，「人権を尊重する「責任」」となっていたことである。通常，人権擁護団体（なかでも過激な団体）のようなステークホルダーは，企業に多くのことを求めるため，「人権保障義務」といった強い言葉を使う傾向にあるが，産業界などは「義務」とすることに長く強い抵抗を示してきた。この対立を解消するため，ラギー・レポートは「人権尊重責任」という表現を用いたわけである。これにより，同フレームワークは，人権理事会だけでなく，各国政府，企業，市民社会，労働団体，人権団体，投資家などから幅広い支持を得ることとなった。その結果，同フレームワークは，ISOやOECDなどの国際機関においても，積極的に活用されるようになっている[3]（United Nations,

2011, pp.3-4)。

　第3ステップでは，国連人権理事会として，ラギーに「フレームワークを活用可能なもの」とするよう，作業の継続を要請した。2010年6月，理事会で意見交換が行われ，最終勧告を「指導原則」の形式で発表することを決定した。こうして，指導原則の作成作業が本格化していった。作成過程では，政府，企業，事業活動の影響を直接的に受ける個人やコミュニティ，市民社会，その他専門家などの意見を積極的に聴取し，最終報告書は，多様なステークホルダーの声を反映するものとなった（United Nations, 2011, p.4)。

(2)　ラギー・レポートにおける企業の人権尊重責任

　2011年3月，「人権の保護，尊重，救済のフレームワークに関する指導原則」という最終報告書が公表された。それは，フレームワークが企業や政府の取り組みが着実に積み上げられるよう準備された「共通のプラットフォーム」であり，したがってそこに示された指導原則は普遍的に適用可能であるとされた。ただし，同時に，最終報告書は，これら原則をすべての場面にそのままあてはめてはならないともした。実践にあたっては，むしろ，加盟各国の状況，多国籍企業，その子会社，数えきれないほどの国内企業の実情を踏まえ，創意工夫をこらして取り組むべしとしたのである。それは，理想論ではなく，現実志向の枠組みとして提示されたわけである（United Nations, 2011, p.5)。

　全体構造を説明すれば，同報告書は，最初に3つの「一般原則」を列挙し，そのうえで「国家の義務」「企業の責任」「救済へのアクセス」という3セクションの下位原則を並べている。各セクションでは，いずれも，導入部として「基本原則」を示し，次にその基本原則を具体化するための「実践原則」を掲げている。ここでは，3つの「一般原則」を紹介したうえで，企業責任セクションにおける「基本原則」と「実践原則」を概観することにする。企業に「適切な経営」を求める社会意識の変化を理解するうえで，これが最も重要な原則となるからである。

　3つの「一般原則」

(1) 国家の義務　　　　　→　基本原則　→　実践原則
(2) 企業の責任　　　　　→　基本原則　→　実践原則
(3) 救済へのアクセス　　→　基本原則　→　実践原則

　報告書は，最初に3つの「一般原則」を並べている。それは，第1に国家が人権と根本的自由を尊重・保護・充足する義務を負うこと，第2に特定機能を担う機関としての企業が，関連法令を遵守し人権尊重責任を負うこと，そして第3に人権侵害があれば，適切で効果的な救済を受ける権利とそれを提供する義務があること，となっている（United Nations, 2011, p.6）。

　第1の国家は，当然のことながら，自身の管轄権内において人権に関する法的枠組みを構築し，それを執行する「義務」を負う。ただし，グローバル社会においては，すべての国家が期待通りに義務を履行するとは限らない。国家が人権を蹂躙することさえある。それゆえ，国家とは別の主体としての企業に，人権問題への取り組みを求めるのである。とはいえ，国際法上，国家と企業とでは，位置づけが異なることを忘れてはならない。国家には管轄権があるが，企業にはそうした権限はない[4]（杉原，2011, pp.12-14）。

　それゆえ，2010年4月の報告書は，企業が負うべきものは「人権保障義務」（duty）ではなく，「人権尊重責任」（responsibility）であるとした。たしかに国よっては，国内法を通じて人権保障義務を国内企業に義務付けるところもあるが，国際人権法が企業に直接その「義務」を課すのは望ましいことではないとしたのである（United Nations, 2010, p.12）。

　では，人権を尊重する企業の責任とは，どのようなものか。2010年報告書によれば，それは「他者の権利の侵害を避けることであり，起こるかもしれない悪影響に対応すること」となっている（United Nations, 2010, pp.12-13）。責任の範囲については「企業自身の活動が生み出す，また「他の主体」との関係を通じて生み出す人権への実質的・潜在的な影響」としている。ここにいう「他の主体」とは，ビジネスパートナー，サプライチェーンに入っている事業者，その他の非政府機関や政府関係者などを指す。企業の活動や他主体との関係は，問題となる国や社会的脈絡で異なってくるため，2010年報告書は，人権への影響の大きさなどに応じて取り組み内容や範囲を

考慮するよう企業に求めている（United Nations, 2010, p.13）。

(3) 企業に求める5つの基本原則と4つの実践原則

さて，以上のような「一般原則」「国家の義務」「企業責任の範囲」に関する議論を踏まえ，ラギー特別代表は，2011年最終報告書のなかで「企業責任」に関し，次の5つの「基本原則」と4つの「実践原則」を掲げている。基本原則から整理していこう。

第1に，企業は人権を尊重しなければならない。それは，他者の人権侵害を避けることであり，自身がかかわる人権上の悪影響に対応することを指す（United Nations, 2010, p.13）。

第2に，企業の人権尊重責任は，国際的に認められている人権の尊重を意味する。それは，少なくとも「国際人権章典」に示された諸権利であり，かつ「労働における基本的原則および権利に関するILO宣言」で掲げられた基本的権利に関する諸原則を指す（United Nations, 2010, p.13）。

第3に，人権尊重責任として，企業は（a）自身の活動が人権侵害を引き起こさないよう，あるいは人権に悪影響を及ぼさないよう行動しなければならず，仮にそれが起こる場合には，かかる悪影響に対処しなければならない。また企業は（b）たとえ人権に悪影響を及ぼさなくても，自身の活動や財サービスが直接的に人権への悪影響と結びつくのであれば，これを軽減するよう努力しなければならない（United Nations, 2010, p.14）。

第4に，人権尊重は，企業の規模，業種，事業上の脈絡，所有や構造などの諸要因に関係なく，すべての企業に求められる責任である。しかしながら，企業が責任を果たすうえで用いる手段の規模や複雑さは，これら諸要因に応じて，また人権への悪影響の程度に応じて多様化してくる（United Nations, 2010, p.14）。

第5に，人権尊重の責任を果たすため，企業はその規模や状況を踏まえたポリシーやプロセスを社内に構築しなければならない。それには（a）人権尊重責任を果たす決意を表したポリシー，（b）人権への影響を把握・防止・軽減できる，またそれにどのように対処するかを説明できるデュデ

リジェンス・プロセス，そして (c) 自身が引き起こした，あるいは悪影響を及ぼした人権上の問題を正すための匡正プロセスが含まれる (United Nations, 2010, p.15)。

以上の5つの「基本原則」に続き，さらに4つの「実践原則」が並べられている。実践原則の第1から第3までは「(a) ポリシー」「(b) デュデリジェンス・プロセス」「(c) 匡正プロセス」のそれぞれに対応する内容となっている (United Nations, 2010, pp.15-20)。とくに「(b) デュデリジェンス・プロセス」に関する実践原則では，人権侵害リスクの把握・評価，人権問題への対処・事後評価，説明責任が詳しく述べられている。内容は割愛するが，実践原則の第4に関してだけ，概略をみておきたい。「人権の保護，尊重，救済のフレームワークに関する指導原則」が普遍的であっても，実践にあたっては「加盟各国の状況，多国籍企業，その子会社，数えきれないほどの国内企業の実情を踏まえ，創意工夫をこらして取り組むべし」とするのが，2011年最終報告書の基本思想である。実践原則の第4は，この基本思想を具体化するために用意された事項ということができよう。その内容は次の通りである。

　企業は，あらゆる脈絡において (a) それが操業するところではどこであろうと，適用されるすべての法令を遵守し，国際的に認知された人権を尊重しなければならない。企業は (b) 要求事項が対立する場合には，国際的に認知された人権に関する原則を尊重する方法を模索しなければならない。企業は (c) それが操業するところではどこであろうと，悪質な人権侵害を引き起こすリスクあるいは悪質な侵害に影響を及ぼすリスクを，コンプライアンス上の問題として扱わなければならない。
　企業は，人権上の実際の悪影響に，あるいは潜在的な悪影響に対処するための諸行為に優先順位をつける必要があれば，最も深刻な悪影響を最初に防ぎ緩和しなければならない。もしくは，企業は，その対応が遅れれば，回復が困難となる悪影響を最初に防ぎ緩和しなければならない (United Nations, 2010, p.21)。

2005年以降の国連人権委員会における議論が，以上のような人権問題を巡る「指導原則」としてまとめられたわけであるが，それが「グローバル企業の社会的責任」という考え方に与えたインパクトは計り知れない。事実，ラギー・レポートは，ISO26000の作成過程に実質的な影響を及ぼしており，次節で扱う紛争鉱物を巡るOECDガイダンスにも少なからざる影響を与えている。

　以上を整理すれば，国際社会は，企業に，直接的に人権侵害してはならない，間接的にでも人権侵害に加担してはならない，そして人権問題の解決に何か貢献できることがあれば，その影響力を積極的に行使されたい，ということを「企業の責任」として，より強く求めるようになっている。なかでも，対応が遅れれば，回復困難となる悪影響に関し，優先的に取り組むことを希求している (United Nations, 2010, p.21)。

　人権を守る責任は，既述の通り，まず国家にある。しかし，国家がその能力を有さない場合，あるいは国家自身が人権侵害に加担している場合，国際機関やNGOが動かざるをえない。とはいえ，状況が複雑になれば，国際機関やNGOであっても，問題を解決することはできない。それゆえ，グローバル・コミュニティは，企業にも，人権尊重を「企業の責任」として実践・協力するよう要請しているのである。

2 コンゴ東部地区における人権問題と多国籍企業に求められる実践

　ラギー・レポートが掲げる基本原則は，企業に対する国際的要請の変化を象徴するものであるが，総じて，企業は，基本原則のような理念を示されただけで，他国における人権侵害に対し，すぐに具体的なアクションを起こすものではない。そこには，どうしても，解決に向けた産業界全体の行動を後押しする枠組みが必要となってくる。本章の冒頭「21世紀を迎え，グローバル・コミュニティは，かつてとは比較にならないほど強くまた明確に，人権尊重の実践を企業に求めるようになった」と述べたが，かかる主張を行ったのは，グローバル・コミュニティ共通の深刻な人権問題に関し，産業界全体の行動を後押しする枠組みが確実に形成されはじめたからである。とくに

「対応が遅れれば，回復困難となる悪影響」に対し，そうした枠組み作りが進みはじめたからである。典型的な枠組みは，コンゴ東部地区の人権問題に対する，米国のドッド＝フランク法1502条であり，OECDの「紛争鉱物デュデリジェンス・ガイダンス」である。

(1) ドッド＝フランク法1502条とコンゴ東部地区における問題

多くの多国籍企業がコンゴ東部地区の問題を意識したのは，2010年7月に米国で可決・成立したドッド＝フランク法（ドッド＝フランク・ウォールストリート改革および消費者保護法）を通じてであった。当然のことながら，国際社会は，それ以前より，同地域における問題を認識し解決の方法を模索していたが，個別企業がグローバル・レベルでの問題としてこれを直視しはじめたのは，同法1502条が上場会社（登録義務を負う証券発行者）に対し「コンゴ民主共和国で採掘される鉱物」に関する開示義務を課したことにある。

ドッド＝フランク法1502条を設けた理由として，米国は，コンゴ民主共和国を原産地とする鉱物の多くがコンゴ東部地区に拠点を置く武装グループによって採掘され，闇ルートを通じて販売されていること，それぞれの武装グループが鉱物採掘に強制労働や奴隷を用いていること，鉱物ビジネスで得た外貨を使い，兵士を養うとともに武器・弾薬を購入していること（Dodd-Frank Wall Street Reform and Consumer Protection Act, p.838），これが結果として東部地区の紛争を長引かせ，武装グループによる難民や地域住民に対する暴力や殺人，子女に対する虐待などを深刻化させていること，などをあげている（SEC, 2012, p.7）。同条項の趣旨は「証券発行者」に新たな開示義務を課し，紛争鉱物のトレーサビリティを高め，武装グループの資金源を遮断することにある。実に壮大なチャレンジではあるが，米国議会は，コンゴ東部地区の問題をグローバル・コミュニティ共通の課題として捉え，その解決にリーダーシップを発揮しはじめたわけである。なお，ドッド＝フランク法1502条は，発効後270日以内に，証券取引委員会（SEC）が，紛争鉱物情報開示に関する運用規則を別途作成するとした（Dodd-Frank Wall Street Reform and Consumer Protection Act, p.838）。これを受け，SECは，

2010年12月に「提案規則」を公表し、パブリックコメントを受けたうえで、2012年8月、SECとして「最終規則」を公表した。

コンゴ東部地区の紛争鉱物問題への対処として、SEC最終規則は、関係する上場会社に、国家的・国際的に認知されたデュデリジェンス・フレームワークを活用するよう求めている。そのフレームワークが、OECDが2011年5月に正式採択した「リスクの高い紛争地域における紛争鉱物デュデリジェンス・ガイダンス（OECD Due Diligence Guidance for Responsible Supply Chains of Minerals from Conflict-Affected and High-Risk Areas)」である（SEC, 2012, pp.27-28)。以下、OECDガイダンスの特徴を概観し、国際社会がコンゴ東部地区の人権問題に関し、どのような実践を企業に求めているのかをみておきたい。

(2) OECDデュデリジェンス・ガイダンスの特徴

OECDガイダンスは「鉱物資源（スズ、タンタル、タングステン、それらの鉱石、派生物、金）の責任あるグローバル・サプライチェーン・マネジメント」を実現するための基礎を提供するものとされ、「サプライヤー選択などの調達決定を通じて、企業による人権尊重や紛争回避への貢献を支援すること」を目的としている。「リスクの高い紛争地域」で採掘される資源に関し、企業の責任ある調達を促し、これをもって、コンゴ東部地区を含む途上国の人権問題の解決と持続可能な発展に貢献しようとしているのである。

ガイダンスを利用・参照する関係者には、市民社会組織なども含まれるが、基本は「鉱物資源サプライチェーンに入る事業者」ということになる（OECD, 2011, p.12)。つまり、SECの最終規則が適用される証券発行者は当然のこと、サプライチェーン内のあらゆる規模の製造業者や流通業者もガイダンスを利用・参照する関係者となってくるわけだ。

さて、OECDガイダンスの特徴として、4つをあげておきたい。第1に、OECDガイダンスが「リスク管理の手法」を鉱物資源サプライチェーンに応用したものであること。そこにいう「リスク」とは、企業自身の活動より生じる事業・取引への潜在的な「悪影響」(adverse impacts)、あるいはサプライチェーン内のサプライヤーやその他主体を含む第三者との関係より生

じる事業・取引への潜在的な「悪影響」を意味する。「悪影響」のなかには，紛争地域にみられる人権侵害，性的虐待，非人道的行為，企業の評判やブランド価値の毀損，法的責任や訴訟などが含まれる（OECD, 2011, p.13）。

　第2に，OECDガイダンスが「リスクに基づくデュデリジェンス」の実施を求めていること。そこでいう「デュデリジェンス」とは，企業が，自身の活動や調達決定との関連で生じてくる悪影響を防止・緩和することを目的として行う，顕在的・潜在的なリスクの確認，対処などの措置を意味する（OECD, 2011, p.13）。措置の主な流れは，「状況確認」「リスク評価」「リスク防止・緩和」の3つとされる。

　すなわち「状況確認」では，リスクの高い紛争地域を起源とする鉱物の採掘，輸送，取扱，取引，加工，製錬，精製，合金化，製造，最終製品の販売にかかわる実際の状況を確認する。個別企業にあっては，自身が位置する場所から上の「原産・流通加工過程」がどうなっているかを確認することが柱となる。

　続く「リスク評価」とは，確認された状況を，OECDガイダンスが掲げる「モデル・サプライチェーン方針」の視点より，リスク評価することを指す。例えば，仕入先Xが川上事業者情報の提供に後ろ向きであるとすれば，当該企業は，情報提供を拒む行為自体に大きなリスクがあると評価することになろう。

　最後の「リスク防止・緩和」とは，リスク管理計画を採択・実行し，洗い出されたリスクを防止・緩和することである。仕入先Xの例でいえば，それは，当該企業が，仕入先Xに改善を求めるか，仕入先Xとの取引量を減らすか，取引先を変更するかを検討し，実行に移すことなどを含む。個別企業の取り組みは，サプライチェーンの何処に位置するか，どのような取引関係をもっているかに応じて異なってくるが，ガイダンスは，その場合でも，人権侵害や紛争加担の回避を目的として，つまり，常にその視点を基本に据えて，デュデリジェンスを実施するよう求めている（OECD, 2011, pp.14-15）。

　第3に，OECDガイダンスが「鉱物資源サプライチェーン」を川上と川下に分け，「川上」を鉱山から製錬・精製業者までとしていること。川上業

者の具体例として，採掘業者（零細・小規模から大規模生産者まで），地元の取引業者，鉱物原産国から輸出する業者，国際的な選鉱取引業者，鉱物再加工業者，製錬・精製業者などをあげているが，このなかには，個人や零細事業者のような非公式作業グループは入っていない（OECD, 2011, p.32）。

　サプライチェーン全体を通じての取り組みでは，川上で得られる情報の信頼性が確保されなければ，川下に流れる情報はすべて信頼性を失う。このため，ガイダンスは，川上企業に，自社が保有する鉱物に対する内部統制システムを構築し，現場で評価できるチームを設けるよう勧告している。これには，複数の川上企業が協力しあって評価チームを組織することも含まれる。評価チームを作ることで，検証可能な最新の情報が得られ，かつその情報の共有化が進むと期待されるからである。加えて，ガイダンスは，川上企業がリスク評価の結果を川下企業に提供すること，独立の第三者や制度化されたメカニズムを用いて，製錬・精製業者によるデュデリジェンス活動の監査まで実施するよう求めている（OECD, 2011, p.32）。

　第4に「鉱物資源サプライチェーン」の「川下」を製錬・精製業者から小売業者に至る流れとしていること。川下業者とは，具体的には，金属取引業者，部品製造業者，製品製造業者，OEM業者，小売業者などを指す。ガイダンスは，川下企業が，最善の努力を払い，サプライチェーンにおける製錬・精製業者のデュデリジェンス・プロセスを特定・確認し，またそのプロセスがガイダンスで示されたデュデリジェンス手法に沿ったものであるかを評価するよう求めている（OECD, 2011, p.32）。

　川上と川下とを分けるのは，鉱物資源が製錬段階を経て，精製金属となり，また最終製品の部品・部材となって消費者市場に入れば，企業が鉱物資源の原産・流通加工過程を追跡できなくなってしまうからである。この遡求不能点があるため，ガイダンスは，川下企業それぞれが直接取引するサプライヤーに対し内部統制を効かせ，またその先のサブサプライヤーに対する影響力を確保するよう，業界全体として，取り組みを調整・推進するよう推奨している（OECD, 2011, p.33）。

(3) 多国籍企業が忘れてはならないこと

　「コンゴ東部地区における人権侵害」「武装グループを益する紛争鉱物」という問題は、紛争鉱物を使用したからといって、その多国籍企業が、即、ペナルティを科されるというものではない。この取り組みは、むしろ、グローバル・コミュニティにおける「社会的弱者（難民、女性、児童など）」を、非人道的な虐待や人権侵害より守ろうという「社会実験的な運動」として捉える必要があろう。

　たしかに、ドッド＝フランク法1502条および紛争鉱物SEC最終規則は、証券発行者に対し、紛争鉱物サプライチェーンの原産・流通加工過程に関する開示義務を課している。その意味で、これは法的義務になっているが、ただその要請は開示義務にすぎず、紛争鉱物の使用を禁止するものではない。しかも開示レベルは緩く、2年間あるいは4年間の移行期間まで設けている。とりあえず、サプライチェーンを遡れるところまで遡り、出所がはっきりしているものとはっきりしないものとを分け、その情報を蓄積・共有していこうというのである。

　たしかに、紛争鉱物のトレーサビリティを高めるには、企業として、社会として、かなりのコストを負担しなければならない。しかし、グローバル・コミュニティは、たとえコストが割高であったとしても、「コンゴ東部地区における人権侵害、とくに性的虐待はできるだけ早く根絶しなければならない」と考えるようになっている（SEC, 2012, p.298）。さらにいえば、弱者支援に動くことは、先進国として当然の義務であり、かつ多国籍企業としても積極的に取り組まなければならない責務である、とみなすようになっているのである。企業は、現在、起こっているこうした変化を直視し、各々の立場や影響力に応じて、責任ある対応を構想・実践しなければならなくなっているのである。当面、その主な倫理実践は、トレーサビリティの向上ということになろうが、そのさいも、解決すべき課題が、コンゴ東部地区の人権侵害の撲滅にあるということを忘れてはならない。

　以上、本章では、ラギー・レポートが企業に求める原則と、その具体的実践である「紛争鉱物デュデリジェンス・ガイダンス」の特徴をみてきた。多国籍企業に対する人権問題解決への要請は、この先、コンゴ東部地区のみな

らず,同種の問題に苦しむ他の地域や国家においても出てくることになろう。言い換えれば,企業は,それほど大きな影響力を行使できる主体となっているのである。「自由には,必ず責任が伴う」といわれるが,グローバル・マーケットにおいて自由を享受してきた多国籍企業であるからこそ,責任は大きくなっているのである。世界は,各地点が影響において緊密に結びつくグローバル・コミュニティとなっている。それだけに,多国籍企業は自身の行動ひとつで世界を変えうる主体にもなっているわけである。

注
1 2008年に提出された報告が本来の「ラギー・レポート」であり,2011年に提出された報告書は「人権の保護,尊重,救済の政策フレームワーク」の実施指針となる。ただし,広義には2011年までの報告書を含めて「ラギー・レポート」と総称する。United Nations (2011) p.3参照のこと。
2 United Nations (2008) を参照のこと。
3 ラギー・レポートを受け,ISO26000の「人権と社会的責任」という節では,国家と組織の負うべき責任が次のように整理された。すなわち「国家には,人権を尊重し,保護し,満たす義務および責任がある。また,組織は,自らの影響力の範囲内を含む,人権を尊重する責任を負う」(ISOSR 国内委員会監修,日本規格協会編,2011,pp.23-24)。
4 国際法でいう法主体は伝統的に「国家」に限られているが,現代国際法では「個人」に対しても一定の権利義務を与えている。

参考文献
Dodd-Frank Wall Street Reform and Consumer Protection Act, H. R. 4173, Sec. 1502.
OECD (2011) *OECD Due Diligence Guidance for Responsible Supply Chains of Minerals from Conflict-Affected and High-Risk Areas*, OECD.
Securities and Exchange Commission (2010) *Conflict Minerals*, Release No. 34-63547 (Proposed Rule), December 15, 2010.
Securities and Exchange Commission (2012) *Conflict Minerals*, Release No. 34-67716 (Final Rule), August 22, 2012.
United Nations (2008) *Promotion of All Human Rights, Civil, Political, Economic, Social and Cultural Rights, including the Right to Development: Protect, Respect, and Remedy: a Framework for Business and Human Rights*, Report of the Special Representative of the Secretary-General on the issue of human rights and transnational corporations and other business enterprise, John Ruggie, Human Rights Council, April 7, 2008.

United Nations (2010) *Promotion and Protection of All Human Rights, Civil, Political, Economic, Social and Cultural Rights, Including the Right to Development*, Report of the Special Representative of the Secretary-General on the issue of human rights and transnational corporations and other business enterprises, John Ruggie, Human Rights Council, April 9, 2010.

United Nations (2011) *Guiding Principles on Business and Human Rights: Implementing the United Nations "Protect, Respect and Remedy" Framework*, Report of the Special Representative of the Secretary-General on the issue of human rights and transnational corporations and other business enterprises, John Ruggie, Human Rights Council, March 21, 2011.

ISOSR 国内委員会監修, 日本規格協会編（2011）『日本語訳 ISO26000：2010―社会的責任に関する手引き』日本規格協会。

杉原高嶺（2011）『基本国際法』有斐閣。

第3章 国際的多元化社会における企業倫理
多国籍企業をめぐる倫理問題とは何か
●●●●

梅津 光弘

はじめに

　企業倫理興隆の背景にはいくつかの理由が考えられるが，そのひとつに企業の多国籍化，グローバル化という歴史状況が大きな影響を及ぼしているといえる。一国内で単一の民族，文化，言語，宗教，価値観を前提にしてビジネス活動を行っているときには問題にならなかったことが，経済発展段階，法体系，社会構造，商慣習，種々の制度などを異にする外国を相手にしたとたん，大問題になるということがある。

　この問題へのアプローチの仕方としては，従来大きく分けて2つの相反する立場が主張されてきた。ひとつは「郷にいれば，郷に従え」といわれてきた立場で，進出した相手先の文化，社会慣習にこちら側が合わせるべきだという考え方であり，もうひとつはあくまでも自国，自社のやり方を貫き通していくというやり方である。前者の立場は国や文化が異なれば各々に規範が異なるのは当然であって普遍的・絶対的な規範はありえないと主張することから相対主義（Relativism）と呼ばれ，後者の立場は自国や自社の価値観や規範の妥当性を信じ，それを受け入れ側に押し付けるということから「絶対主義（Absolutism）」あるいは「倫理帝国主義（Ethical Imperialism）」と呼ばれる[1]。

　例えば次のような事例に直面したときわれわれはどうしたらよいのであろうか？

事例1

　日本のある大手建設会社が西アフリカのある国から架橋工事を依頼された。設計技師が現場へ赴くと国家的なプロジェクトとして国をあげての期待がかかっていることが肌で感じられた。この国の交通事情は日本の30年前を思わせる状況であり，車の数も日本の3分の1以下といったところだろうか。しかし，この国の経済は急成長中であり交通量も今後飛躍的に伸びることが見込まれている。ところが設計の細かい点を検討するうちにこの国の橋梁の安全基準が大幅に低いことが分かった。日本の建設省の基準からいうと，とても認可されないような代物になる。現地の担当者にその旨を伝えると予算の関係上いたし方がないという。現地の法をおかす訳ではないがこの基準で建設したとすると5-6年のうちに大事故が起こるか，建設のし直しという大変効率の悪いことになる。どうせ建設するのであればきちんとしたものをと思い，ある政府の高官にその話をしたところ，是非そうしてもらいたい，差額の分については日本政府からの援助ということでどうかという話になってしまった[2]。

事例2

　イタリアでは年度ごとの法人税申告のさい，他の国とは異なる慣行が長年黙認されてきた。それは経常利益をそのまま申告するのではなく，実際の利益の30％から70％を申告するというものである。そのために多くの法人が二重帳簿を作り周到な準備を行う。もちろんこの行為はイタリア国内の税法上脱税行為であることに変わりはないが，イタリアの税務当局もその辺の事情はよくよく承知のうえであり，通常申告締切日の六ヵ月後に「事情聴取召喚状」というものが届くことになっている。これが届くと担当者が出向いてイタリア税務当局と「交渉」という段取りになるのだが，これも長年の慣習からイタリアには「コマーシアリスタ」という税務交渉の専門家がおり，企業の場合も，個人経営の場合もこの専門家にまかせてなにもタッチしないのが普通である。いくらぐらいの追徴課税に収まるかはその「コマーシアリスタ」の「腕と顔」次第であり，実際にいくらの追徴金をとられたのかは明らかにされない。ただし，コマーシアリスタ自身が受け取る「サービス料」を含め

ても実際にはらう金額は，まともに申告した場合よりも安くつくことだけはたしかである。さて大手銀行のひとつがローマ支店を開設し，あなたがそこの初代支店長として赴任することになったと想定してみよう。そして初年度の法人税申告の時期が迫りそれなりの利益が上がったものと仮定したうえで，あなたなら「イタリア式申告」を行うのか，それとも信用が第一の銀行としては不透明な「コマーシアリスタ」などとは手を組むべきではないのか[3]。

　こうしたケースの困難な点は，従来の学問がどれも適切な判断を導いてくれないところにある。経済学者，社会学者，文化人類学者といった社会科学者に助言を求めたとすると各々の経済的，社会的，文化的な「事実」を記述分析してはくれるが，どのような判断をすべきかという「当為」には立ち至らない。このようなシステムは不正と腐敗の温床であるといった個人的見解は持つかもしれないが，学問上の立場からはそのような善悪判断に立ち入った発言は差し控えるべきだという妙な学者の職業倫理がここでは働いてしまう。そして結果的にはこのような「当為判断の停止」が無批判な現実肯定を招き，ひいては「郷にいれば，郷に従え」といった相対主義へと導いてしまうのである。

　反対に哲学や倫理学といった規範学の学者に助言を求めると，それぞれの社会とその文化といった具体的コンテキストをとばして，いきなり抽象的な原理原則から「人間は常に正直であるべきだ」といった抜き差しならない結論を出してきてしまう。ここには硬直した普遍性があるだけで，重層的で多様性にとんだ現実や柔軟で情緒的な深みをもつ人間関係のダイナミズムも捨象されてしまう。「倫理的帝国主義」がひとりよがりの思い込みになってしまったり，鼻持ちならない自己正当化の押し付けになってしまったりする由縁がそこにある。

　こうしたケースにはたんなる事実の記述・分析（ものの何であるか）を繰り返しても方針や解答はみえてこない。むしろここでは法や倫理といった規範に関する当為判断（もののどうあるべきか）を示していかなければならないわけであるが，同時に各々の文化や社会の特殊性を充分に取り入れた形の判断をして行かなければならない。

いずれにしても多元的な国際社会での企業行動を考えると，相対主義も倫理帝国主義も問題の解決には役に立たず，またそのことはとりもなおさず従来の実証主義的な社会科学のアプローチと思弁的・理論的な哲学・倫理学のアプローチの両方が時代の要請に対する適格性を欠いていることを露呈したものといえよう。

　このような事例に対応するためにも，具体的な事実の分析に基づきながら，はっきりとした規範原理なり経営理念なりをトップが示していく必要がある。企業経営という実証性と規範的な要素を統合した判断を要求される場面においては，その両者を統合するディシプリンが必要とされているのに，そのニーズに答える統合体系は存在せず，どちらかというと経験的実証学のみを重点的にカバーしてあとは個々の経営者が個人的な好みと曖昧な常識とをたよりに，ほとんど無原理・無原則に近い形でことが進められているのが現状であろう。

　そうしたなかで現われたのがドナルドソン（Thomas Donaldson）とダンフィー（Thomas Dunfee）による Integrative Social Contracts Theory（ISCT：統合社会契約理論）である[4]。この理論は，International Communitarianism（国際的共同体主義）とも呼ばれ多国籍企業の国際的な場面における企業倫理のあり方を考え，その理論的基盤を与えるためにジョージタウン大学教授で哲学専攻のドナルドソンとペンシルベニア大学ウォートンスクール教授で経営法学専攻のダンフィーが共同で提出したひとつの試論である。本章ではこの最新の試みである国際的共同体主義の構造を紹介することによって国際的な場面における経営，あるいは多国籍企業を取り巻く倫理問題の所在と概要を展望するとともに，この立場を現実に機能させるための制度化の可能性を考えてみようとするものである。

1 ｜ 国際的共同体主義とは何か

　国際的共同体主義の内容をみる前に，その哲学的基礎となっている共同体主義（Communitarianism）そのものの内容を確認しておく必要ががある。この立場はマイケル・サンデル（Michael Sandel），チャールズ・テイラー

(Charles Taylor),アラスデア・マッキンタイヤー（Alasdair MacIntyre），マイケル・ウォルツァー（Michael Walzer），アミタイ・エツィオーニ（Amitai Etzioni）等の一群の学者達が主張してきた，近代主義への批判理論を総称したものである。その主張の根幹は原子論的で，自律的，自己完結的な自我とそれの集合としての社会といった近代主義的な人間観にかわって共同体の自我に対する先行，他者との相互依存的な自我が主張される。さらにそこから主観主義的道徳観の否定と個々の共同体に独自の多元的な規範の可能性などが論じられる。

　ドナルドソンとダンフィーは地域共同体だけではなく，企業や業界といったビジネス倫理に特有の団体も共同体であると考え，このような個々の共同体に独自な倫理規定を「ミクロ社会契約（Micro Contract）」と呼び，それぞれの企業や業界の価値基盤に沿った多様性，多元性を倫理のなかに認めていこうとする。この倫理規準の内容はそれぞれの共同体（＝企業，業界）に任されており，それぞれの企業や業界の持つ価値基盤の強さに応じて任意に設定されればよいことになる。これは現代的な多元主義への肯定であり，従来の絶対主義的な倫理学のあり方とは大きな違いをみせるものである。

　このようにドナルドソンとダンフィーの倫理観は従来日本人が考えてきた個人的，信条的なコミットメントとしての道徳観，禁欲的，自由制限的な倫理観とは大いに違っており，Integrative Social Contracts Theory ともいわれるように，複数の，多元的な契約の存在をゆるすものである。ここでの倫理は契約として捉えられ，法的規範とも連続した公的で人為的なノモス（人定）としての意味合いが強い。このような社会契約論的な立場に立てば，倫理は個人的な信条の問題ではなくなり，企業という複数の人間から構成される組織においても，それが一定の明示的あるいは暗黙の契約を前提とする全ての組織を支配する規範的原則として論及することが可能となるのである。

　それでは，各企業共同体はまったく多元的で任意な契約規範を作ることができるかというと，そうではない。各企業共同体の契約規範がまったく任意なものであるとするとそれは相対主義とかわらなくなってしまう。そこで，ドナルドソンとダンフィーはそれぞれのミクロ社会契約を妥当なものとする条件として次の3つの条件をあげる（Donaldson, 1994, p.68）。

①各企業共同体には，メンバーが守らなければならないミクロ社会契約による義務的倫理規範を作成する「道徳的自由空間（Moral Free Space）」が許されなければならない（各企業共同体はミクロ社会契約を通じて倫理規範の内容を自由に決定してよい）。
②規範の元となるミクロ社会契約は成員の合意によるものでなくてはならず，その保証として成員には絶対的な脱退権を認める。
③共同体の成員に遵守義務を生じさせるためには，ミクロ社会契約は超規範（Hypernorms）と両立可能でなければならない。

これらのうち①と②は契約の立法過程が正当な手続きを踏んでいるかどうかを規定する条件である。「手続的正当性原理（Authenticity Principle）」と呼ばれるこの２つの条件は契約規範が正当な手続的由来をもつものであるかどうかを保証するものである。③は立法内容の妥当性を保証する条件で「適法性の原理（Legitimacy Principle）」と呼ばれる。ここでは超規範と呼ばれる各共同体内の規範内容の「真当性（Decency）」をチェックする最終根拠が問題となる。例えば，KKKのような過激な信条をもつグループがあったと仮定してみよう。この共同体のなかでは人種差別が行動規範となりメンバー間の完全な合意のもとにミクロ社会契約が制定されたとしよう。この契約規範は①と②の条件は満たしているから由来の手続的正当性については問題がない。しかし，超規範との両立可能性を持つ規範内容の真当性は欠いているので③の適法性の条件は満たしていないことになる。

ここで超規範とは何かということが問題になる。この概念は，先述のコミュニタリアニズムの提唱者のひとりでもある哲学者テイラーが"Hyper-goods"と呼んだ概念を元にしている（Taylor, 1992, pp.63-73）。ドナルドソンとダンフィーの定義によれば，超規範とは「文化を超越した意味関連をもつほどに人間の条件にとって根本的な規範」（Donaldson and Dunfee, 1994, p.264）であり，「個々の共同体が生み出した規範の評価や批判の原器として使えるほど充分に根源的な善」（Ibid, p.267）ということになる。ここでは共同体の価値規準に個々のAuthenticityを認める代わりに，超規範という普遍主義的な要素を理論のなかに取り込むことによって，国際的共同体主義を

相対主義から救おうと試みているのである。

　超規範の具体的な内容については，ドナルドソンとダンフィーは少なくとも次のような権利論的な条項を含むものと考えている。

- ・中核的な人間の権利，とりわけ個人の自由，身体的安全と福祉，政治的参加，インフォームド・コンセント，私有財産権，生存権。
- ・人間個々人に等しい尊厳を認める義務（Ibid, p.268）。

　しかしこの内容については現在多くの議論が巻き起こっており，残念ながらこの場で断定的な結論を導くことは時期早尚である。ドナルドソンとダンフィーは既存の共同体の持つ規範には多様性を認めるもののその基礎にある価値観は決して互いに独立でバラバラなものではなく，かなりの部分はオーバーラップしているという考え方も示唆している。これには現実の紛争の厳しさを甘くみた楽観的すぎる説との批判もありうるが，いずれにしても社会契約論は人間相互の合意の可能性を基礎にしていること，さらに超規範はモラルミニマムと呼ばれているように道徳的自由空間の領域（Boundary）の最低線を示すものであり絶対主義的な色彩をもつ概念ではないことの2つをここでは確認しておくにとどめよう。

　マクロ社会契約の第4番目のものは共同体規範間の対立・競合を調停するための条件で「優先順位確立の原則」ともいうべきものである。

- ④原則①から③までを満足する規範同士の間に衝突が起こった場合，マクロ社会契約の精神と文言とに一致する規則を適用して優先順位を確立しなければならない（Ibid, p.269）。

　「道徳的自由空間」を認めるということは，規範の多様性を認めるということであるが，各々の共同体が孤立して存在するのでない限りその帰結として対立・競合・摩擦といった紛争やコンフリクトが起こるのは避けられないことでもある。そこで，このように定式化された原則がどうしても必要となってくるわけである。ドナルドソンとダンフィーは共同体間の対立調整は

基本的にケースバイケースであると考えておりその意味で，④の原則も大綱を示すものであって具体的な優先順位のルールは多様であってもよいとする。以下にしめす規則は「目安（Rules of thumb）」であるが，既存の国際法上の調停原則や実務から援用されたものでもある（Ibid, p.269-270）。

・単一の共同体内のみで行われる業務については，それが他の人間や共同体に対して相応の不利な影響を及ぼさない限り，当該共同体内の規範によって統治されるべきである。
・それが他の人間や共同体に対して相応の不利な影響を及ぼさない限り，共同体規範の一部に含まれる規範競合状態の調停選好規準が適用されるべきである。
・規範生成の元となる共同体の規模がより大きく，よりグローバルである様な規範に，より高次の優先順位が与えられるべきである。
・業務を行う経済環境の維持に不可欠な規範には，経済環境に損害を与える可能性のある規範に対して，より高次の優先順位が与えられるべきである。
・複数の規範対立が起こっている場合，（規範対立を起こさない）他の規範間の一貫性パターンが優先順位決定の基礎を提供する。
・通常，明確に定義された規範には，一般的で正確さを欠く規範より高次の優先順位が与えられるべきである。

ドナルドソンはまた独自に図表3-1のような図を示して規範の背後にある共同体の価値観のうち，まったく両立しないもの，完全に一致する普遍的価値の中間に，両立可能な価値と緊張状態の価値とを設け4つの価値レベルの階層構造を考えている（Donaldson, 1994, p.75）。

ドナルドソンとダンフィーによれば，このようなカテゴリーを設けて何が両立でき，何が両立しないのかを区分けしてみることが紛争調停の第一歩であると考えているようである。この図では中心の黒いエリアが普遍的価値観ということになっており，それを取り巻くように両立する価値，緊張状態の価値と続き最後に全く両立しない価値となる。ただし，複数の価値基盤同士の接触ということを考えるのであれば図表3-2，3-3のような図のほうが

適切であろう。

　ここでは複数の多元的な価値観の体系とその接触あるいはオーバーラップが前提とされている。この点は多くの相対主義者が価値体系やパラダイムの共約不可能性（Incommensurability）を主張するのと好対照である。各々の価値観は独自の領域をもっているがまったく独立で共約不可能なのではなく，かなりオーバーラップする部分をもっている。さらに目安にも出てくるように，このようなオーバーラップ部分（図表3-2のC部分および図表3-3の斜線部分）のパターンを基礎にして，それを拡大していく形で不一致部分の調停を進めていこうというのがドナルドソンとダンフィーの調停理論の核になっているように思われる。

2 国際共同体主義の問題点

　さてこのような国際的多元的な状況における企業倫理の枠組み設定は，今後の多国籍企業の行動指針づくり等への実践的なニーズに答えるものとして評価されるべきであるが，同時にいくつかの問題点も指摘しておく必要があるだろう。その一部を列挙すると，

　第1にこの理論によれば「人権」が普遍的価値をもつものとして「超規範」の主要な候補となっている。しかし最近の中国などの主張をみても明らかなように，国全体の経済発展を個々人の自由権的権利に優先するものと考えている国が多々ある。こうした国々にいわせると日本

図表3-1　価値観の階層構造

出所：Donaldson（1994）p.75

図表3-2　2つの価値観の接触

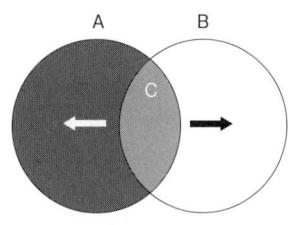

出所：Donaldson（1994）p.75を基に筆者改編

図表3-3　複数の価値観の接触

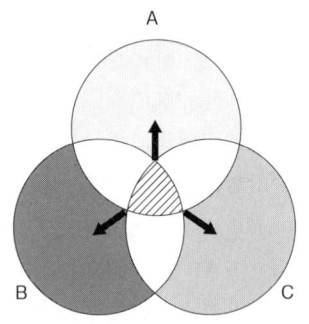

出所：Donaldson（1994）p.75を基に筆者改編

やアメリカのようにすでにある程度の経済発展を成し遂げた先進国はよいが，いまだに発展途上にある国々にとっては経済成長こそ至上命令であり人権の尊重も場合によっては棚上げにされうる，ということになる。

　第2に「超規範」の内容については先述したように今後も多くのディスカッションを重ねる必要のある事柄であるが，超規範を権利論の方向で形作ろうとすると，権利論の持つ個人主義的背景と共同体主義の基本前提との間に矛盾が起こるのではないか。いい替えると，権利論を軸にすえた超規範は近代的個人主義の枠組みを超えることができず，結局はこの種の国際的な問題に対する倫理的なアプローチの意義が希薄なものになってしまうのではないか。さらに人権の思想はいまや全世界的に浸透しつつあるものの，この思想自体は非常に近代西欧的な発想であってそのような文化的背景をもたない国々（例えばアジアやイスラーム文化圏など）にはかえって馴染まないのではないかという点も懸念される。

　第3にドナルドソンとダンフィーの理論を実際の現場に応用して行くためには，ある程度形式化され，制度化された合意形成手続きとそれを司る国際機関の設置が必要なのではないか。「超規範」の内容的な調整にしても，実際の共同体間の紛争・対立（これは国と国，企業と企業，企業と国，企業と地域社会等いろいろな場合があり，さらにBilateralあるいはMultilateralな場合と複雑である）の調整にしても第三者的な国際機関が実態調査，調停，交渉などにあたる必要がある。

　問題点はこのほかにもいろいろとあるが，私見によれば第3の問題が最も重要な問題点であるように思われる。この理論が国際的な経営倫理学の枠組みとなるためには細かい点の検討とともに多国籍企業が現場で遭遇した問題点を具体的に討論する場が必要だ，と思われるからである。これはまたドナルドソンとダンフィーの理論的枠組みを現実に応用する手段を制度化することであり，理論の現実への体現そのものでもある。理論の応用・体現は経営倫理学を考える場合とくに重要であり，国際的共同体主義の場合も理論を相補的に支えるもうひとつの柱としての制度化・組織化が考えられなければならない。次節においてはこの倫理的合意形成手続き，およびその制度化の枠組みについて私見を述べさせていただこう。

3 倫理的合意形成手続きとその制度化の構図

　国際的共同体主義の理論が国際的な場面で現実に機能し，紛争調停等の問題に効果的な解決を与えて行くためには，制度化，組織化が行われなければならないが，それにはすくなくとも組織の性格とその組織の業務遂行に関するコンセンサスがなければならない。以下に述べるものはあくまでも私見であり，問題提起の意味で手短にまとめた見取図にすぎないことも最初にお断りしておかなければならない。

　まず組織の性格として，学会，企業，業界団体，消費者団体，地域団体といった各共同体をメンバーとする産・学共同の国際的民間団体となるであろう。共同体主義の基本は価値と倫理規範の源泉を共同体のつながりに求める点にあるから，共同体という公共性をもった民間団体が最小のユニットになるのは当然であろう。この組織では従来のような国家を単位とした国際団体では論じ得なかったより細かい，それぞれの共同体に密着した問題が論ぜられることになろう。その意味でここでなされる摩擦や紛争の調停も，従来のような国家権力や武力を後ろ楯にした政治決着といったものとは性質を異にするものである。政治決着こそが重要な解決であると考える向きには，そのような国際団体は既に多く存在しておりそのような団体が効率的に機能していると考えるか，という質問をもって答えたい。むしろビジネスの現場にあっては，民間の自助努力による調停の方がはるかに効率的，効果的に処理できる場合があり，今後このような事例は増加する傾向にもある。

　また，このような業務を遂行するためには手続的な合意形成プロセスを確立する必要がある。一般に文化，慣習，民族等を異にする共同体同士の紛争調停をする場合，直接紛争のポイントやその内容の突き合わせを行おうとすると，かえって話が収束しなくなる。むしろ紛争解決のための手続きを明確にしておき，それについての合意をまず取り付けるほうが効果的であるといわれている。日本の裁判制度における三審制や，アメリカの陪審制等は結果のいかんとは独立の手続的な紛争解決へのアプローチである。ただし，裁判の場合と異なるのはこれはあくまでも相互的な合意のためのプロセスであって一方的な裁定をくだすための手続ではない。ドナルドソンとダンフィーの

考え方に従えば，倫理はある程度まで交渉可能なものであり，すべての規範は合意に基づくという社会契約論の伝統に立脚したものである。私がここで付け加えようとしているのは同じ社会契約論に立ちながらも，手続的正義の概念を加味したジョン・ロールズ（John Rawls）の理論を制度化にさいして援用しようというものである。

　紛争や摩擦の調停にさいしては共同体間の合意形成に入る前に，共同体内の合意形成を行われなければならない。これはドナルドソンとダンフィーが提唱する目安にも関連することであるが，摩擦が起こっている場合には各々の共同体内での合意も揺らいでいる場合が多いからである。そのさい，各々の共同体内での価値の優先順位を明確にし，整合性を高めておく必要もある。こうした作業を前提としておくことで，問題の所在がはっきりすると共に，共同体間の問題であると思われていたものが実は共同体内部で処理できるものであることが判明する場合もあろう。

　共同体間の紛争調停の場は当該共同体のメンバーや代表者達が何の遠慮もなく発言できるような理想的発話状態としての討議の場でなければならない。そこでは，価値同士のぶつかりあいと利害関係のぶつかりあいから激しい討論になると予想されるが，互いに対等のコミュニケーション的プロセスが保証されなければならない。このあたりの事情はユルゲン・ハーバマス（Jürgen Habermas）の提唱する討議倫理学とのかかわりのなかで考察する必要があり，詳細は別稿に譲らざるを得ないが，ここでいうコミュニケーションとは，人間が共に生きていくうえで互いの行動を調整するための手だてであり，その意味では真のコミュニケーションなしには，規範や倫理はありえないということがいえるのである[5]。

　最後にこのような理想的発話状態を作る条件のひとつに匿名性の保証という条件をあげておきたい。匿名性の保証は討議への参加者がそのIdentityを隠すことによってだれにもはばかることなく，全く自由に発言できるような環境を保証する条件である。ジョン・ロールズの"Veil of Ignorance"に因んで「覆面性の保証」と呼んでもよいこの条件は，利害関係の真っただなかにあってしかも政治力，財力，人的資源力，情報力といったあらゆる影響力がアンバランスな共同体間に，「公平な議論のための土俵（Level Field of

Discussion)」をつくりだす前提となる。またこの条件は一種の「文脈的自由空間（Context-Free Space）」をつくりだす手続的条件であって，倫理的な討論の場を政治的，経済的な圧力と報復から守り，比較的弱い立場にある共同体に公平な発言権を保証する手段でもある。このような配慮は，政治的，経済的な力にバラつきのある国際的な場面ではとくに重要であり，本質的な討論と倫理的な討論の意義を際立たせるものとなるであろう[6]。

注
1　倫理的帝国主義は倫理的絶対主義（Ethical Absolutism）とも呼ばれる。詳しくはDonaldson, T. and P. Werhane（1988）を参照のこと。
2　Thoams Donaldson "Business Ethics" クラスディスカッションに基づく再構成。
3　Kelly（1998）所収のケースより再構成。
4　この理論は筆者の知る限りでは3本の論文と1冊の単著で発表されている。すなわち，
　　a) Donaldson, T. and T. Dunfee（1994）.
　　b) Donaldson, T. and T. Dunfee（1995）.
　　c) Donaldson, T.（1994）.
　　d) Donaldson, T. and T. Dunfee（1999）.
　　原則①についてはa) 論文とb) 論文との間に文言の違いがある。内容的には同じことを言っているのであるが（　）内に Academy of Management Review 所収論文からのものを訳出して対比を明確にしておいた。
5　Jürgen Habermas の討議倫理学の詳細については Habermas（1983），Benhabib and Dallmayr（1990）等を参照のこと。
6　この節に書かれた私見については，Donaldson, T. and T. Dunfee（1999）p.77のなかで，有益な提言として引用されている。

参考文献

Benhabib, S. and F. Dallmayr（1990）*The Communicative Ethics Controversy*, The MIT Press.

Donaldson T.（1994）"International Communitarianism and Economic Life,"（邦訳（1994）「国際共同体主義と経済生活」第4回日米倫理教育会議報告書，上広倫理財団）.

Donaldson, T. and T. Dunfee（1994）"Toward a Unified Conception of Business Ethics: Integrative Social Contracts Theory," *Academy of Management Review*, Vol. 19, No. 2, pp.252-284.

Donaldson, T. and T. Dunfee（1995）"Integrative Social Contract Theory: A Communitarian Conception of Economic Ethics," *Economics and Philosophy*, Vol. 11, No.1, pp.85-112.

Donaldson, T. and T. Dunfee (1999) *Tie that Bind: A Social Contracts Approach to Business Ethics*, Harvard Business School Press.

Donaldson, T. and P. Werhane (1988) *Ethical Issues in Business: A Philosophical Approach Part 1*, Prentice-Hall.

Habermas, J. (1983) *Moralbewußtsein und kommunikatives Handeln*, Suhrkamp (三島憲一・木前利秋・中野敏男訳 (2000)『道徳意識とコミュニケーション行為』岩波書店).

Kelly, A. (1988) "Italian Tax Mores" Donaldson, T, and P. Werhane, *Ethical Issues in Business: A Philosophical Approach*. 3 rd ed., Prentice-Hall.

Taylor, C. (1992) *Sources of the Self: The Making of the Modern Identity*, Harvard University Press.

第2部

● ● ● グローバル企業の経営倫理と戦略的課題

第4章 BOPビジネスの視点からみた，グローバルCSRとCSV（共益の創造）
●●●●

水尾 順一

1 BOPビジネスへの展開と日本企業の成長戦略

(1) BOPビジネスによるグローバルCSR

① アジア・アフリカの巨大な新興市場

　アジア・アフリカ諸国を中心とした発展途上国で，年間3000ドル以下で暮らすBOP（Base／Bottom of the Pyramid: 低所得者）層に向け，企業が感染症の予防や医療，食料改善など現地の社会的課題の解決を通じて新しい市場を創造するBOPビジネスに注目が集まっている。

　世界銀行グループの世界資源研究所と国際金融公社の資料「The Next 4 Billion」によれば，世界人口の約72％にあたる約40億人がBOP層といわれる年間所得3000ドル以下（1日約750円）の生活者とされ[1]，日本の実質国内総生産に匹敵する総額5兆ドルの市場規模がある。

　世界人口の所得層と市場規模では，図表4－1の通り約72％がBOP層であり，MOP（中間所得者）層は14億人，TOP（高所得者）層はわずか1.75億人と推計される。

　欧米のグローバル企業で官民連携を中心にこの層への市場参入が進むなか，日本企業の取り組みが2008年度に経済産業省の取り組みによって開始された[2]。

　企業にとってBOPビジネスは，自社の持続可能な発展を目指す成長戦略としてはもちろんのこと，途上国の社会的課題を解決するCSR（企業の社会的責任）の実践につながることから戦略的CSRの重要領域としても捉えることができる。リーマンショックから立ち上がろうとしていたときに東日

47

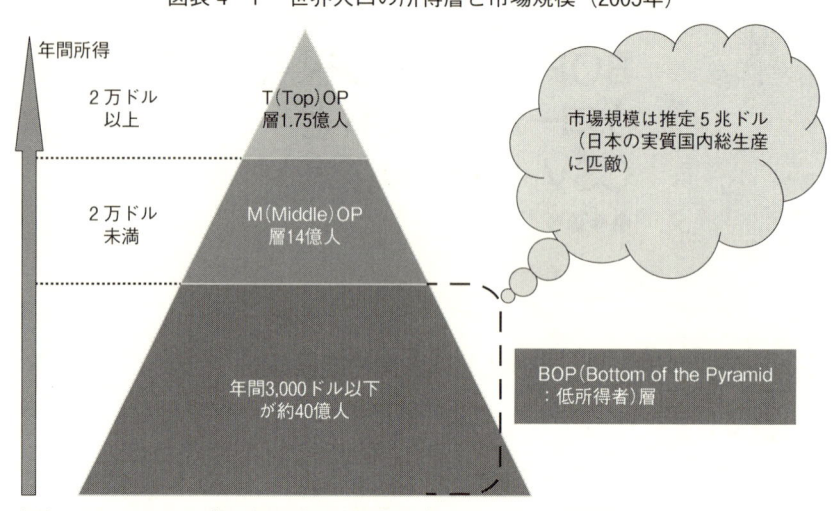

図表4-1　世界人口の所得層と市場規模（2005年）

年間所得
- 2万ドル以上：T(Top)OP層 1.75億人
- 2万ドル未満：M(Middle)OP層 14億人
- 年間3,000ドル以下が約40億人：BOP(Bottom of the Pyramid：低所得者)層

市場規模は推定5兆ドル（日本の実質国内総生産に匹敵）

出所：Hammond et al.（2007），野村総合研究所（2009）をもとに筆者作成

本大震災の発生で，再び景気が低迷し逆境からの脱出に模索する我が国経済界にとっても今後期待できる有望な市場である。

本章ではグローバルCSRとCSV（Creating Shared Value：共益の創造）についてBOPビジネス（水尾，2010, pp.1-36）の点から考えてみたい。

② BOPビジネスと「Creating Shared Value（共益の創造）」

BOPビジネスは，企業にとってはグローバルな市場で自社の持続可能な発展を目指す「グローバルCSR」であり，また，人・物・金という限られた経営資源を有効活用する「戦略的（Strategic）CSR」の重要領域としても捉えることができる。このことは企業にとっては業績向上という経済的価値を高めることとなる。

ここでのCSRとは，「企業と社会の持続可能な発展を促進することを目的として，不祥事の発生を未然に防ぐとともに，トリプルボトムラインと称される経済・環境・社会に対して積極的に貢献していくために，マルチ・ステークホルダーのエンゲージメントを通じて，共に進める制度的義務と主体的取り組みの責任」（日本経営倫理学会＜CSRイニシアチブ委員会＞より）

である。戦略的 CSR とは上記のような守りと攻めの CSR のうち，企業が有する人・物・金の限られた経営資源を有効に活用し，本業を生かしながら自社のもてる能力なども判断して戦略的な視点から積極的に支援する発想である。

一方，途上国からみれば，社会的課題の解決のみならず雇用の創出，消費の拡大，流通ネットワークの整備など現地経済への貢献も大きい。すなわち多様な社会的価値を高めることとなる。

言葉を換えれば，BOP ビジネスは企業と途上国双方が価値を享受し WIN-WIN の関係を築く意味からポーター（Porter, M.）とクラマー（Kramar, M. R.）がいう Creating Shared Value（共益の創造）に合致する。彼らは，2011年1－2月号の *Harvard Business Review* でこの概念を発表したが，ここに至るまでに CSR について，次のような理論を展開しており，今回の CSV はそれらを発展させたものといえる。

ポーターとクラマーは，2002年に競争優位の戦略的フィランソロピー（Philanthropy: 社会貢献活動）という表現で次のように指摘している。「社会的目標と経済的目標に同時に取り組み，ここに独自の資産や専門能力を提供することで，企業と社会が相互に利するような戦略上のコンテキスト（文脈）に焦点を絞ることである」（Porter and Kramer, 2002, pp.57-68）。ここでのフィランソロピーは，いわゆる社会貢献活動であることから，社会的課題と企業の本業との一体化を目指すことが競争優位の戦略的フィランソロピー（Philanthropy: 社会貢献活動）として重要と指摘するのである。

その後2006年には事業活動と CSR を有機的に関連づけ，「受動的（Responsive）CSR」を超えて「戦略的 CSR」を展開することの重要性を指摘している（Porter and Kramer, 2006, pp.78-92）。

今回の CSV は，環境汚染や水質汚濁，交通渋滞などの外部不経済を内部化することで社会のニーズに対応しながら社会的価値を高め，そのことを通じて企業は本業を通じた CSR のビジネスとして売上・利益など経済的価値を高める意味から，両者の価値を共益として分かち合う概念として重視するものだ（水尾，2011, pp.4-6）。

水尾（2000）は，「予防倫理」という概念から外部不経済と内部不経済を

減少させることの重要性を論じた。外部経済は大気汚染や水質汚濁、産業廃棄物、交通渋滞など、人間・社会・環境というマクロな視点からみれば最終的には生活者に悪影響を与えるものである。なお、マーケティング倫理は「積極倫理」という概念で、顧客満足やコーズリレーティド・マーケティングのような社会貢献活動によるマーケティング活動の効用も指摘している。一方、内部不経済は、誇大広告や談合、賞味・消費期限の書き換えなど直接に顧客不満足につながる領域である。これは「予防倫理」として表現した。

世界のBOP層にかかわる貧困、食料問題、感染症などは、なかには児童労働など企業が直接にかかわった問題もあるが、直接に企業が原因となったものではない。しかし、国際的なマクロからの視点、あるいは間接的にグローバル経済の発展からみれば、今後企業が手を差し伸べていくべき領域であり、そのことを通じて外部不経済の減少に貢献すべきである。

③ BOPビジネスの市場とMDGsへの対応

BOPの用語は、プラハラード（Prahalad, C. K.）とハート（Hart, S. L.）が2002年に提唱したもので、いわゆるBRICsの次に世界的なマーケットになるといわれており、アジア・アフリカの発展途上国が中心で今後の成長市場として有望視されている。

その市場目標として多くの企業が掲げているのは、国連が2015年を達成目標として貧困や食料改善、疾病の予防、女性の地位向上ほか8つの課題を提示した「Millennium Development Goals（ミレニアム開発目標：MDGs）」である。MDGsとは、国連ミレニアム宣言と、1990年代に開催された主要な国際会議やサミットで採択された国際開発目標を統合し、ひとつの共通の枠組みとしてまとめたものである。

具体的には、①極度の貧困と飢餓の撲滅、②初等教育の完全普及の達成、③ジェンダー平等推進と女性の地位向上、④乳幼児死亡率の削減、⑤妊産婦の健康の改善、⑥HIV／エイズ、マラリア、その他の疾病の蔓延の防止、⑦環境の持続可能性確保、⑧開発のためのグローバルなパートナーシップの推進の8項目である。

BOPビジネスは、このMDGsに合致し、これらの社会的課題を解決するものといえる。具体的にはBOP層の生活支援だけでなく、生産から流通、

販売,消費,雇用創出に至るまで現地の地域経済の発展などに寄与するビジネスとなりうるのである。

　企業がBOPビジネスに取り組む場合は,NGOやボランティア団体とは異なり,営利組織として持続可能な発展を最終目標としなければならない。この大前提に立ったとき,自社の企業理念をベースとして,社会的課題の解決という社会貢献活動の視点に加えて,人・物・金など限られた経営資源を選択と集中で,戦略的な判断をもとにその取り組みは遂行されなければならない。

　近年BOPビジネスが脚光を浴びているのは,企業業績の拡大ということに加えて,その結果として後述するような従業員のエンパワメントや組織のイノベーション,さらには,社会からのレピュテーションの高まりなど様々な効果をもたらすからである。それがCSVにつながり最終的には企業の持続可能な発展に結びつく。

　これまで欧米企業が先行しているのはまさにその実践であり,日本企業が模索をしているのも,戦略的CSRの発想で社会的課題の解決に取り組むことで,世界の低所得者層といわれる40億人の市場へ進出する新たな手段として,さらには企業の成長戦略の一環として期待が寄せられているからである。

(2)　BOP層の特質

　この層の特徴は,大別すれば次の4つがあげられる。

① BOP層の充足されないニーズ

　BOP層は生活レベルなども低いため,充足されないニーズが多いが,そのことに対する不便さやニーズそのものを感じていないことである。裏を返せば,大きな潜在市場ということだ。筆者は2010年2月に電通のソーシャル・プランニング局(現・電通のソーシャル・ソリューション局)との共同調査でインドのBOPビジネスに関する現地調査をしたが,その折にもこの点を痛切に感じた。

　インドでは,ニューデリーを基盤に都市部と農村部の2カ所を訪問,現地の自宅訪問やグループインタビューを行いながら生活実態を目の当たりにしたが,文化や習慣,衛生観念,生活レベルは筆者が感じたところでは,日本

の昭和初期の水準と共通する部分が多い。たしかに農村部では，トイレなどの衛生状態も悪いが，そのことに対する不潔感や不満は感じていない。

商品自体に認知度もなく使用習慣がないものもある。一例をあげれば，日本で爆発的な売上を記録示したインフルエンザ用マスクに対するヒアリング調査を現地で実施したところ，農村部ではきわめて高い興味を示した。現地の女性は農薬の散布で喉に異常をきたしており，このマスクに予防効果が期待できるということだ。「清潔・衛生」をコンセプトとした製品市場の潜在ニーズの巨大さを印象づけられた。

一方では，ほとんどの成人男性は携帯電話を手にしていた。この点では昭和の初期とはまったく異なるが，それはITの水準が世界レベルで浸透しているということであり，携帯電話を所有することが男性のステータスであるという価値観にもなっているからだ。

社会的課題の解決とBOPビジネスの一体化という視点からみれば，きわめて大きな可能性を秘めた魅力的な市場といえる。

② ポバティ・ペナルティ（貧困ペナルティ）の犠牲

1980年代以降，世界銀行などを中心に世界の貧困削減（Poverty Alleviation）が重要テーマとして掲げられ，そのための社会的緊急基金（Social Emergency Fund）の設立が行われてきた。一方では数々のNGOも設立され，現地レベルでの行政の貧困削減活動とともに展開されている。これらの成果として，とくにアジア・アフリカ諸国を中心とした途上国の貧困削減が進みつつあるが，それでも先進諸国の経済レベルと比較すると両者の間には大きな格差がみられる。

現実には，貧困であるがゆえに，TOP層やMOP層に比較して，農村部での販売網の未整備，流通業者による商品の独占，暗黒大陸ともいわれる不透明な流通状況などで，飲み水や食料，家電製品，生活雑貨，金融，電話，米など多くの商品やサービスに対して割高な対価，ポバティ・ペナルティを払わされている[3]（Prahalad, 2005, pp.10-12）。

③ **生活習慣や文化的価値などの多様性**

宗教や生活習慣，衛生観念，文化度，所得構造など，BOP層は地域によって多様であり，支出分野にも違いがある。例えば，同じインドでも都会と農

村部によって生活レベルや習慣は異なる。都会部では農村部ではみられない冷蔵庫や DVD まで整備されており，トイレも農村部とは異なり比較的清潔である。またインドネシアなどでは，イスラム文化による宗教観の違いから豚由来の成分を使用することが禁止されており，「ハラル」といわれるイスラム教の戒律に沿った製造を証明する認証が必要なことなどである。

④　現地仕様，価格設定の考慮で高い購買力

後述するが，ユニリーバのインド法人ヒンドゥスタン・リーバによる洗剤・シャンプー，マンダムのインドネシアやタイでの整髪料，味の素などいわゆるパウチパック製品による小分け販売で，いくつかの企業が BOP ビジネスで成功している。これらはいずれも各社が先進国で積み重ねてきた独自ノウハウの応用で成功したものである。

化粧品やシャンプーなどのトイレタリー製品分野では，日本では花王が 1955（昭和30）年に粉末フェザーシャンプーを1回分で紙の小袋製品で発売したが，このノウハウはその後大多数の化粧品・トイレタリーメーカーがサンプル配布に使用するようになった。味の素も現在のような瓶容器ではなく，ポリエチレンの小袋で販売していた時代があった。これらのノウハウを活用した小分けビジネスによる製品仕様・価格設定は今後の BOP ビジネスとして市場性の拡大が期待できる。

このような特質に鑑みた場合，企業にとってはそれぞれの現地ニーズに合わせ，市場特性に基づいた製品開発を志向すれば潜在需要が高い巨大な市場が存在するということができる。

2　BOP ビジネスで CSV が生かされる条件

(1)　公益に資する「高い志と使命感」がスタート

BOP ビジネスは，これまで述べたように社会的課題の解決がビジネスに結びつかなければならない。計画段階で，そのことについて全社的なコンセンサスを得るためには，自社の経営理念との整合性を見出すことが必要だ。

松下幸之助が「企業は社会の公器」たるべきとの名言を経営指針に打ち出したように[4]（松下，1974, p.11），BOP ビジネスは，公益に資するという「高

い志と使命感」をもって進めることが必要となる。経営理念に合致することで共通目標に向かって邁進することができるからである。

このことを明確に打ち出して，BOP ビジネスに乗り出した企業が大阪市に本社をもつ，日本ポリグルである[5]。同社は2002年に創業の，資本金わずか1億円の会社だ。それでも，「世界中の人々が安心して生水を飲めるようにすること……」という，高い使命を掲げて実践している会社である。

会長の小田兼利氏はこのことをいつも頭のなかで考えていたという。人間は常に問題意識をもっていればどこかでその解決策やヒントがひらめくものだ。あるとき納豆のネバネバ成分であるポリグルタミン酸に気づいた。もともと，このポリグルタミン酸には高い保水性があることから，化粧品の原料などで利用されていたが，「これを水の浄化に利用できないか」と考え，同社は研究を始めた。これは，ある特質をもった成分を他に転用する意味から経営戦略論では従来からあったひとつの製品開発戦略ということができる。

ついに，ポリグルタミン酸を原料として，環境や人体に無害な水質浄化剤「PGα21シリーズ」が誕生し，ここから彼のビジネスが始まった。

少量のPGα21シリーズで大量の汚れた水を浄化することができ，さらにアルミ系凝集剤と併用することで，高い浄化能力も発揮する。

この装置を使用した社会貢献活動の契機となったのが，2007年11月にバングラデシュ南部に上陸したサイクロン「シドル」による被害である。同社による水の供給を中心とした救済活動が2008年2月から開始された。

その後も，同社はバングラデシュでこの活動を継続し，現地で教育を積み重ねてポリグルレディーを育成し，今日では彼女たちを活用した社会的課題の解決型ビジネスを展開しているわけだ。

会長の言葉によれば，水関連では「ポリグルブランドを作り上げるつもりで，すでに一定の評価を得ている。水事業ではポリグルの名前が市民の間では最も売れている」という。すでに多くの組織から共同ビジネスの誘いもある。例えば2010年2月にはグラミン（Grameen）銀行と「グラミンポリグル提携」へ向けての初めての会談が行われた。

これまで述べたように，BOP ビジネスには企業規模の大小は関係ない。あるのは，他社にない独自能力があるかどうか，さらには小田会長のような

強い意志と先見力，そして高い使命感があれば可能なのだ。

(2) ソーシャル・ニーズ（社会的課題）と自社独自のコア・コンピタンスとの適合

　BOPビジネスは現地のソーシャル・ニーズ（社会的課題）の見極めが必要となる。まずは，公益に資するという「高い志と使命感」が必要だ。そのうえで自社の事業領域なども念頭に置き，現地の文化・宗教・習慣なども踏まえて，市場性やBOP層の実態に合わせて見極めるが，その場合の判断基準で重要なメルクマールとなるのが先に述べたMDGsである。

　次に，自社の人・物・金といった経営資源から参入できる分野を見極め，さらに自社の強みから応用可能な技術や参入領域の選択，最後に現状の経営状況や置かれた環境など，戦略的な視点からコア・コンピタンス（中核的能力）を峻別する。その結果，ソーシャル・ニーズが高いところと合致する部分がソーシャル・インパクト（社会的インパクト）の高いBOPビジネス領域となる。例えば日本のアロマ関連企業「生活の木」がガーナで取り組むシアバター石鹸は，同社の生活雑貨のノウハウを多角化して新たに進出したものだ。それらを図示すれば図表4-2の通りとなる。

　これらを踏まえたひとつの先進事例がある。消費生活分野のなかで，日本でも有名な住友化学のオリセットネットのケースを紹介したい[6]。同社のオリセットネットは，これまでUNDPから支援を受けた日本企業の事例として数少ない事業のひとつである。この取り組みは，1998年にUNDPを中心としてWHO（世界保健機関），ユニセフ，世界銀行などの支援をもとに開始された「ロールバックマラリア（マラリアの防除感染予防運動）」の参加に始まる。

　「2010年までにマラリアによる死亡率を50％削減する」ことを目標に展開されるこの活動のなかで，同社は「オリセットネット」を開発し，2001年にWHOからLLIN（Long Lasting Insecticidal Net：長期残効型殺虫蚊帳）として最初に推薦された。

　その蚊帳が，2003年9月からタンザニアのメーカーA to Z Textile Millsに技術提供を開始し製造・販売されているマラリア予防用のオリセットネッ

図表4-2　BOPビジネス・マトリックスによる戦略的判断

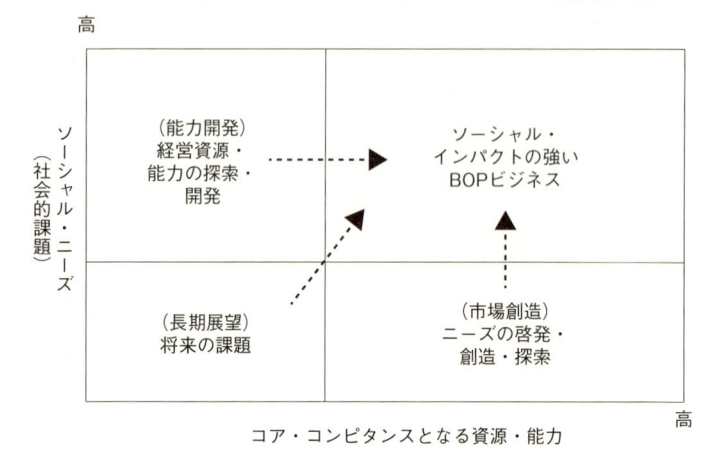

```
                高
ソ              │ （能力開発）        │ ソーシャル・
ー              │ 経営資源・          │ インパクトの強い
シ 社           │ 能力の探索・ ──────▶ BOPビジネス
ャ 会           │ 開発                │
ル 的           │                     ▲
・ 課           │                     ╎
ニ 題           ├─────────────────────┼─────────────────────
ー              │ （長期展望）        │ （市場創造）
ズ              │ 将来の課題  ╌╌╌╌╌▶ ニーズの啓発・
                │             ╌╌╌╌╌▶ 創造・探索
                └─────────────────────┴─────────────────── 高
                        コア・コンピタンスとなる資源・能力
```

出所：筆者作成

トである。同社は、当初は約4000人の雇用を創出していたが、2009年12月からは生産設備を増強させ、全世界で約5100万張（＋990万張り）、雇用創出6000人（＋2000人）で現在推進しているところだ。

　そもそも、コア・コンピタンスとして、住友化学は長期残効型防虫効果のある網戸を開発している。その開発担当者の発案で「マラリア予防の蚊帳」が誕生した。HIV／エイズ、結核とならび3大感染症のひとつといわれるマラリアの予防ニーズと自社のコア・コンピタンスの合致する部分でのBOPビジネスである。

　このように、自社独自のコア・コンピタンスを資源・能力・強みでスクリーニングし、BOPビジネスのどの事業領域に適合可能か戦略的な判断が必要である。そして、そのさいに忘れてならないのは現場の視点である。オリセットネットも現場の研究者の発案で、殺虫剤の開発を工場の虫除け網戸に応用し、さらにはマラリア予防の蚊帳として展開するという自社の強みを発見し新しい事業領域に結びつけたことが、契機となったのである。

　また、現在、世界の人口の10億を超える人々が安全な飲料水を得ることができないといわれていることから、それらを改善する水ビジネスへの取り組みが進んでいる。1957年に設立し、スイスに本社を置く多国籍企業ベスタガー

ド・フランドセンはライフストローというポータブル・ウォーターフィルター（携帯用，水の浄化ストロー）の開発と提供を通じて安全な水の飲用を促進している。これは近年世界的にも脚光を浴びている BOP 層に向けた水ビジネスのひとつであり，同社は社会的課題の解決と自社のコア・コンピタンスの一体化に向けた新規ビジネスとして取り組んでいる。

(3) 製品・ノウハウと市場のマトリクス

BOP ビジネスは，新たな低所得層への参入であり，その意味では新規市場の開拓である。そのための製品は新製品であるにこしたことはないが，最初の契機は既存の製品による新規市場の開拓であり，アンゾフ（Ansoff, H. I.）の製品市場戦略をもとに考えることができる（図表4-3参照）。

これまでの多くの事例は，実はこの部分にヒントが隠されている。例えば，ヒンドゥスタン・リーバのシャンプーの事例など，いわゆる小分けビジネスの多くは過去において日本国内で初期のビジネスモデルとして活用されていた事例が多い。つまり，既存製品（ノウハウ）で新規市場を開拓するものである。

図表4-3　アンゾフの製品・市場マトリクス戦略からの視点

市場＼製品	既存ノウハウ・製品	新規ノウハウ・製品
既存市場	市場浸透	新製品開発
BOPの新規市場	市場開拓 ・味の素 ・ヒンドゥスタン・リーバ（洗剤・シャンプー） ・赤道ギニアLNGプロジェクト ・グラミン・ダノン	多角化 ・オリセットネット ・シアバター ・日本ポリグル

出所：Ansoff（1965）に基づき筆者作成

(4) サプライチェーン全体で，徹底した現地化

　BOP ビジネスは，社会課題の解決とともに，現地経済の発展にもつながることで，地域社会からも受け入れられることとなる。原材料の調達も現地で，製造にかかわる労働者も現地人を採用，さらには物流にかかわる商品の配達から販売に至るまですべて現地人の起用が現地の雇用創出にもつながる。サプライチェーン全体に視点を巡らし徹底した現地化を進めることが必要だ。バングラディシュでグラミン銀行とともに「ヨーグルトによる子供たちの健康改善」に取り組んだヒンドゥスタン・リーバも，シャクティーと呼ばれる NGO のメンバーを核として女性のソーシャル・ネットワークを形成し，全国的な人海戦術で衛生意識の啓発と販売に取り組み成果をあげた。

(5) BOP ビジネスで踏まえるべき視点
① 中・長期のビジョン形成

　BOP ビジネスは，短期的な視点ではなく，長期にわたる事業として育成しなければならない。たしかに資金面で初期投資に莫大な費用を要するが，先述の通り海外進出のさいは，営利企業の取り組みである限り，利益創造のビジネスのインキュベーター（ふ化器）として重点的に投資するという経営的判断も欠かせない。事業が軌道に乗るまでは，ある程度の長期的な視点で，事業採算より将来の市場拡大を重視する経営方針も必要である。

　筆者の経験からも，一般的にいえば新規事業における該当事業の損益は単年度でみれば事業開始後3年で黒字転換し，5年で累積損失を解消するというのがひとつの目安だ。しかし，BOP ビジネスは対象が海外事業となり，言語や現地習慣など様々な障害があり，事業として成功するには時間も要することから，5年で単年度黒字，7年で累損解消，あるいは，事業によっては7年（単年度黒字）-10年（累損解消）のモデルも可能とすべきである。
② NGO との連携など，人的販売による流通ネットワークの構築

　BOP ビジネスは，現地で NGO の活用や資金面で市民の参画を得ることも必要だ。バングラディシュにおけるダノンの事例もグラミンレディーのような NGO 組織の活用や，小口資金を融資するマイクロファイナンスに市民が投資したことが成功要因にもなった。一般小売店やコンビニエンスストアな

どの流通マーケットが整備されていれば，その販売網を作り上げることでビジネスとして大きな可能性を秘めてくるが，バングラディシュの市場ではそうはいかない。ボグラは人口10万人以上の大都市だが，農村部へ行けば小売店そのものが少なく，しかも遠く離れているとなるといわゆるグラミンレディーのような人海戦術が必要だ。

③ イノベーション，レピュテーションが啓発的自己利益（Enlightened SelfInterest）に結びつく

　BOPビジネスは，これまでの事例でも理解されるように，新たなビジネスチャンスを創造する意味から組織のイノベーションにつながる。新規事業として製品開発や技術開発，競争力の向上，チャレンジ精神の醸成など人的資源面でのエンパワメントほか，多様なイノベーションが期待でき，ミルシュタイン（Milstein, M. B.）も論じる通り，持続可能な発展につながる[7]。

　一方，これらの成果は，企業の内外でレピュテーションにも結びつく。ビジネスという意味では，現在の利益だけではなく，将来の利益を生み出すコーポレートレピュテーションにつながる成果も含めて判断すべきだ。元・住友化学の廣瀬社長（現・NEXCO東日本代表取締役社長）もオリセットネットのビジネスを通じて，コーポレートレピュテーションつまり社会からの評価が高まったことを高く評価していた。このコーポレートレピュテーションは，最終的には長期の利益を生む源泉としての啓発的自己利益（Enlightened Self-Interest）となる意味を有し，企業の持続可能な発展に結びつくのである。啓発的自己利益については，長期にわたる利益の源泉となるものであり，他者の利益尊重が自己利益の促進につながる，また企業活動での公益の追求が企業自身の私益の増進にも結びつくということから，多くの論者の支持を得ている。例えば，企業が従業員を重視した経営を志向すれば，従業員の動機付けとなり，最終的には企業の新しい価値を生む源泉となるのである。また，同様に顧客や社会などのステークホルダーを重視した経営は消費者からの信頼を高め，企業に対するレピュテーションやロイヤリティの向上，さらには最終的には企業業績に結びつくのであり，その意味から新しい企業価値の源泉になるのである。

　戦略経営を論じたアンゾフは，啓発的自己利益が社会全体の福祉の改善に

つながるだけでなく,それぞれの企業にも,長期的な成長に結びつくという経済的な便益を与えているのであり,それぞれの方針が企業の成長性と安定性を刺激することになるので,結局,企業としては自分の長期的な成長目標に貢献していることにもなる(Ansoff, 1965, pp.32-38, p.64),として明確に啓発的自己利益の必要性を論じている。

3 │ BOP ビジネスの普及・啓発に向けて

(1) BOP ビジネスの価値共創は,企業規模の大小に無関係

　前述の日本ポリグルは,資本金1億円の会社だが,BOP ビジネスを進めるハーブとアロマの関連企業生活の木も資本金わずか1000万円の会社である。同社は2005年からガーナで,シアバター石鹸の製造と販売にかかわるBOP ビジネスのプロジェクトに参加している[8]。このプロジェクトは,JETRO の西部アフリカ「シアバター」産業育成支援事業として2004年から公募されたもので,2006年まで継続された。一般的にシアバターはアフリカ大陸の北緯5°〜15°に分布するシアの木の種子から製造される。バターは,それ自体だけでも立派なビジネスとはなるが,付加価値が少なく価格面で現地の業者に買いたたかれやすい。一方,石鹸に加工することでより付加価値が増す。つまり,シアバター石鹸という製品に加工することで,バター自体がもつ保湿作用や肌の老化予防などのアンチエイジング効果に,より高い「付加価値」を創出することが可能となる。その結果,生産者の彼女たちの手元により多くの収益がもたらされる。

　コーネル大学ジョンソンスクールの持続可能な世界企業センター(Center for Sustainable Global Enterprise of Cornell University Jonson School)では,シマニス(Simanis, E.)とハート(Hart, S.)が,企業がBOP ビジネスに取り組むさいのガイドライン BOP Protocol(V.2)を発表し,そのなかで,価値共創(Co-Creating, Mutual Value)という概念を2008年に発表している(Simanis and Hart, 2008, pp.8-9)。生活の木がガーナで取り組んだプロジェクトは,まさにシアバターの「価値共創」である。

　すでにロクシタンやボディーショップなど欧米の自然化粧品業界がシアバ

ターに注目しボディーバターなどを手掛けていたが，日本企業の進出はこれが最初である。生活の木の宇田川専務はこの点に着目し，ガーナでの開発プロジェクトに参加，今回のプロジェクトメンバーらとともに現地へ出向き，ガーナ北部の町タマレにて石鹼作りの現場指導を行った。

製造現場は，NGO 団体 Africa 2000 Network（A 2 N）が設置したシアバター加工センターを活用したが，現地には石鹼を作る工房自体がなく，まずその石鹼工房作りから始まった。蚊やハエなどの防虫対策も含めてまったくのゼロからのスタートなので，工房の組み立て作業は苦労の連続であった。苦心の末に工房が完成。その後に，現地の女性グループ・サグナリグ（Sagnarigu）5 名に加えて男性 1 名の計 6 名に，石鹼の製造方法を直接伝授した。

炭を使用してシアバターの溶解から，苛性ソーダを用いて石鹼の製造，完成した石鹼のカットや包装まですべて手作りの作業で，現地では多大な困難を強いられたという。このように JETRO と NGO，そして生活の木の三者がタッグを組んで BOP ビジネスとしてひとつの成功事例を生み出した。その過程には現地の行政機関の協力があったことはいうまでもない。

後に，経済産業省と JETRO が主催したアフリカンフェアでは，このシアバター石鹼が人気を博し当時の小泉首相も感心したそうだ。その後の2008年に開催されたダボス会議でも，福田首相が日本政府が取り組んだ支援活動の好事例として紹介したほどである。

上記の日本ポリグル，生活の木の事例からも理解される通り，BOP ビジネスは企業規模の大小には無関係であり，企業理念を背景にした高い志と実行力さえあれば，実現可能なビジネスである。

(2) スピード感が要求される BOP ビジネス

日本企業は BOP ビジネスもグローバルレベルでの戦いであることを忘れてはならない。中国企業のアグレッシブルな取り組みは目を見張るものがある。低い労働コストを武器に製品開発に取り組み，国家レベルでの支援を背景に BOP ビジネスに乗り出しているのだ。それだけではない。将来への布石もあわせて置いている。例えば南アフリカなどでは，中国ビジネスとの連携を見据えて，中国語の研修会を企業や一般市民を対象に無料で開催してい

るぐらいである。

　今後，途上国は貧困削減に向けて，石油やウランなど豊富な地下資源をもとに，先進国に対して交渉を進めてくることは創造に難くない。すでにそのような交渉がアフリカ諸国と中国の間で展開されている。中国は，アフリカ諸国との2国間貿易で2000年に1000億ドルだったのが，2006年には5500億ドル，さらに2009年には9000億ドルにまで達し，8600億ドルの米国を抜いて世界一の交易国となった（Time, 2010, p.46）。

　すでに原子力発電や，インフラ整備など様々なODAの入札で日本企業は中国資本に勝てない，との声も聞く。日本企業の技術力や仕事の高い精度などを生かすべくスピードをもった対応が望まれる。

(3) サスティナビリティとプロフィットの両立

　2010年7月13日，ファーストリテイリング（ユニクロ）とグラミン銀行の衣料合弁会社グラミン・ユニクロの設立が発表され，バングラディシュで新たなビジネスが進んでいる。日本はリーマンショックから立ち直ろうとする矢先に東日本大震災に見舞われた。日本企業がAA諸国をグローバルマーケットとしてBOPビジネスを逆境から立ち直る成長戦略に結びつけることが必要だ。

　ただし，ビジネスだけでは現地の共感は得られない。逆にビジネスを忘れては永続性がなくなる。つまり，BOPビジネスのキーワードは，これまで述べた通り現地の繁栄と長期にわたるビジネスの継続という「サスティナビリティ」と「プロフィット」の両立，すなわちCSVの実践であることを忘れてはいけない。

　最後に，BOPビジネスを成功させる鍵を握っているのは，実はNPOやNGOとの連携であるという点も再度指摘しておきたい。NPO法人だけをみても，2012年10月末で，日本での法人数は4万5653と多いが，国際的にも成長した組織はまだ数少ない。官民連携と合わせてNPOやNGOも含めて一体になった活動で，お互いに成長し，発展することを念頭に置いて活動することが喫緊の課題といえよう。

注
1 Hammond et al.（2007）によれば，世界人口55億7500万人のうち，約40億人（72％）がBOP層としている。
2 経済産業省「グローバル企業と経済協力に関する研究会」（2008年度）で筆者が座長を務めた。
3 インドのムンバイ郊外にあるDharaviとWarden Roadの調査で貧困ペナルティを検証している。
4 同書には，「まず基本として考えなくてはならないのは，企業は社会の公器であると言うことです。つまり，個人のものではない，社会のものだと思うのです」とある。
5 経済産業省貿易経済協力局通商金融・経済協力局編（2010）pp. 241-244，および日本ポリグルホームページ http://www.poly-glu.com/index.html を参照。
6 住友化学株式会社ベクターコントロール事業部（2009）を参照。
7 Cornell University Jonson School, Center for Sustainable Global Enterprise ホームページを参照。
8 以下，このプロジェクトに関する記述は，JETRO-LONDONのDirector of Researchの中本健一氏（現・JETRO生活文化産業部）からの取材，およびJETROホームページ http://www.jetro.go.jp/jfile/report/05000912/05000912_002_BUP_0.pdf，および宇田川（2007）を参照。

参考文献

Ansoff, H. I.（1965）*Corporate Strategy*, McGraw-Hill.
"Global Business," in *TIME*, Vol. 176, No. 1 , July 5, 2010.
Porter, M. E. and M. R. Kramer（2002）"The Competitive Advantage of Corporate Philanthropy," in *Harvard Business Review*, Dec.
Porter, M. E. and M. R. Kramer（2006）"Strategy and Society: The Link between Competitive Advantage and Corporate Social Responsibility," in *Harvard Business Review*, Dec.
Porter, M. E. and M. R. Kramer（2011）"Creating Shared Value: How to Reinvent Capitalism-and Unleash a Wave of Innovation and Growth," in *Harvard Business Review*, Jan.-Feb.
Prahalad, C. K., and S. L. Hart（2002）"The Fortune at the Bottom of the Pyramid," *Strategy+Business*, Issue 26, January.
Prahalad, C. K.（2005）*The Fortune at the Bottom of the Pyramid*, Pearson Education.
Simanis, E. and S. Hart（2008）"The Base of the Pyramid Protocol: Toward Next Generation BOP Strategy," in 〈http://www.johnson.cornell.edu/sge/docs/BoP_Protocol_2nd_ed.pdf〉
Yunus, M. and K. Weber（2007）*Creating a World without Poverty*, Public Affairs.
Hammond, A L., W. J. Kramer, J. Tran, R. Katz and C. Walker（2007）*The Next 4*

Billion: Market Size and Business Strategy at the Base of the Pyramid, World Resources Institute.
宇田川僚一（2007）「アロマテラピーワールドマガジン」『Aromatherapy Environment』No. 43（社）日本アロマ環境協会．
花王編（1993）『花王100年史』花王．
経済産業省貿易経済協力局通商金融・経済協力局編（2010）『BOPビジネスのフロンティア』経済産業調査会．
野村総合研究所（2009）「ソーシャルイノベーションの経営戦略」『日経ビズプラス』．
松下幸之助（1974）『企業の社会的責任とは何か』PHP研究所．
水尾順一（2000）『マーケティング倫理』中央経済社．
水尾順一（2009）「日経経済教室―途上国ビジネス具体化急げ」『日本経済新聞』12月22日付．
水尾順一（2010）「戦略的CSRの価値を内包したBOPビジネスの実践に関する一考察」『駿河台大学経済論集』第20巻，第1号．
水尾順一（2011）「グローバルCSRとCSV」『Link』Vol. 207, Summer, JBCCホールディングス株式会社．
住友化学株式会社ベクターコントロール事業部（2009）日本経営倫理学会CSR部会，住友化学株式会社ベクターコントロール事業部水野達男部長の講演資料, 2009年6月9日．

Africa Renewal, United Nations　www.un.org/africarenewal
Africa 2000 Network　http://www.facebook.com/pages/Africa-2000-Network-Ghana/233372023419
Cornell University Jonson School, Center for Sustainable Global Enterprise　http://www.johnson.cornell.edu/sge/
㈱生活の木　http://www.treeoflife.co.jp
ネスレCSVレポート2011　http://www.nestle.com/csv/Pages/Homepage.aspx
日本ポリグル　http://www.poly-glu.com/index.html
ダノングループ　http://www.danone.co.jp/group/activity/mission/
JETRO　http://www.jetro.go.jp/jfile/report/05000912/05000912_002_BUP_0.pdf

本研究は平成23年度文部科学省・日本学術振興会「科学研究費助成事業（学術研究助成基金助成金：23530492）」の助成を受けたものです．記して感謝申し上げます．

第5章 グローバル企業における
「価値共有型」の経営倫理
ジョンソン・エンド・ジョンソンの「我が信条(Our Credo)」を通じての検討
●●●●

葉山 彩蘭

はじめに

　グローバル企業における経営倫理の構築と確立は重要な経営課題となっている。

　日本航空は2012年9月，稲盛和夫氏のリーダーシップのもとで，2010年1月19日の経営破綻からわずか2年あまりで再建し，東京証券取引所第1部に再上場することができた。稲盛氏は，企業の力を最大限に発揮させるためには，すべてのメンバーの意識を共有させないと，最大のパフォーマンスを発揮できないと認識している。そのため，彼が創業した京セラに「京セラフィロソフィ」があるように，日本航空では，再建戦略の一環として，2011年に新たに「JALフィロソフィ」を作成した。なかには「美しい心」「利他の精神」などが書かれており，日本航空がこれまでもっていなかった倫理価値観や経営理念を社員に共有させることによって，全社員が一丸になって再建に取り組むことができたのである。グローバルな経営活動を行っている企業にとって，「京セラフィロソフィ」や「JALフィロソフィ」のような経営理念，または経営倫理指針は重要かつ不可欠となっている。

　今日，グローバル企業の生産活動が様々な国へと広がっていった。その影響で，1990年代以降，こうしたグローバル経営活動における社会的責任（CSR）や経営倫理（Business Ethics）の問題が問われるようになった。例えば，アパレル企業の海外契約工場で発覚した劣悪な職場環境や児童労働などの問題があり，NGOやNPOから厳しい批判を受けていた。グローバル経営を行っている企業は自社工場にとどまらず，国内外のサプライチェーン

においても社会的責任や経営倫理の実践が求められている。

　グローバル企業のトップマネジメントは，常に厳密に検討しなければならない課題がある。すなわち，「多国籍化・多様化した利害関係者に対してどのような責任を負っているか」「倫理的ジレンマに直面したとき，経済的，倫理的にみても健全な意思決定を行えるか」である。これらの質問に対しての自問自答は，グローバル企業の経営陣の経営倫理観を再確認するとともに，社内の経営倫理の構築と確立につながるのである。

　しかし，企業が作成した経営倫理指針，または経営理念を核心的価値観として，また経営実践の尺度として，全社員に共有してもらわないと戦略的意義がない。そのため，「価値共有型」の経営倫理の構築と確立が重要である。とくに，グローバル企業は，世界市場をひとつの舞台とし，競合企業と熾烈な競争を展開しているため，多国籍化した従業員を含むステークホルダー（利害関係者）に自社の経営理念や倫理行動指針を理解し実践してもらうことが必要である。

　本章では，世界60カ国以上で経営活動を行っているジョンソン・エンド・ジョンソン（Johnson & Johnson）における「我が信条（Our Credo）」といった経営理念・倫理規定の検討を通じて，グローバル企業における「価値共有型」の経営倫理の構築と確立について把握したい。

1 ｜ ジョンソン・エンド・ジョンソンのグローバル経営

　100年以上の歴史をもつジョンソン・エンド・ジョンソンは1886年米国ニュージャージー州ニューブランズウィックにロバード・ウッド（Wood, R.），ジェームズ・ウッド（Wood, J.），エドワード・ミード（Mead, E.）のジョンソン3兄弟によって創業された。草創期に，ジョンソン3兄弟は殺菌済み外科用包帯，滅菌縫合糸，応急処置具，創傷管理製品，女性用ヘルスケア製品，デンタルフロス，ベビーケア製品などの新分野の先駆者として開発に注力した。1970年以降，ジョンソン・エンド・ジョンソンは自社を研究・開発型企業と位置づけ，合併や新領域の開拓を積極的に行ってきた。その結果，現在多くの製品群を有し，グローバルなヘルスケア企業としての先進的

地位を確立している。

ジョンソン・エンド・ジョンソンでは，世界60カ国250社以上の企業が，"Family of Companies" という関係で存在しており，ファミリー企業という概念がすべての組織に定着している。グループ内の各企業が分社分権経営により専門性の集団となることで，世界市場で著しい成長を実現している。

2012年現在，グループ総従業員数約12万8000名を誇る「世界最大のトータルヘルスケアカンパニー」として，ジョンソン・エンド・ジョンソンは消費者向け製品，医療機関向け製品である医療機器・診断薬，医薬品の分野で数万アイテムにのぼる製品を世界中に提供している。年間の総売上高は2011年度で約650億ドルであり，事業分野別の構成比は消費者向け製品23％，医療機器・診断薬40％，医薬品37％となっている[1]。

ジョンソン・エンド・ジョンソングループは日本において，1961年にジョンソン・エンド・ジョンソン株式会社を創業し事業活動を開始して以来，消費者向け製品をはじめ，医療機器・診断薬，医薬品などを次々に導入し，ビジネスの拡大をはかってきている。現在，同社は，社内カンパニー制により3つの事業分野でビジネスを展開している。図表5-1で示すように，医療機器，医療関連製品などを扱うメディカル　カンパニー，「バンドエイド」，「ジョンソン」ベビー製品などの消費者向け製品を扱うコンシューマー　カ

図表5-1　日本におけるジョンソン・エンド・ジョンソングループ

社名	事業内容	創業／従業員数（2011年12月）
ジョンソン・エンド・ジョンソン株式会社	①メディカル　カンパニー：医家向け総合医療品の輸入・製造販売 ②コンシューマー　カンパニー：消費者向け健康関連用品の輸入・製造販売 ③ビジョンケア　カンパニー：使い捨てコンタクトレンズ製品の輸入・製造販売	創業：1983年8月 従業員：1517名 創業：1961年1月 従業員：172名 創業：1991年4月 従業員：250名
オーソ・クリニカル・ダイアグノスティックス株式会社	臨床診断検査薬・機器等の製造販売および輸出入	創業：1981年3月 従業員：194名
ヤンセンファーマ株式会社	医薬品および医薬関連製品の開発・製造・販売	創業：1978年4月 従業員：1762名

出所：ジョンソン・エンド・ジョンソンホームページ http://www.jnj.co.jp/group/outline/ を参照し，筆者作成

ンパニー,そして使い捨てコンタクトレンズ「アキュビュー」を扱うビジョンケア カンパニーの3カンパニーがあり,それぞれが分社分権化経営のもとに運営されている。

「分社分権化経営」とは,会社の組織を運営しやすいサイズに構成し,権限を与えるという権限分散型の経営手法である。比較的に小さなカンパニー組織が独自の権限をもつため,社員はスピード感のある経営環境のなかで,権限と自信をもって,高度な専門知識により,迅速な意思決定を行うことができる。また同時に,グループの教育プログラムや経営資源など,ジョンソン・エンド・ジョンソンのブランド力や信用力を活用することができる。このような経営手法は,ジョンソン・エンド・ジョンソンでは,"Small Company Environment, Big Company Impact(小さな企業のような環境と大企業としてのインパクト)"と説明している。

2 「我が信条 (Our Credo)」:ジョンソン・エンド・ジョンソンの中核的な経営理念・経営倫理指針

ジョンソン・エンド・ジョンソンのコア・バリューは「我が信条(Our Credo)」である。「我が信条(Our Credo)」はジョンソン・エンド・ジョンソンの経営理念・社是であり,同社の果たすべき社会的責任を明確にしている。また,同社の倫理規定および社員の行動指針として,世界中のグループ各社・社員1人ひとりに確実に受け継がれており,各国のグループ企業においても事業運営の中核となっている。

「我が信条(Our Credo)」は1943年当時の会長ロバート・ウッド・ジョンソン2世(Johnson, R. W. Jr.)によって起草されたものである。ロバート・ウッド・ジョンソン2世は1932年から1963年まで,31年間最高経営責任者としてジョンソン・エンド・ジョンソンの経営を担当した人物である。彼は,「恒常的な成功は,より高尚な企業哲学を遵守していくことによってのみ可能になる。顧客への奉仕が一番に,社員とマネジメントに対する奉仕が次に,株主が最後になるということを認識し,社会に対する包括的な責任を受け入れ,それを全うすることが企業のより高度な利益の追求方法なのだ」と

図表5-2　ジョンソン・エンド・ジョンソンにおける「我が信条（Our Credo）」の内容

4つの責任	責任の内容
第1の責任：顧客に対するもの	・顧客のニーズに応えるにあたり，活動は質的に高い水準である。 ・適正な価格を維持するため，製品原価を引き下げる努力をする。 ・注文には，迅速，かつ正確に応える。 ・取引先には，適正な利益をあげる機会を提供する。
第2の責任：全社員に対するもの	・社員の尊厳と価値を尊重し，待遇は公正かつ適切である。 ・働く環境は清潔で，整理整頓され安全である。 ・社員の提案，苦情が自由にできる環境を提供する。 ・雇用，能力開発および昇進の機会が平等に与えられる。 ・有能な管理者を任命し，その行動は公正，かつ道義にかなったものである。
第3の責任：地域社会および全世界の共同社会に対するもの	・良き企業市民として，有益な社会事業および福祉に貢献し，適切な租税を負担する。 ・社会の発展，健康の増進，教育の改善に寄与する活動に参画する。 ・環境と自然資源の保護に努める。
第4の責任：株主に対するもの	・健全な利益を生み，研究開発や革新的な企画，設備投資をし，新しい製品を市場に導入する。

出所：ジョンソン・エンド・ジョンソンホームページ http://www.jnj.co.jp/group/credo/ を参照し，筆者作成

述べ，顧客，社員，マネジメントと株主への責任をもとに「我が信条（Our Credo）」を起草し，それを日々の経営哲学としたのである[2]。この「我が信条（Our Credo）」には後に，地域社会への責任が新たに加えられ，経営の社会的責任があまり認識されていない時代において，革新的なアプローチとして広く賞賛されていた。

　今日，ジョンソン・エンド・ジョンソンの経営理念である「我が信条（Our Credo）」によれば，第1の責任は，製品およびサービスを使用してくれる医師，看護師，患者などすべての顧客に対するものである。第2の責任は世界中でともに働く男性，女性すべての社員に対するものである。第3の責任は，地域社会および全世界の共同社会に対するものであり，第4の責任は，株主に対するものである。また，責任の具体的な内容について，図表5-2のように示されている。

3 | 「我が信条（Our Credo)」に基づいた CSR の展開

　企業経営と CSR 活動の関係について，ドラッカー（Drucker, P. F.）は独自の理論を打ち出している。ドラッカー（2001）は企業経営における社会的責任を「社会的衝撃」（social impact）と「社会問題」（social problem）に分類している。彼の理論によると，企業は経営活動による社会的衝撃（公害，欠陥商品，環境問題など）についてすべての責任を負うのに対して，社会問題（貧困，教育，格差など）については「社会問題は社会の機能不全であり，少なくとも潜在的に国家を退化させる疫病であり，経営者はこの病気に挑戦する責任がある」（三戸，1994, pp.209-211）と指摘した。企業と社会とのかかわりについて，ドラッカーは企業が自分の能力の限界を超えた社会的課題に取り組むことはかえって無責任であることを指摘した。言い換えれば，企業は社会問題を解決するための社会貢献活動は自社の経営資源や能力の範囲内で行うべきということである。グローバル企業のジョンソン・エンド・ジョンはどんな CSR プログラムを展開しているのであろうか。

(1) 社会貢献活動

　「我が信条（Our Credo)」によれば，第3の責任として，ジョンソン・エンド・ジョンは良き企業市民として，地域社会および全世界の共同社会に対する責任をもっている。

　日本におけるジョンソン・エンド・ジョンソングループの日本各社は「地域社会への貢献」を果たすために，社会貢献委員会を組織し，非営利団体との協働を掲げ，様々な社会貢献活動に取り組んでいる。各社から自主的に参加している社員が中心となり，「健康」を中心テーマに活動し，現在ジョンソン・エンド・ジョンソンでは，子供，女性，こころ，高齢者の4つの領域を中心に活動を進めている。

　ジョンソン・エンド・ジョンソンは，4つの領域のなかの問題解決方法を協働で実践できる団体を探し，同社と思いを共有できる団体と協働協議しながら，活動内容・支援内容を決めていくのである。また，活動に共感した社員は自主的にかかわり，活動開始後，定期的に団体と打ち合わせを行い，進

図表5-3　ジョンソン・エンド・ジョンソンにおける社会貢献プログラムの4つの分野

分野	目標	具体的な活動
1．子供	子供が健康でこころ豊かに育つための環境づくり	①乳幼児傷害予防セミナー：乳幼児の発達の理解と事故予防に関する正しい知識を伝える。 ②子供事故防止セミナー：子供の安全や「不慮の事故」について学習する。
2．女性	女性たちが生き生きと輝くことができる社会	①こころのケア講座：被害を受けた女性をケアし，前向きに生きていく力を身につけてもらう。 ②親学習プログラム：母親と子供のより良い関係を支援する。 ③シングルマザー支援事業：シングルマザーが自立に向けての相談，訓練などを支援する。
3．こころ	こころへの負担が少ない環境と精神疾患に理解のある社会	①精神疾患の啓発活動：精神疾患に対する正しい知識の普及と，病気をもつ人たちの社会復帰や生きがい発見を応援する。 ②自殺防止プロジェクト：自殺の問題により適切で効果的な解決方法を推進するための対策に取り組む。
4．高齢者	高齢者のこころとからだの自立	①寺子屋回想法：高齢者と若い世代が集い，同じ体験を通して語り合う。 ②リーダーを養成するワークショップ：「寺子屋回想法」のプログラムを企画・運営できるリーダーを養成する。

出所：ジョンソン・エンド・ジョンソン（2012）を参照し，筆者作成

捗度を確認するようにしている（図表5-3）。

(2) 環境活動，安全衛生への取り組み

「我が信条（Our Credo）」における環境・安全衛生にかかわる第2の責任である「働く環境は清潔で，整理整頓され，かつ安全でなければならない」および第3の責任の「環境と資源の保護に努めなければならない」をもとに，ジョンソン・エンド・ジョンソンは積極的に環境，安全衛生活動を実践している。

まず，環境保全活動に関して，同社は「ヘルシープラネット」（healthy planet）の目標を掲げ，地球の健康を保護することにしている。また，利害関係者に対する情報公開を積極的に行い，環境への取り組みに対する社員の理解や使命感を高めることにしている。さらに，職場について，「我が信条（Our Credo）」では，「世界中でともに働く男性も女性も責任がある」ことが示されており，ジョンソン・エンド・ジョンソンでは，安全で公平かつ清

潔な職場環境を提供し，従業員のこころの健康について責任をもって対処するように努力している。

　ジョンソン・エンド・ジョンソンのCSRプログラムから次の特徴がみられる。「我が信条（Our Credo）」はジョンソン・エンド・ジョンソンの世界グループの全社員の共有倫理価値観として，あらゆる意思決定の核心的判断基準となっている。ジョンソン・エンド・ジョンソンは自社の経営資源を分析し，経営倫理規定・行動基準である「我が信条（Our Credo）」に基づいて評価をしたうえで，「健康」をキーワードにしたCSRプログラムを展開している。つまり，ドラッカーが指摘したように，能力の限界を超えて責任のとれない領域でも社会貢献活動よりも，ジョンソン・エンド・ジョンソンはヘルスケアカンパニーとして，自社の経営資源の強みである「健康」をテーマに，独自のCSRプログラムに取り組んでいるのである。

⑶　ジョンソン・エンド・ジョンにおけるCSR課題

　2003年よりジョンソン・エンド・ジョンソンは，「ダイバーシティ（多様性）」プログラムに積極的に取り組んでいる。しかし同じ「ダイバーシティ」という言葉を使用しても，アメリカでは，多種多様な民族・国籍・宗教などをすべてまとめて「ダイバーシティ」といっているが，日本におけるジョンソン・エンド・ジョンソン各社では女性の雇用・登用の推進と身体障害者の雇用促進に注力している。日本女性の社会進出や女性役員の比率が先進国のなかでは低く，この問題を解決するには，CSRの一環として強化される必要がある。

　女性人材を積極的に活用するために，ジョンソン・エンド・ジョンソンでは，意識改革（男女平等の風土づくりと継続的なプロモーション），女性の積極的な雇用（女性の優秀者にフォーカスした採用活動），優秀な女性の育成（優秀な女性社員を対象とした研修プログラム），子育てとワークライフバランス（中長期にわたる能力発揮のため）の支援を行ってきている。また，日本の女性社員に対して，意識調査やキャリアアップ研修の開催を行い，育児支援に関しても手厚い制度を導入している。その結果，2012年10月同社は厚生労働省「均等・両立推進企業表彰」において，「ファミリー・フ

レンドリー企業部門」で「東京労働局長優良賞」を受賞した。「均等・両立推進企業表彰」は，女性労働者の能力発揮を促進するための積極的な取り組みを作り，仕事と育児・介護との両立を支援するシステムを会社の方針とし，実際に推進している企業に表彰したものである。ジョンソン・エンド・ジョンソンの女性雇用への支援策が日本で一定の評価を得たといえよう。

しかし，男性社員と比較し，日本における女性社員のキャリア継続はまだまだジョンソン・エンド・ジョンソン米国本社の期待と目標との乖離が大きい。これは同社の課題として，今後さらに検討し，改善策が打ち出されることを期待したい。

4 「我が信条（Our Credo）」に基づいた企業不祥事への対応：1980年代のタイレノール事件からの教訓

1982年9月29日に，アメリカではタイレノールカプセルにシアン化合物を入れる手口の殺人事件が発生した。タイレノールとはジョンソン・エンド・ジョンソンが販売する鎮痛剤であり，アメリカのほとんどの家庭では常備薬として購買していた。この事件は，タイレノールという痛み止めの薬に毒物が混入されて，死者が出たというものであった。最初，発売元のジョンソン・エンド・ジョンソンはカプセル入りタイレノールの全量回収を行わなかった。しかし，その直後に模倣事件が発生し，同年10月5日，ジョンソン・エンド・ジョンソンはカプセル入りタイレノールの全量回収を開始した。

ジョンソン・エンド・ジョンソン自身は被害者であるにもかかわらず，自身の弁明をするよりも「我が信条（Our Credo）」に基づき，顧客への安全な商品を提供する責任を第1と考え，必要な情報を公開し真摯に対処していた。また，その後，異物混入を防ぐために三層密閉構造三重パッケージに改良されタイレノールが再販されることになった。同社にとって存続の危機ともいえる事件への適切な対応により，ジョンソン・エンド・ジョンソンの社会的評価がむしろ高くなった。

しかし，残念なことに，1986年タイレノールの毒物混入事件が再度発生した。ジョンソン・エンド・ジョンソンのとった行動はまたしても世間に評価

される姿勢であった。顧客への対応について、「我が信条（Our Credo）」では、「顧客1人ひとりのニーズに応えるにあたり、われわれの行うすべての活動は質的に高い水準のものでなければならない」と書かれている。1986年2回目の事件では、ジョンソン・エンド・ジョンソンは全米中に事件について説明を繰り返し、全商品の回収と、製造中止を発表した。また、タイレノールは毒物混入されたカプセルから、当時革新的だといわれる錠剤タイプに変更され、再販されるようになった。

　このように、大きな不祥事件があったにもかかわらず、タイレノールが再び信頼を得ることができたのは、ジョンソン・エンド・ジョンソンでは「消費者への責任」を第1に考えたからである。これはジョンソン・エンド・ジョンソンが「我が信条（Our Credo）」の第1の責任に立ち戻った意思決定の成果と考える。この事件におけるジョンソン・エンド・ジョンソンの対応は、消費者をはじめ、アメリカ政府や産業界からも高く評価されるとともに「我が信条（Our Credo）」の存在を広く世界に知らしめるようになった。

5 ｜「価値共有型」の「我が信条（Our Credo）」

　企業は社会的貢献活動に取り組んでも、本業の経営活動において、公正性や倫理性が欠けていれば、良い企業として認められない。ジョンソン・エンド・ジョンソンは1980年代のタイレノール毒物混入事件を教訓に、経営理念の「我が信条（Our Credo）」を不祥事予防・対応のコア・バリューとして位置づけている。「我が信条（Our Credo）」は同社の経営理念を明確にしたものであり、同社の経営倫理指針として、事業運営の中核となっているのである。「我が信条（Our Credo）」に込められた価値観に従って確実にビジネスを実践できるよう、ジョンソン・エンド・ジョンソンは世界中のグループ社員に何を期待するかを明確にしている。また同時に、社員には禁止行為や違法行為について報告することが求められ、世界中のジョンソン・エンド・ジョンソンのグループ会社に設けられた専用電話を用いて匿名で報告することができる体制を整備している。

　ジョンソン・エンド・ジョンソンでは、グループ内の企業が「我が信条

（Our Credo）」に沿った経営活動を行っているかどうかについて，全社員に対して無記名のオンラインアンケート調査——Credo Survey を実施している。調査では，我が信条，リーダーシップ，イノベーション，顧客，品質などについての質問が，web 上で設定されている。とくにリーダーシップの項目に，上司について「明確で分かりやすい目標や任務を与えているか」「あなたの直属上司のマネジメント能力は？」といった質問も含まれている。回答者は匿名でアンケートに記入し，インターネットを通じて直接外注先の調査会社に送信し，集計される仕組みとなっている。また，結果が集計され，調査会社からフィードバックされた後，それぞれの部署で改善すべき課題や問題点を整理し，具体的な改善方法を策定し，実施している。そして，その成果が次回の Credo Survey で評価，検証される仕組みになっている。

さらに，ジョンソン・エンド・ジョンソンは，より効果的に「我が信条（Our Credo）」を組織内に浸透・推進させるために2005年に，Credo Office という部署を設置した。Credo Office の活動内容は教育プログラムや1975年に開発・運用されてきた Credo チャレンジミーティング（Credo Challenge Meeting）の実施，そして1986年から行ってきた Credo Survey の実施・報告の3つで，「我が信条（Our Credo）」を浸透させる活動全般に幅広くかかわっている。

Credo チャレンジミーティングとは，「我が信条（Our Credo）」やその実践状況について様々な社員が討論し，問い直すという取り組みである。「我が信条（Our Credo）」は制定されてから60年以上経過しているため，時代の要請に合わせて，Credo チャレンジミーティングの結果により，必要があれば文言の修正などを加えることができる。しかし，「我が信条（Our Credo）」のなかで変えてはいけないところが明確である。同社の「顧客→社員→地域社会→株主」という順番は変えない前提となっている。社員の考える「我が信条（Our Credo）」の実践と経営陣が理解する Credo のあり方にはときにはギャップがある。そのギャップを埋めるためにも経営陣と社員間の議論が必要である。また，その議論のプロセスのなかで，会社の倫理価値の核心部分は再確認され共有されることになる。

現在 Credo Survey は 2 年に 1 回，全世界共通に実施されるアンケート調査で，会社や職場，そして個人が「我が信条（Our Credo）」に基づいた行動や考え方を実践できているかどうかを社員全員が評価し，測定している。つまり，「企業の健康診断」として機能しているのである。1982年，1986年の二度にわたるタイレノール事件の対応にかかわった経営陣や現場の社員が，「我が信条（Our Credo）」に込められた哲学に従って，意思決定を行った。このときのジョンソン・エンド・ジョンソンの対応は企業の危機管理の良い事例としてとりあげられている。企業経営の良いときも，悪いときも，「我が信条（Our Credo）」はいつもジョンソン・エンド・ジョンソングループの中枢に存在している。

6 おわりに：「価値共有型」の経営倫理のすすめ

　今日，グローバル企業は経済，社会，環境という3つの側面で高いパフォーマンスが求められている。いわゆる，トリプルボトムラインで評価されているからである。とくに，グローバル市場における人権重視や経営活動の公正性と倫理性が強く期待されている。

　2010年の経済同友会の調査によると，CSR の経営上の位置づけについて，日本企業から最も多く得た回答は，「良い商品・サービスを提供すること」および「法令を遵守し，倫理的行動をとること」であった（図表5-4）。基本的で重要な事項である。グローバル企業のジョンソン・エンド・ジョンソンは，「我が信条（Our Credo）」に基づいて，多様化したステークホルダーへの配慮をしながら，自社の核心的経営理念や倫理価値観を堅持している。また，「我が信条（Our Credo）」をグループの全従業員に共有させ，徹底させることに全力を傾注している。このような核心的な経営理念・倫理規定は，グローバル企業にとって，ぶれない経営指針となり，会社の不祥事を防ぐ機能をもっている。

　いうまでもなく，グローバル企業の経営活動は，様々な国に影響を及ぼしている。とくに，今日地球規模の持続可能な発展を考えるにあたり，環境問題にとどまらず，貧困，労働，人権問題など社会的な課題を含めて，グロー

図表5-4　CSRの経営上の位置づけ

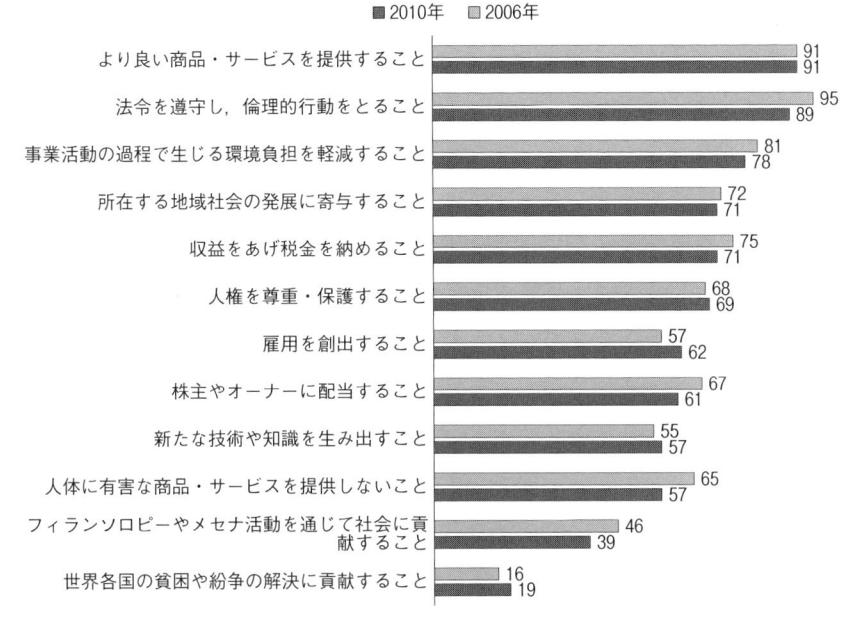

■2010年　■2006年

項目	2010年	2006年
より良い商品・サービスを提供すること	91	91
法令を遵守し，倫理的行動をとること	95	89
事業活動の過程で生じる環境負担を軽減すること	81	78
所在する地域社会の発展に寄与すること	72	71
収益をあげ税金を納めること	75	71
人権を尊重・保護すること	68	69
雇用を創出すること	57	62
株主やオーナーに配当すること	67	61
新たな技術や知識を生み出すこと	55	57
人体に有害な商品・サービスを提供しないこと	65	57
フィランソロピーやメセナ活動を通じて社会に貢献すること	46	39
世界各国の貧困や紛争の解決に貢献すること	16	19

出所：経済同友会（2010）p.11

バル企業の経営倫理やCSRについての議論が高まってきている。しかしどんなに優良な企業でも，「不祥事」の発生を完全に事前に防止することは不可能である。そのため，全社員に共有された倫理価値の確立が重要である。ジョンソン・エンド・ジョンソンは，「我が信条（Our Credo）」といった「価値共有型」の経営倫理によって，二度にわたる不祥事を乗り越えることができたのである。

　Freeman（2007）は，倫理や価値基準について有効な対話を行う組織において，従業員たちは互いに価値基準をもちあわせているかどうかについての責任や説明能力があると指摘している（邦訳，2010, p.165）。ジョンソン・エンド・ジョンソンでは，「我が信条（Our Credo）」を巡る議論が日常のチャレンジミーティングなどで行われており，従業員とトップマネジメントの倫理価値を共有できる仕組みが確立されている。

　グローバル企業にとって，不祥事を防止するためのコンプライアンスの仕

組みは必要であるが，全社員に浸透させる価値共有型の倫理規範や行動指針は会社のブランド力や社会信頼性などの企業価値を高めるため，推進されるべきである。とくに，今日の厳しい経済環境のなかで，業績が順調に伸びている企業のひとつの特徴としては，明確な経営理念や経営倫理が示され，全従業員まで浸透させていることである。「価値共有型」の経営倫理指針は，企業の存在意義を明確にし，従業員に行動規範を示し，社内の共通価値観として，全従業員に確立されるべきである。

注
1 ジョンソン・エンド・ジョンソンホームページ http://www.jnj.co.jp/group/outline/ を参照のこと。
2 ジョンソン・エンド・ジョンソンホームページ http://www.jnj.co.jp/group/credo/ を参照のこと。

参考文献
Freeman, R.F., H. S. Harrison, and A. C. Wicks (2007) *Managing for Stakeholders: Survival, Reputation, and Success,* Yale University Press (中村瑞穂訳者代表 (2010)『利害関係者志向の経営—存続・世評・成功』白桃書房)。
Johnson & Johnson (2011) 2011 Annual Report, Jhonson & Jhonson.
企業倫理研究グループ・代表中村瑞穂 (2007)『日本の企業倫理—企業倫理の研究と実践』白桃書房。
経済同友会 (2010)「日本企業のCSR—進化の軌跡「自己評価レポート」」経済同友会。
小林俊治・百田義治 (2004)『社会から信頼される企業—企業倫理の確立に向けて』中央経済社。
佐々木直 (1999)『企業発展の礎となる経営理念の研究』産業能率大学出版部。
ジョンソン・エンド・ジョンソン (2012)「社会貢献レポート2012」ジョンソン・エンド・ジョンソン。
ドラッガー，P. F. 著，上田惇生編訳 (2001)『マネジメント—基本と原則』ダイヤモンド社。
日本経営倫理学会・(社) 経営倫理実践研究センター監修，高橋浩夫編著 (2009)『トップ・マネジメントの経営倫理』白桃書房。
パイパー，T. R., S. D. パークス，M. C. ジェンタイル著，小林俊治・山口善昭訳 (1995)『ハーバードで教える経営倫理—MBA教育におけるカリキュラム』生産性出版。
葉山彩蘭 (2008)『企業市民モデルの構築—新しい企業と社会の関係』白桃書房。
藤井良広・原田勝広 (2006)『CSR優良企業への挑戦』日本経済新聞社。
ボーゲル，D. 著，小松由紀子・村上美智子・田村勝省訳 (2007)『企業の社会的責任の徹

底研究』一灯社。
水村典弘（2008）『ビジネスと倫理―ステークホルダー・マネジメントと価値創造』文真堂。
三戸公（1994）『随伴的結果―管理の革命』文真堂。

参考資料
Our Credo：我が信条
We believe our first responsibility is to the doctors, nurses and patients, to mothers and fathers and all others who use our products and services. In meeting their needs everything we do must be of high quality. We must constantly strive to reduce our costs in order to maintain reasonable prices. Customers' orders must be serviced promptly and accurately. Our suppliers and distributors must have an opportunity to make a fair profit.

我々の第一の責任は，我々の製品およびサービスを使用してくれる医師，看護師，患者，そして母親，父親をはじめとする，すべての顧客に対するものであると確信する。顧客一人一人のニーズに応えるにあたり，我々の行なうすべての活動は質的に高い水準のものでなければならない。適正な価格を維持するため，我々は常に製品原価を引き下げる努力をしなければならない。顧客からの注文には，迅速，かつ正確に応えなければならない。我々の取引先には，適正な利益をあげる機会を提供しなければならない。

We are responsible to our employees, the men and women who work with us throughout the world. Everyone must be considered as an individual. We must respect their dignity and recognize their merit. They must have a sense of security in their jobs. Compensation must be fair and adequate, and working conditions clean, orderly and safe. We must be mindful of ways to help our employees fulfill their family responsibilities. Employees must feel free to make suggestions and complaints. There must be equal opportunity for employment, development and advancement for those qualified. We must provide competent management, and their actions must be just and ethical.

我々の第二の責任は全社員――世界中で共に働く男性も女性も――に対するものである。社員一人一人は個人として尊重され，その尊厳と価値が認められなければならない。社員は安心して仕事に従事できなければならない。待遇は公正かつ適切でなければならず，働く環境は清潔で，整理整頓され，かつ安全でなければならない。社員が家族に対する責任を十分果たすことができるよう，配慮しなければならない。社員の提案，苦情が自由にできる環境でなければならない。能力ある人々には，雇用，能力開発および昇進の機会が平等に与えられなければならない。我々は有能な管理者を任命しなければならない。そして，その行動は公正，かつ道義にかなったものでなければならない。

We are responsible to the communities in which we live and work and to the world community as well. We must be good citizens — support good works and charities and bear our fair share of taxes. We must encourage civic improvements and better health and education. We must maintain in good order the property we are privileged to use, protecting the environment and natural resources.

我々の第三の責任は，我々が生活し，働いている地域社会，更には全世界の共同社会に対するものである。我々は良き市民として，有益な社会事業および福祉に貢献し，適切な租税を負担しなければならない。我々は社会の発展，健康の増進，教育の改善に寄与する活動に参画しなければならない。我々が使用する施設を常に良好な状態に保ち，環境と資源の保護に努めなければならない。

Our final responsibility is to our stockholders. Business must make a sound profit. We must experiment with new ideas. Research must be carried on, innovative programs developed and mistakes paid for. New equipment must be purchased, new facilities provided and new products launched. Reserves must be created to provide for adverse times. When we operate according to these principles, the stockholders should realize a fair return.

我々の第四の，そして最後の責任は，会社の株主に対するものである。事業は健全な利益を生まなければならない。我々は新しい考えを試みなければならない。研究開発は継続され，革新的な企画は開発され，失敗は償わなければならない。新しい設備を購入し，新しい施設を整備し，新しい製品を市場に導入しなければならない。逆境の時に備えて蓄積を行なわなければならない。これらすべての原則が実行されてはじめて，株主は正当な報酬を享受することができるものと確信する。

出所：http://www.jnj.co.jp/group/crdeo/
　　　http://www.investor/jnj.com/2011 annualreport/

第6章 ソーシャル・エンタープライズの本質
●●●●

潜道 文子

はじめに

　企業のグローバルな事業展開を経営倫理の側面から評価するとき，進出先の国のステークホルダーへの公正な処遇と配慮が不足していたり，宗教や価値観，文化のような社会環境や法律，政治体制などへの尊重が充分でなかったりすることへの批判がある。また，自国コミュニティのみでなくグローバルな市民社会の一員としての視点が重要であるとする立場からは，南北の経済格差の拡大を生み出しているといわれるグローバル企業の責任を問う声も少なくない。

　本章では，近年，世界的に注目されている社会的企業（ソーシャル・エンタープライズ，以下SEと記す）の存在意義や特徴についての考察を通じて，企業のグローバリゼーションと経営倫理について検討する。

1 │ ソーシャル・エンタープライズとは

　SEとは，社会的課題の解決をミッションとしてユニークなビジネスモデルを構築・展開する事業体である。障害者雇用，ホームレス支援，フェアトレード，社会的責任投資（SRI）等の分野で，様々な社会的課題にビジネス手法を用いて取り組む企業やNPO（民間非営利組織）であり，ソーシャル・イノベーションの主体である。

　組織がSEであるための条件としては，第1に，社会的課題に取り組むことを事業活動のミッションとするという面での「社会性」である。第2は，

「事業性」である。これは，事業を展開して利益を生み出し，継続的に活動を行うことを意味する。第3は，「革新性」(イノベーション) である。SEが事業として取り組む領域は，通常の営利事業よりも利益を生み出すのが難しいケースが多い。そのために，新たなビジネスモデルを創出することによって，新たなサービスを生み出したり既存の商品を新しい方法で提供したりする工夫が必要となる（谷本，2009，p.27）。

筆者は，2011年3～5月に，日本におけるSEの現状と特性を明らかにするために，全国の先進的なSE（岩手県，宮城県，福島県，茨城県のSE除く）に対してアンケート調査を行った（有効回答：170（総配布数553，回収率30.7％））。質問項目のうち組織形態については，図表6-1に示す通り，50％近くが「NPO法人」という回答である。しかし，「営利法人」も40％近くの回答があった。また，「社会的課題の解決」と「経済的利益の獲得」の重視・優先割合については，図表6-2に示すように，「5：5」という回答が最も多かった。さらに，売上高については，図表6-3に示すように，「1億円以上」の回答割合が最も大きな数値を示し，この結果から，経済的利益

図表6-1　SEの組織形態

貴組織の組織形態について，あてはまるものを選択してください	回答数	％
NPO法人	81	47.6
営利法人	64	37.6
任意団体	5	2.9
社会福祉法人	4	2.4
LLP	3	1.8
個人事業主	3	1.8
社団法人	2	1.2
財団法人	2	1.2
組合	1	0.6
LLC	1	0.6
その他	4	2.4
合　計	170	100.0

図表6-2　SEの「社会的課題の解決」と「経済的利益の獲得」の重視・優先割合

「社会的課題の解決」と「経済的利益の獲得」の重視・優先割合	回答数	％
10：0	9	5.4
9：1	15	8.9
7：3	37	22.0
5：5	82	48.8
3：7	12	7.1
1：9	2	1.2
0：10	1	0.6
分からない	5	3.0
その他	5	3.0
合　計	168	100.0

の獲得へも積極的な姿勢で臨んでいることが推測される。

内閣府のNPO法人実態調査（23年度版）によると，NPOへ寄付により寄付者が税制上の優遇措置を受けられる認定NPO法人の1法人あたりの総収入額は1416万円（総支出額は1364万円）であり，他方，認定を受けていないNPO法人の総収入額は405万円（総支出額は426万円）である（内閣府，2012，p.28）。

日本のSEはこのNPO法人の組織形態をとる組織が多いと推測されるが，NPO全体の財政状況とは異なり，積極的に事業を展開し，利益の獲得を行っている組織が多いといえよう。

つまり，SEは，営利と非営利との区別があいまいな領域で活動を行っており，経済的価値と社会的価値の両方を創出するハイブリッド型組織であるといえる（塚本，2012，p.53）。

その他，SEの特徴としては，例えば，事業の拡大にあたってはフランチャイズ方式のようなスタイルをとることが多いが，営利企業と異なりロイヤリティを発生させず，積極的に他の地域に無償でノウハウを伝授することで社

図表 6-3　SE の売上高

最新決算期の売上高について，あてはまるものを選択してください	回答数	%
50万円未満	9	5.6
100万円未満	6	3.7
100～300万円未満	11	6.8
300～500万円未満	12	7.4
500～800万円未満	7	4.3
800～1000万円未満	12	7.4
1000～3000万円未満	31	19.1
3000～5000万円未満	13	8.0
5000～8000万円未満	14	8.6
8000万円～1億円未満	7	4.3
1億円以上	40	24.7
合　　計	162	100.0

会により良いサービスが広がることを重視する。つまり，組織自体の規模の拡大より，事業モデルの移転，政策への影響，文化や社会規範への影響，そして社会変革を目指す質的な拡大（スケール・アウト）にゴールを設定するケースが多い（服部，2010，p.28）。

このような特徴は，ハイブリッド型組織ならではの，より広い市民社会をみる眼を有する倫理的特徴といえよう。

2 ネオ・リベラリズムとソーシャル・エンタープライズ

今日のグローバル化の時代において最も影響を及ぼしている政策的潮流は，ネオ・リベラリズム（neoliberalism: 新自由主義）であるといわれる。ネオ・リベラリズムは，「小さな政府」の名のもとに，市場経済に政府が積極的に介入することを，倫理的に不当，政策的には誤りとみなす。そして，企業の減税，福祉予算の削減，公営企業の民営化，市場の自由化を推し進めるが，「民や国家や私企業が担う公共性」という理念には疎遠である。また，経済の規制緩和と民営化をグローバルなレベルで推し進めるが，そのさい，強力な国家のサポートを促すという点は，個人の自由に最大の価値を置き，それに制約を加える国家の役割を最小限にとどめようとするリバタリアニズム（libertarianism）とは異なる（山脇，2008，p.145）。

今田高俊は，このネオ・リベラリズムの思想に支えられたグローバル化した経済社会においては，最小限のセーフティネットだけが用意され，公益性や共同体に代えて自己責任を強調することになり，帰結として，弱肉強食型の競争社会を生むことになると指摘している。また，そのような社会では，公共性の問題を，「競争のフェアネスと負け組のためのセーフティネット」として矮小化することにつながるとしている。つまり，環境破壊などの市場の失敗にもみてみぬふりをすることに向かい，公共性を閉ざす力学になってしまうという危険をはらんでいる（今田，2006，pp.58-61）。

今田は，このような状況において新しく公共性を開くには，ボランティア団体やNPO，NGOといった新中間集団からグローバリズムを開く必要性を唱えている。つまり，ネオ・リベラリズムの思想を背景とした世界は，グ

ローバルなレベルでの画一化，統合化が進んでいるが，それに抗して，ローカリティを存続させ，グローバルにローカルをはめ込んでいくためには，新中間集団をベースにしたグローバル・ネットワークがひとつの道となるという主張である。

1999年に，米国のシアトルで行われたWTOの会議のさいには，大規模な「反グローバリズム」集会が行われた。そこでは，NGOやNPO，労働組合，農民組織などが世界的なネットワークを形成し，これら中間集団が大きな影響力をもってきていることが示された（國島，2009, p.52）。さらに，日本でも2003年頃から活発化しているCSRの世界的な潮流や戦略的CSRとしてのBOPビジネスの活発化は，企業が市民社会の一員であることを自覚して社会全体に対する責任を自主的に果たすべきだという考え方が社会に存在していることを明らかにしているといえよう。また，社会におけるこれらの変化は，ネオ・リベラリズム経営倫理がグローバルな社会で通用しなくなりつつあることを示していると推測される（國島，2009, p.53）。

さらに，今田は，他者との「共生配慮」を基礎にした競争社会の確立を提唱しているが，この文脈における配慮とは，「ケア（care）」を指しており，「分散化しアトム化した個人を再び結びつける新たな社会原理としてケアは重要であり，他人を気遣い，配慮し，世話することで，人間は自己がこの世界の中に存在することの意味を確認し，喜びを感じる」と述べている（今田，2006, pp. 69-71）。

この指摘は，経済学者のギルダー（Gilder, G.）の「この世で一番幸せなことは，他人のために時間を費やしてきた人々である。この世で最も不幸なことは，どうすれば自分が幸せになるかだけを思い悩む人々である」という主張と共通する，「人間の生きる意味」にかかわる問題を示唆している。

伝統的な倫理学とされる「正義の倫理」は，「権利に基づく道徳モデル」であり，公平性を重視し，個人を，同じ権利を与えられた独立した理性的存在と考えている。政治哲学でいえばリベラリズムであり，リベラリズムはネオ・リベラリズムと同様に自己と他者の自由を尊重するが，社会的自由を侵害する偏見や差別などを防ぐためには政府や地域社会による積極的な介入も必要であるという点で異なる部分ももつ思想である。伊藤恭彦は，このリベ

ラリズムを基盤とするコールバーグ (Kohlberg, L.) の道徳発達論とそれに対する『もうひとつの声』におけるギリガン (Gilligan, C.) の主張を比較し，現代政治哲学の諸問題やリベラリズムがもつ問題性について考察している。ギリガンの「他人が必要としていることを感じたり，他人の世話をする責任をひき受けたりすることによって，女性は他人の声に注意を向け，自分の判断に他人の視点を含みこんでいるのです」(ギリガン，1986, p.22) という主張を受けて，伊藤は，「リベラリズムも他者に対する配慮を重視しているが，ここでの「他者」は，あくまでも「私」の延長線上にある他者，つまり，もしかしたら「私」もそのような境遇になるかもしれないという限りの他者であって，私とは別個独立の人格で，今，この瞬間に何らかの苦しみなどに苛まれている他者ではない」と指摘している。さらに，ギリガンは，「ケアの倫理は具体的な関係性における応答責任」と考えるが，リベラリズムは「倫理的な判断においては人間の具体的な属性や人間が置かれた具体的な文脈から離れた判断が公正の要請である」と考え「個々人を等しく公正に扱うとは，個々人の具体的な属性を可能な限り捨象し，全ての人間が抽象的な人格としては平等であるとすることなのだ」と述べている (伊藤，2006, pp.25-26)。

　つまり，ケアの倫理では，具体的な人間関係のなかで物語や文脈に依存した，倫理の普遍性を否定した倫理的判断を行う。そこには，個々人の抱える悲しみ，苦しみ，痛み，怒り，喜びの状況を理解し，共感する態度が存在する。そのようなケアの視点からみると，伝統的な権利と公正を重視する倫理は，他者の独自の人生，特定の愛情，愛着，抱負などがみえなくなり，他者の心配やニーズが理解できなくなるという批判がある。さらに，このことは，他者への無関心や孤立の結果をもたらすことになる (潜道，2011, p.28)。

　また，伊藤は，ケアの倫理が提起したのは具体的な個人を総体として引き受けることの重要性だとしている (伊藤，2006, p.28)。この個別性の重視は，社会的な課題をケアの倫理に基づいて解決しようとするとき，政府の機能はその特徴からして対応が難しいといわざるをえない。つまり，そのような場面では，今田の主張するNPOやNGO，ボランティア団体といった組織のもつ機能が必要とされているといえよう。

　さらに，佐藤慶幸は，「同質性の論理は排除の論理につながり，そこでは，

人々に固有な個別的・個性的な再生は捨象されてしまう。したがって，法の前の平等を一律に適用するだけでは，一人ひとりの個別的差異性は活かされない。また，それを活かすことは，一人ひとりの人間としての根源的欲求を尊重することである。市場資本主義の論理や法の普遍主義の論理は，個々人のもつ個別的差異性や根源的欲求を尊重し充足することはできない」（佐藤，2002，p.3）と異質性の視点への移行の必要性を述べているが，この個別的差異性や根源的欲求に対応できるのが，NPO，NGO，ボランティア団体，社会運動などのアソシエーション（共通の関心や目的などで集まった機能的集団）個体群であるとしている。加えて，市場のグローバル化に随伴して生じる諸問題を解決するためには，経済基盤を資本主義経済に置いている資本主義国家では不可能であるということが，今，社会がアソシエーションを必要としている理由であるとしている（佐藤，2002，p.4）。

しかし，かつて世界標準とされた市場本位のアメリカ資本主義自体もその中身を変化させつつある。次節では，近年，Creating Shared Value（CSV：共通価値の創造）を提唱しているマイケル・ポーター（Porter, M. E.）の主張する新しい資本主義の登場とSEとの関係を中心に論じる。

3 | 新しい資本主義へのカタリスト

本節は，社会的課題に取り組む「社会起業家の精神（social entrepreneurship）と資本主義の進化」のテーマで，ポーターに対して行われたインタビュー（Driver, 2012, pp.421-430）を中心に，資本主義社会におけるSEの意義と役割について考察する。

ポーターは，より倫理的で社会性に基づいた包括的な資本主義への大きなムーブメントの初期の段階において重要な役割を果たすとして，SEを率いる社会起業家の精神に注目している。この起業家精神は，資本主義体制のパワーの中核において，経済的価値と社会的価値の両方を同時に創造する能力を発揮し，「共通価値の創造（CSV）」を行う。CSVの概念は，企業が事業を営む地域社会の経済条件や社会状況を改善しながら，みずからの競争力を高める方針とその実行と定義される（ポーター・クラマー，2011，p.11）が，

社会起業家の精神は，すべての企業を共通価値の創造の方向へ動かすカタリスト（触媒）であるとする。つまり，ビジネスの基本的ルールは，顧客のニーズやコミュニティのニーズに応えることであり，企業がこのCSVの考えにしたがい，顧客やコミュニティの有するニーズや社会的課題に目を向けることは，企業に新たな大きな機会を提供し，継続的な成長やイノベーションをもたらすことになるという。とくに，グローバル市場を活動の舞台とする企業にとっては，新たな市場や新たな顧客・従業員といったステークホルダーとの良好な関係をスピーディに構築しなければならない。また，グローバル企業は生産拠点や仕事を簡単に別の場所へ移動させることが可能であるので，NPOや政府の側も企業の生産性や競争力を低下させるようなことは避けるべきである（ポーター・クラマー，2011, p.13）。

そして，顧客やコミュニティのニーズについては，企業は経済的なニーズではなく，「人間」のより広い範囲のニーズを探ることが重要である。小林俊治は，フリーマン（Freeman, R. E.）がカント的資本主義の必要性を主張していることを示し，その内容を，カントの至上命令である「人間を手段としてでなく，目的としてあつかう」こととし，「人間本位の資本主義」の必要性を述べている（小林，1998, p.16）。この「人間本位の資本主義」は，人間を目的として扱うという点で，人間のニーズを捉え，それらを満たし，その結果として利益を生み出すCSVが目指す資本主義と共通するものである。

ポーターは，この企業をCSVへ動かすカタリストとしての社会起業家の精神は，ビジネスの周辺的な活動ではなく，すべてのビジネスの中核的な存在として重要であるとしている。他方，多くのNGOやNPOは，人々を助けたり，チャリティを行ったり，寄付をしたりすることには熱心であるが，イノベーションや活動を行うさいのより良い方法，価値創造といったマネジメントや起業家的な思考をもちあわせてはこなかったという大きな問題が存在していると指摘する。

では，CSVは，CSR（企業の社会的責任）とどのような違いがあるのであろうか。CSRは，評判を重視し，本業とのかかわりも限られているため，長期的に活動を正当化し，継続するのは難しい。また，そのインパクトが目にみえないことが多いために企業側の満足が得られない。その意味で，ポー

ターは，CSRをビジネスのメインストリームではなく，副次的なものという位置づけをしている。また，CSRの考え方は，「ある人が自分自身が良い人で良いことをしたいので，本業で獲得した利益を，重要な社会的目標をもつあなたを手助けするために与える」というようなものだと述べている。

CSR活動と企業価値との関係については，リソース・ベースト・ビュー（resource-based view）の立場で企業戦略論を発展させているバーニー（Barney, J. B.）も，CSR活動の成果が企業価値の向上に結びつくプロセスがまだ解明されていないと指摘している（日経BP，2011，p.78）。

4 | ソーシャル・エンタープライズの特徴と経営倫理

前述のように，CSVを実践するSEは，これからの資本主義の担い手として重要な役割を果たすと考えられる。また，その成功は，一般の営利企業の目標設定やマネジメントの変革に大きな影響を及ぼすといえよう。

しかし，SEは，これらの特徴以外に，他の組織にはない特徴を有していると考えられる。まず，第1に，前述のケアの倫理のもつつながりや関係性の構築が，SEの成功に重要な役割を果たしている点である。従来型のNPOの世界では，ミッションの追求のみを重視するあまり，運営効率やコスト意識は希薄であり，そのため，ビジネスとケアは互いに距離を置いたままであった（浜渦，2011，pp.129-130）。しかし，SEが登場し，その距離がなくなり，1組織内に同時に存在することが可能となったのである。

また，SEの活動の根底には，社会的弱者や自然環境等の有する社会的課題に着目し，自らの力でその課題を解決しようとする自発性と責任感が存在する。したがって，社会的弱者等の個別の状況を認知し，共感し，課題の解決のためにコミュニティの様々な組織や人々（ステークホルダー）へ自らの想いを伝え，ステークホルダーたちのケアの倫理を醸造し，その結果として，知識・知恵，資金，施設・設備，労働力等のリソースを獲得することが可能となる（潜道，2011，p.29）。

第2に，「物語」の力が作用している。「物語る」とは，言葉のうえで想像世界を創り出すことである。また，物語を豊かなものにするには，主人公の

気持ちを思いやり，それに共感する能力が必要である（潜道，2011，p.34）。SE の事業では，その対象である社会的課題が個別の状況を有しており，それに対応をすることから物語が生まれているともいえるが，まずは，SE を率いる社会起業家が仕事にストーリーを見出すことによって共感し，ストーリー・テラーとしてその物語を支援者の人々へ伝えるさいにもストーリーの存在が大きな役割を果たす。物語を共有することで人々は結びつき，さらには，信頼の構築につながるのである。

　第3に，信頼の構築により，ソーシャル・キャピタルが創造される。ソーシャル・キャピタルの定義は，その捉え方により様々であるが，パットナム（Putnum, R. D.）は，ソーシャル・キャピタルを「信頼，規範，ネットワークのような社会的組織の特性を指しており，それらは全体的に調整された行動を通して社会の効率性を向上させることができる」と定義している。また，ソーシャル・キャピタル理論において中核となるアイディアは，「社会的ネットワークが価値を持つ」，つまり，「社会的接触が個人と集団の生産性に影響する」ということであると述べている（パットナム，2006，p.14）。

　グローバルな活動を行っている SE の例として KIVA や Room to Read がある。KIVA は，221カ国（2012年12月現在）もの国において，貧困状態から抜け出すために自分で事業を始めたいと考え事業計画を作成した起業家に対し，各起業家の状況や計画に共感する世界中の個人による融資をインターネットを通じて仲介するマイクロ・ファイナンス事業を展開している。Room to Read は，識字能力の育成と教育における男女の格差是正に焦点を当てることにより，発展途上国に住む何百万の子供たちの人生を変えることを目指し，次第に，活動地域を増やし，現在では，ネパール，ベトナム，カンボジア，インド，スリランカ，ラオス，南アフリカ，ザンビア，バングラデシュにおいて，図書館・図書室プログラム，学校建設プログラム，現地語出版プログラム，女子教育支援プログラムといった活動を行っている。これらの世界的に有名な SE は，世界をフィールドとしてソーシャル・キャピタルの構築を行い，グローバルなネイバーフッド（地球規模的なご近所さん）（今田，2006，p.62）を獲得し，彼らを支援者として融資や寄付を募り，その資金を特定の人々や地域に提供するというビジネスモデルを確立している。従来型

のNPOは，地域に密着する地域性が成功の要因とされ，また，財政的な問題や組織経営力等の課題を抱えることによって行政や企業への依存を強めていたが，前述のSEは，グローバルなソーシャル・キャピタルを構築することによって行政や企業のような他の組織から独立することを可能にし，自立した組織として様々な組織との対等な関係を基礎とした協働のネットワークを形成してきたことが成功要因となっている。

第4に，今田は，ネオ・リベラリズムの論理につぶされずに，新しいタイプの公共性を育てていくためには，正義やフェアプレイに代わる新しい概念として，「配慮」や「共生」「支援」や「エンパワーメント」が必要になると述べている（今田，2006，p.65）。前述のKIVAやRoom to ReadのようなSEの活動内容をみると，配慮や共生という思想がその活動に埋め込まれているのはもちろんであるが，困窮している人々へ現在の状況を短期的に凌ぐためにカネやモノをたんに寄付するというのではなく，そこには，「自分たちで何かを変えよう，生活を向上させよう」とする人々のそばに寄り添って，支援したり，能力を身につけるのを手助けする姿勢がみられる。この姿勢は，効率と公正の両立を目指す，ギデンズ（Giddens, A.）の提唱する「第三の道」にも通じるものと考える。

第5に，一般の営利企業における仕事では創造されにくいとされる，働く人々にとってのある経験が，SEの仕事を通じて創造される可能性が高いということがあげられる。それは，心理学者のミハイ・チクセントミハイ（Csikszentmihalyi, M.）の提唱する「フロー（flow）」経験である。フローは，自己目的的，かつ全人的にひとつの行為に没入しているときに感じる包括的感覚であり，それは深い楽しさや喜びという内発的な報酬を伴う経験を生む。フロー状態にあるとき，人は，自分のもつ能力を最大限に発揮していると感じ，その状態にあるとき，楽しさの他，成長感，達成感，有能感等を感じることができる。また，チクセントミハイは，人が真に仕事を楽しむならば，働く人個人の報酬が生み出されるだけでなく，労働の効率化により，組織にとってもより多くの利益をもたらすことになるとしている。

この「仕事を楽しむ」という，人間の人生にとってきわめて重要と考えられる内発的報酬は，社会から個人を切り離し自らの成功のみを目指す功利的

個人主義に支えられた仕事では得ることができない。チクセントミハイは,「利己的でない目的」への強い志向性をもつ人々は,行為が内発的に動機付けられているため,基本的に自分自身の利益の追求に関心をもたず,むしろ,自分の行っている仕事が生み出す製品やサービスが他の人々あるいは社会に役立ち,ひいては社会をより豊かにすることができるという確信をもつことによって,その仕事の価値を認識しているという。つまり,彼らにとっての価値ある仕事には,公共の利益や社会的価値の創造に寄与しているという誇りや満足感が存在し,それが,内発的報酬となり,安心して彼らの心理的エネルギーを自分たちの仕事に投入することができるのである(潜道,2008,pp.106-107)。

前述のアンケート調査結果において,フローを経験するための条件やフロー経験の結果として生じる現象等に関し,社会起業家へ前職と現在の仕事の比較を行う質問を導入した。まず,前職であるが,図表6-4に示される

図表6-4　社会起業家の前職

前職について,あてはまるもの(複数に該当する場合は,従事期間が最長の仕事)を選択してください	回答数	%
営利法人の従業員	65	40.6
前職なし(学生含む)	18	11.3
営利法人の経営者	15	9.4
公務員	12	7.5
商工・サービス業の自営者・家族従事者	10	6.3
団体職員	8	5.0
専業主婦	5	3.1
医者・弁護士等専門職	4	2.5
NPO法人の代表者	2	1.3
農林漁業の自営者・家族従事者	2	1.3
パート・アルバイト(学生除く)	2	1.3
NPO法人の職員	1	0.6
芸術・教育等の分野の自営者	1	0.6
その他	15	9.4
合　　計	160	100.0

ように,「営利法人の従業員」の回答が最も多く,約40％である。そして,比較については,図表6-5〜16の通りである。図表6-15,16に示す「報酬」と「プライベートな時間」については減少することを想定していたが,これらの回答も含めて,すべて「大きく増加」の回答が最も大きな割合を占めた。

これらのことから,SEでの仕事は,様々な内発的報酬が得られるフローを経験しやすい機会であることが推測される。

図表6-5　SEでの仕事とフロー体験との関係—仕事の楽しさ

現在の仕事が,前職と比較してどの程度増加,あるいは減少しましたか—仕事の楽しさ	回答数	％
大きく増加	90	66.2
やや増加	31	22.8
変化なし	11	8.1
やや減少	3	2.2
大きく減少	1	0.7
合　計	136	100.0

図表6-6　SEでの仕事とフロー体験との関係—成長感

現在の仕事が,前職と比較してどの程度増加,あるいは減少しましたか—成長感	回答数	％
大きく増加	86	64.7
やや増加	28	21.1
変化なし	14	10.5
やや減少	4	3.0
大きく減少	1	0.8
合　計	133	100.0

図表6-7　SEでの仕事とフロー体験との関係—達成感

現在の仕事が,前職と比較してどの程度増加,あるいは減少しましたか—達成感	回答数	％
大きく増加	80	58.8
やや増加	35	25.7
変化なし	14	10.3
やや減少	6	4.4
大きく減少	1	0.7
合　計	136	100.0

図表6-8　SEでの仕事とフロー体験との関係—有能感

現在の仕事が,前職と比較してどの程度増加,あるいは減少しましたか—有能感	回答数	％
大きく増加	59	45.0
やや増加	39	29.8
変化なし	24	18.3
やや減少	7	5.3
大きく減少	2	1.5
合　計	131	100.0

図表6-9　SEでの仕事とフロー体験との関係―精神的自由

現在の仕事が，前職と比較してどの程度増加，あるいは減少しましたか―精神的自由	回答数	%
大きく増加	71	52.6
やや増加	27	20.0
変化なし	17	12.6
やや減少	17	12.6
大きく減少	3	2.2
合　計	135	100.0

図表6-10　SEでの仕事とフロー体験との関係―責任の重さ

現在の仕事が，前職と比較してどの程度増加，あるいは減少しましたか―責任の重さ	回答数	%
大きく増加	103	74.6
やや増加	21	15.2
変化なし	7	5.1
やや減少	5	3.6
大きく減少	2	1.4
合　計	138	100.0

図表6-11　SEでの仕事とフロー体験との関係―仕事に対する誇り

現在の仕事が，前職と比較してどの程度増加，あるいは減少しましたか―仕事に対する誇り	回答数	%
大きく増加	86	63.2
やや増加	26	19.1
変化なし	21	15.4
やや減少	2	1.5
大きく減少	1	0.7
合　計	136	100.0

図表6-12　SEでの仕事とフロー体験との関係―ともに働く人々との絆

現在の仕事が，前職と比較してどの程度増加，あるいは減少しましたか―ともに働く人々との絆	回答数	%
大きく増加	75	55.1
やや増加	33	24.3
変化なし	23	16.9
やや減少	4	2.9
大きく減少	1	0.7
合　計	136	100.0

図表6-13　SEでの仕事とフロー体験との関係―能力を充分に発揮している感覚

現在の仕事が，前職と比較してどの程度増加，あるいは減少しましたか―能力を充分に発揮している感覚	回答数	%
大きく増加	57	42.5
やや増加	48	35.8
変化なし	19	14.2
やや減少	8	6.0
大きく減少	2	1.5
合　計	134	100.0

図表6-14　SEでの仕事とフロー体験との関係―仕事の成果に対する正当なフィードバック

現在の仕事が，前職と比較してどの程度増加，あるいは減少しましたか―仕事の成果に対する正当なフィードバック	回答数	%
大きく増加	40	30.8
やや増加	30	23.1
変化なし	27	20.8
やや減少	18	13.8
大きく減少	15	11.5
合　計	130	100.0

図表6-15　SEでの仕事とフロー体験との関係—給料（報酬）

現在の仕事が，前職と比較してどの程度増加，あるいは減少しましたか—給料（報酬）	回答数	％
大きく増加	57	41.3
やや増加	23	16.7
変化なし	23	16.7
やや減少	20	14.5
大きく減少	15	10.9
合　計	138	100.0

図表6-16　SEでの仕事とフロー体験との関係—プライベートな時間

現在の仕事が，前職と比較してどの程度増加，あるいは減少しましたか—プライベートな時間	回答数	％
大きく増加	53	38.7
やや増加	39	28.5
変化なし	19	13.9
やや減少	15	10.9
大きく減少	11	8.0
合　計	137	100.0

5 おわりに

　ビジネスにおけるグローバル化というと，巨大なグローバル企業の功罪が問われることが多い。しかし，近年，世界的に台頭しているSEという新たな組織の活動は，グローバリゼーションの拡散の根底にある，ネオ・リベラリズムのような思想に対峙し，ケアの倫理に基づいた新たな公共を開く可能性がある。新しい資本主義へのカタリストとしての役割を担うであろうとされるSEの社会的起業家精神の視点でグローバル企業の経営倫理を考えると，社会との相互依存関係を重視する先進的グローバル企業の成功要因がみえてくる。

　また，SEは，これまでの資本主義社会における営利企業にはない，いくつかの倫理的な側面をもっている。とくに，SEでの労働がフロー活動となる場合，それは，「生きる意味」にも通じる価値創造であるといえよう。

　近年，SEでの仕事に興味をもつ若者や若いプロフェッショナルたちが増加している。このことは，SEの有する価値観が，若い世代のそれに合致していることの証明かもしれない。彼らがこれからの新しい資本主義の方向性と社会の質を決めることを想定した時，企業は，社会性を備えた進化した資本主義において経済的価値と社会的価値の両方を拡大させるための新たな戦略とイノベーションが必要とされるといえるであろう。

参考文献

Chowdhury, I and F. M. Santos (2010) "Scaling Social Innovations: The Case of Gram Vikas," *INSEAD Working Papers Collection*, Issue 10, pp. 1 -34.

Csikszentmihalyi, M. (1990) *Flow: The Psychology of Optimal Experience*, Harper & Row (今村浩明訳 (1996)『フロー体験―喜びの現象学』世界思想社).

Driver, M. (2012) "An Interview with Michael Porter: Social Entrepreneurship and the Transformation of Capitalism," *Academy of Management Learning & Education*, Vol. 11, No. 3, pp. 421-431.

Dudnik, N. (2010) "Social Entrepreneurs' Tricky Issues of Sustainability and Scale," HBR Blog Network, *Harvard Business Review*, October 18, 2010.

Giddens, A. (1998) *The Third Way*, Polity Press (佐和隆光訳 (1999)『第三の道』日本経済新聞社).

Grenier, P. (2006) "Social Entrepreneurship: Agency in a Globalizing World," Nicholls, A. ed. *Social Entrepreneurship*, Oxford University Press.

Putnam, R. D. (2000) *Bowling Alone: The Collapse and Revival of American Community*, Simon & Schuster (柴内康文訳 (2006)『孤独なボウリング―米国コミュニティの崩壊と再生』柏書房).

Westley, F. and N. Antadze (2010) "Making a Difference: Strategies for Scaling Social Innovation for Greater Impact," *Innovation Journal*, Vol. 15, Issue 2, pp.1 -19.

Whitman, J. R. (2010) "The Social Entrepreneurship Model: Past, Present, and Future," Worcester Polytechnic Institute, Venture Forum, 14 December 2010.

伊藤恭彦 (2006)「正義の倫理とケアの倫理―ケアの倫理が政治哲学に提起したもの」『文化と哲学』第23巻, pp.23-40。

今田高俊 (2006)「共生配慮型の公を開く」『公共研究』第 2 巻，第 4 号，pp.57-85。

江川良裕 (2011)「社会的企業におけるビジネス・モデルとイノベーション」『文学部論叢』第102巻，pp. 99-116。

ギリガン，C. 著，岩男寿美子訳 (1986)『もうひとつの声―男女の道徳観のちがいと女性のアイデンティティ』川島書店 (Gilligan, C. (1982) *In a Different Voice: Psychological Theory and Women's Development*, Harvard University Press)。

工藤秀明 (2008)「コメント:「真グローバリズム」と「持続可能性」の 3 要因を中心に」『公共研究』第 5 巻，第 3 号，pp. 38-47。

國島弘行 (2009)「グローバル化のなかでの「社会と企業」―新自由主義との関連で」『創価経営論集』第33巻，第 2 号，pp. 43-54。

小林俊治 (1998)「企業倫理のグローバライゼーションの可能性」『日本経営倫理学会誌』第 5 号，pp. 15-17。

佐藤慶幸 (2002)『NPO と市民社会』有斐閣。

潜道文子 (2008)「CSR 経営における仕事の倫理的価値とフロー経験」『高崎経済大学論集』第50巻，第 3，4 合併号，pp. 97-110。

潜道文子(2011)「ソーシャル・エンタープライズの意義と特徴にみるCSR経営の課題」『経営経理研究』第91号, pp. 21-52。

谷本寛治(2009)「ソーシャル・ビジネスとソーシャル・イノベーション」一橋大学イノベーション研究センター編『一橋ビジネスレビュー』2009, SUM, pp. 26-41。

塚本一郎(2012)「CSRを超えて―マイケル・ポーターのCSVにみるCSRのイノベーション・アプローチ」塚本一郎・関正雄編著『社会貢献によるビジネス・イノベーション―「CSR」を超えて』丸善。

内閣府(2012)「平成23年度特定非営利活動法人の実態及び認定特定非営利活動法人制度の利用状況に関する調査(NPO法人実態調査23年度版)」。

日経BP(2011)「経営戦略とCSR―競争優位の新たな源泉」『日経ビジネス』2011年8月1日号, pp. 76-79。

服部篤子(2010)「ソーシャル・イノベーションとその担い手」服部篤子・武藤清・渋澤健編『ソーシャル・イノベーション―営利と非営利を超えて』日本経済評論社。

浜渦辰二(2011)「ビジネスとケアをつなぐ倫理」『異文化コミュニケーション研究』第23号, pp. 123-132。

ポーター, M. E.・M. R. クラマー著, 編集部訳(2011)「共通価値の戦略」『DIAMOND ハーバード・ビジネス・レビュー』第36巻, 第6号, pp. 6-31 (Porter, M. E. and M. R. Kramer (2011) "Creating Shared Value: How to Reinvest Capitalism-and Unleash a Wave of Innovation and Growth," *Harvard Business Review*, Vol. 89, January-February 2010)。

広井良典(2008)「ケアとしての科学―成長・拡大なき時代の科学・学問・大学」『公共研究』第5巻, 第2号, pp.6-17。

武藤清(2010)「明日の経済社会モデルの創造」服部篤子・武藤清・渋澤健編『ソーシャル・イノベーション―営利と非営利を超えて』日本経済評論社。

山田經三(1998)「グローバリゼーション時代における経営倫理」『日本経営倫理学会誌』第5号, pp. 11-14。

山脇直司(2008)『グローカル公共哲学』東京大学出版会。

第7章 グローバル企業の不祥事とその対応

●●●●

野村 千佳子

はじめに

　企業の活動のグローバル化の進展に伴い，企業は本国だけではなく法，文化，慣習などの異なる様々な進出先の国や地域の経営環境で，様々な倫理的な課題に直面する。日本企業の不祥事も国内だけではなく，海外の支店や子会社で起こすケースもある。現地の法に反したり，国際法に違反したりせぬよう，グローバルに対応していくことも必要である。その一方で，多国籍企業はその規模ゆえに社会に与える影響が大きく，環境，人権，格差（貧困）といったグローバルな規模の社会問題への対処も求められる。

　不祥事を防ぐためには，進出先のローカルな環境において，現地の弁護士や専門家や信頼のできる現地の人材を育成・活用して法律，文化，慣習に対応し，現地の規範に反しないようにするだけでなく，社会から非難されるような事態を起こさないように，リスク管理をしていくことが求められよう。それと同時に，多国籍企業としてグローバルな社会的責任を果たしていくために，国際的な行動基準に示されているような規範に則って行動していかなくてはならない。

　本章では，まず，企業不祥事の内容（時代，業界，国による違い，グローバル企業の不祥事），発生の要因，不祥事の影響（リスク），不祥事対応（事前対策としての企業倫理の制度化，コンプライアンス，価値共有および事後対策）についてみる。そのうえで，グローバル企業ならではの課題について述べ，グローバル企業の企業倫理プログラム推進のための課題，および不祥事対応のあり方についてみていきたい。

1 不祥事

(1) 不祥事の定義

不祥事とは「関係者にとって不名誉で好ましくない事柄・事件」（広辞苑）であり，事件や事故も含まれる。「不祥」とは「①縁起の悪いこと。不吉なこと。②災難。不運」を意味する。不祥事は学術的な概念ではないが，一般的に不正行為，違法行為，反倫理的行為から事件，事故等に至るまでのものが含まれる。個人レベルまたは組織レベルのもの，従業員もしくは経営者の起こしたもの，故意か過失か等様々なものがある。

KPMG Forensic の「不正リスクマネジメント白書――予防，発見対処戦略の発展」では，不正を「不公正・不法な利得を確保するための意識的な行為」とし，不祥事を「法令・規則・社内規定等の違反，倫理的なビジネス行為，市場，社会の期待に対する裏切りといった広範囲の概念」と定義している。両者の峻別は難しいが，不祥事の中でも意図的に行った不公正・不法な行為を不正としている（株式会社 KPMG FAS 監修，有限会社あずさ監査法人著, 2011, pp.36-37）。

樋口（2012）は不祥事の様々な定義を分析し，「法令又は社会倫理（規範，常識）に違反すること」と「社会から批判を受けること」の2つを中核的概念としてあげている（樋口, 2012, pp.22-25）。したがって，不祥事は必ずしも違法行為とは限らないが，社会倫理・規範に反するものであり，これによって企業は社会から批判され，社会からの信頼を失い，結果，当該企業のビジネスに少なからず影響を与える，といったものであるといえる。

(2) 企業不祥事の種類

不祥事の内容は図表7-1の通り，多岐にわたっている。また，不正行為ないし非倫理的行為の主体は，従業員，トップ・マネジメント（役職員）等の個人や企業組織である。西村あさひ法律事務所・危機管理グループ（2012）では，不祥事を①企業内の不祥事（役員や社員が企業に向けて行う形の不祥事，個人の私的な利得目的として行われる，背任や使い込み等）と，②企業による不祥事（役員や社員が企業の行為として企業の外に向けて行う形の不

図表7-1　経営倫理の関係領域と項目

関係領域			項　目
1	顧　客	消費者	有害商品，欠陥商品，誇大広告，虚偽の広告，過大包装，不当な二重価格，悪徳商法，安全な商品の開発など
		販売先	カルテル，差別価格，取引先制限，共同ボイコット，不当廉売，価格拘束，不法な再販売価格維持，優越的地位の濫用，押しつけ販売，市場分割，虚偽の売上計上，贈賄，互恵取引など
2	従業員		過労死，労働災害，職業病，サービス残業，雇用差別，男女雇用機会均等，次世代育成支援，男女共同参画，セクシャルハラスメント，パワーハラスメント，プライバシーの侵害，職場環境の劣悪性，障害者未雇用，メンタルヘルス障害，労働協約違反，会社資産の私物化，利益相反，いじめ，職場内での禁止事項，個人情報の漏洩，会社情報の漏洩，虚偽の報告，競争会社への協力，会社の知的財産権の私用，勤務時間中の私用，自社株式の投機販売など
3	株主・投資家		インサイダー取引，損失補填，利益供与，粉飾決算，情報開示，相場操作，恣意的市場形成，不正な報告など
4	取引先（販売先は顧客に分類）		収賄，互恵取引，下請いじめ，優越的地位の濫用，不公正な取引，談合入札，不正割り戻し，自社規格の強制使用要請，不正行為の誘発・促進など
5	競争企業		カルテル，談合入札，不当廉売，権利侵害（知的財産権，特許権，実用新案権，商標権，意匠権など），企業秘密侵害，競争企業に対する内部干渉，不当な取引妨害など
6	国際関係		租税回避，ソーシャル・ダンピング，不正資金洗浄，ボイコット，多国籍企業の不正行動（進出先国家・企業との軋轢）など
7	地域社会	存立地域	産業公害，産業災害，廃棄物不法投棄，不当な工場閉鎖，計画倒産，公共活動との利益相反など
		地球環境	環境汚染，自然破壊，地球温暖化の防止など
		（積極支援）	社会貢献活動，メセナ活動支援，地球環境への対応
8	政府関係		脱税，贈収賄，不正政治献金，虚偽報告，検査妨害，捜査妨害，報告義務違反など
9	その他		反社会的活動・行為への物資・資金援助，有形・無形資産の濫用，コンピュータ・ソフトウェアのライセンス契約違反，職場における不法な政治・宗教活動，不法または非倫理的な商品の研究・開発，近親者が同業他社で勤務する場合の注意，正当な見積書の提出，会社業務に支障を与える兼業の禁止など

原典注：中村瑞穂「企業倫理と日本企業」『明大商学論叢』第80巻，第3・4号，1998年2月，および高橋浩夫「企業倫理の内部制度化」『白鷗ビジネスレビュー』Vol.17, No.1，1998年3月をもとに，IBM, TI, パナソニック，トヨタ，資生堂などの倫理規定を参照し，水尾順一『セルフ・ガバナンスの経営倫理』千倉書房，2003年3月を加筆修正
出所：水尾（2010）p.29

祥事，カルテル行為，粉飾決算，品質偽装等）に大別している（西村あさひ法律事務所・危機管理グループ，2012, pp.11-13）。従業員個人が行ったとし

ても，企業組織のために行ったものであれば，組織が主体と捉えられる。

日本監査役協会（2003）の調査では，2001年1月から2003年1月までの不祥事約300事例を分析し，①経営トップが絡むケース，②特定分野，特殊分野で起きるケース（聖域を含む），③企業文化，風土に根ざすケース，④個人犯罪，⑤世の中全体がひとつの流れのなかにあって，適法・社会的にも許されるとして行為をしたところが，その後不祥事化するケース，の5つに大別できるとし，⑴経営トップの関与，⑵特定分野・聖域，⑶企業風土・文化，⑷事故・トラブル，の4つに類型化した。

日本監査役協会（2009）の調査では，①財務不祥事：粉飾決算など，財務報告虚偽記載を伴う不祥事，②製品等不祥事：顧客や利用者の生命・健康・安全を脅かすなど，製品・サービス等に対する信頼性を損なうような不祥事，③その他不祥事：その他の不正・違法行為などの不祥事（背任・横領その他の不正等，独禁法違反，個人情報等の漏洩，適時開示違反，労働関係法令違反，インサイダー取引，その他善管注意義務違反・忠実義務違反，その他の法令違反，社会的規範等に対する違反，その他の不祥事など）の3つに類型化している。

⑶企業不祥事の要因

帝国データバンク（2012）のコンプライアンス違反企業の倒産動向調査[1]によると，2011年度（2011年4月～2012年3月）に，倒産理由にコンプライアンス違反が確認できた負債額1億円以上の法的整理となった企業は159社あった。そのうち，売上高・利益の水増しや，取引先との循環取引などの「粉飾」（59件，37.1％），業法違反（20件，12.69％），資金使途不正（役職員による横領や不透明な資金流出，19件），偽装（食品の産地偽装，18件）となっており，粉飾が2005年度より6年間続けて首位となっている。

KPMG FAS（2008）が米国企業を調査した「従業員の誠実性に関する調査報告（Integrity Survey）」によれば，図表7－2の通り，不正・不祥事の原因は多い順に，目的達成へのプレッシャー，プロセスより結果に重点を置いた評価，行動規範が忠実に守られていないこと，担当職務の標準的な規範に対する理解の欠如等，となっている。

図表7-2　不正・不祥事の原因

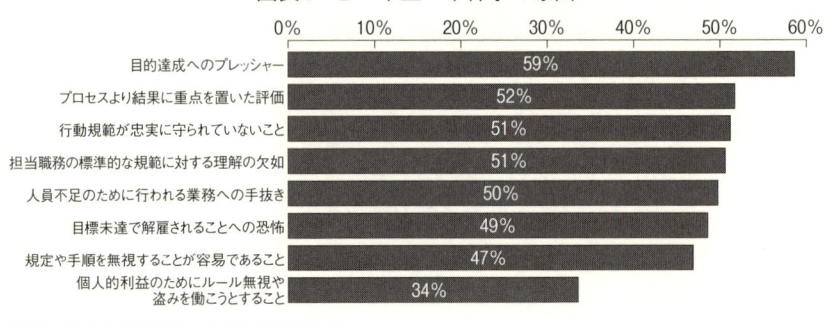

項目	%
目的達成へのプレッシャー	59%
プロセスより結果に重点を置いた評価	52%
行動規範が忠実に守られていないこと	51%
担当職務の標準的な規範に対する理解の欠如	51%
人員不足のために行われる業務への手抜き	50%
目標未達で解雇されることへの恐怖	49%
規定や手順を無視することが容易であること	47%
個人的利益のためにルール無視や盗みを働こうとすること	34%

出所：株式会社KPMG FAS（2008）p.7

不祥事・不正の動機や背景には，個人においては私利私欲などの個人的な動機，行き過ぎた成果主義，業績重視，効率性重視，競争プレッシャー等，の個人に影響を与える組織文化のほか，組織への間違えた忠誠心，組織の業績悪化，社会の規範や常識とずれた組織の感覚等，がある。故意と関連するモラルハザード的な要因もあれば，過失につながるモチベーションの低下，モラールハザード的な要因もある。

(4) 企業不祥事のもたらす影響・コスト・損害

　企業不祥事の企業の業績に与える影響には，短期的なものと長期的なものとがある。短期的な影響としては，株価の下落（これから起こることを見越しての反応），罰金，行政処分による営業停止，取引先からの取扱停止，消費者の不買（または敬遠），営業自粛等による営業利益の低下等，があげられる。一方，長期的な影響としては，株価下落に伴う資金調達コストの上昇，訴訟費用，不祥事によるレピュテーション（評判）の低下，ブランド・イメージの低下，信頼の喪失，構成員の士気の低下等による業績の低下等，があげられる。とくに同一企業や同一企業グループの企業が再び不祥事を起こした場合には，さらにステイクホルダーの反応や市場の反応の増幅がみられる（例えば野村証券，雪印）。

　不祥事の結果，業務の大幅な縮小や倒産・廃業に至るケースもある。業法に違反した場合は，資格・免許取消等により，ビジネスの継続にも影響する。

また，不正会計，虚偽報告等の不祥事の背景には，当該企業の業績悪化があることとも関係がある。

(5) 不祥事とリスクマネジメント

不祥事の対応というと，主に事後の対応の問題とされることが多い。「不祥事の対応としての危機管理」では，不祥事発生後にいかに外部に発覚させないか，さらには発覚後にいかに当該企業へのダメージを最小限に止めるか（評判リスクを下げないか）に重点が置かれる。不祥事発生時の対応では，トップ・マネジメントの迅速な対応，誠実な対応，正直な情報開示，事件解明への調査への協力の表明が望ましい。トップや広報の対応の失敗が，報道を通じて，隠蔽している，非協力的という印象を形成し，企業へのダメージを拡大する。その一方，誠実な対応によって危機をチャンスにすることも可能である。

事後対応も重要であるが，根本的なリスク低減のためには，不祥事を未然に防ぐための「事前対応」としての，コンプライアンス体制の構築および倫理的価値が浸透・共有された倫理的風土の醸成が必要である。つまり，Paine, L. S.のいう「コンプライアンス型」のアプローチによる企業倫理の制度化を徹底したうえで，長期的に企業倫理的価値を浸透させるために「価値共有型」のアプローチによる企業倫理の制度化が求められる。倫理的価値が共有されていれば，不祥事が起こりにくくなるうえ，万一不祥事が発生しても，適切に対処できるので，不祥事による損失を最小に抑えることができるといえる（中林，2007, pp.71-76）。

2 日本企業の不祥事

(1) 日本企業の不祥事の歴史と経営倫理の発展

図表7-3「経営倫理，コンプライアンス，コーポレート・ガバナンスそしてCSR，20年の歩み」は1990年代より今日に至るまでの事件・不祥事と制度・法律・組織・会議など経営倫理への取り組みの発展を整理したものである。不祥事の発生に対応するように，各企業，業界，経済団体，官公庁で

倫理基準や行動基準が制定され，法律や制度も整備されてきた。

水尾（2012）はこの20年を①バブル後の負の遺産と隠蔽工作，官と民の不祥事が相次ぐ第一期—1990年代前期〜中期，②企業と行政のガバナンスと組織的な取り組みが始まる第二期—1990年代中期〜2000年代中期，③「安全・安心社会」を求める消費者重視の経営が叫ばれた第三期—2000年代前期〜後期，④ CSR の萌芽とグローバル展開，ステークホルダーエンゲージメントの第四期—2000年代中期〜2010年代，の４つの時代に区分している。

第二期では，日本企業の不祥事が悪い意味でグローバル化した。1995年の大和銀行のニューヨーク支店の巨額損失事件や1996年の米国三菱自動車のセクハラ事件がその代表的な事例である。とくに前者のケースでは，米国の連邦量刑ガイドラインを適用され，日本企業に大きな衝撃を与えた。経営陣による隠蔽を指摘され，悪質と見なされたうえ，コンプライアンスおよび企業倫理プログラムが行われていなかったために，巨額の罰金を支払うこととなった。同行は米国から追放され，その国際戦略の大幅な見直しを余儀なくさせられた。大和銀行の当時の経営陣を相手取った株主代表訴訟も起きた。この連邦量刑ガイドラインは，米国国内でも「コンプライアンス型」の企業倫理の制度化を促進した。

筆者もかかわった日本経営倫理学会実証調査部会による企業倫理制度化の調査（1996，1999，2002，2005，2008に実施）でも，大企業において企業倫理の制度化の進展をみることができる。1990年代には「従来の企業のシステムで対応」としていた企業がみられたが，2000年前後に制度化が急激に進展し，2002年の調査の段階で大企業では一通り済んでいることがわかる（野村，2009，pp.92-94）。2000年代中期では中小企業のオーナー経営者が関与する不祥事が多く発生し，2000年代全体を通じて国内外で経営者のモラルハザードが問題となった。

2003年実施の慶應義塾大学 COE 調査によれば，中小企業においては導入が遅れている傾向がみられる。企業倫理プログラムのうち，取引先や親会社の要請を背景に倫理基準等の文書レベルでの導入は進んでいるものの，担当役員，担当部署，相談窓口といった組織や教育・研修といった倫理の定着・浸透にかかわる施策での遅れがみられた（梅津，2007，pp.18-20）。今日では

図表7-3　経営倫理，コンプライアンス，コーポレート・ガバナンスそしてCSR，20年の歩み

年	制度・法律・組織・会議など	特記事項（事件・不祥事その他）
1990（平成2）年前史	日薬連「倫理コード（1976年）」「製薬企業倫理綱領（1984年）」制定	薬害エイズ（1970〜1980年代）
	バルディーズ原則（1989年9月）	東芝ココム違反（1987年3月），リクルート事件（1988年6月）
1991（平成3）	4月・経団連「地球環境憲章」制定	1月・東海，7月・富士銀行の不正融資
	9月・経団連「企業行動憲章」制定	3月・バブル経済の崩壊
	12月・「経営倫理を考える会」発足	6月・証券4社の利益供与・損失補てん
		9月・三菱信託，三井信託の利益操作
1992（平成4）	3月・暴力団対策法施行	2月・大和，4月・山種証券の飛ばし
	6月・国連環境開発会議（リオ・サミット）開催	2月・印刷4社シール入札談合
		5月・大手建設6社の埼玉談合
		10月・イトーヨーカ堂，総会屋への利益供与
		10月・東京佐川事件（不正政治献金）
1993（平成5）	4月・日本経営倫理学会の設立	3月〜間組・鹿島・飛鳥・清水建設の贈収賄
	10月・商法改正で社外監査役制度施行，株主代表訴訟制度の導入	8月・キリンビール，総会屋への利益供与
	11月・環境基本法の成立	10月・大昭和製紙，収賄
1994（平成6）	3月・全国建設業協会「建設企業（団体）行動憲章」制定	4月〜住友重機・大林組・大成建設贈収賄
	12月・経済人コー円卓会議「企業の行動指針」制定	6月・日本商事インサイダー取引
1995（平成7）	7月・製造物責任（PL）法施行	2月・清水・丸紅建設インサイダー取引
		7月・大林組，関西電力，大阪ガス政治献金
		9月・大和銀行ニューヨーク支店巨額損失
1996（平成8）	9月・日本民間放送連盟「放送倫理基本綱領」制定	2月・千代田証券，損失補填
	12月・経団連「企業行動憲章」改定	4月・米国三菱自動車のセクハラ
		6月・高島屋，総会屋への利益供与
		6月・住友商事，銅不正取引で巨額損失
1997（平成9）	6月・男女雇用機会均等法改正（旧1985年）	2月・味の素，総会屋への利益供与事件発覚。

	9月〜全銀協「倫理憲章」，日薬連「製薬企業行動基準」，日本鉄鋼連盟「企業行動基準」，日本産業機械工業会「企業行動基準」制定	5月・四大証券・第一勧銀，10月・松坂屋・三菱自動車，11月・三菱電機・東芝・日立製作所・三菱地所など総会屋への利益供与事件が相次いで発覚
	秋・GRIが設立	
	11月・経営倫理実践研究センター設立	11月・山一証券で飛ばしが発覚，自主廃業
	11月・経営倫理実践普及協議会発足	
	12月・商法改正で利益供与要求罪の新設	
	12月・京都議定書の採択	
1998(平成10)	経営倫理（企業行動基準，規範）など企業の取り組みが本格化	2月・大蔵省接待汚職（MOF担）
		8月・日本航空，総会屋への利益供与
	5月・日本コーポレート・ガバナンスフォーラム「コーポレート・ガバナンス原則」の制定	11月・NEC，防衛庁水増し請求汚職
1999(平成11)	5月・OECDコーポレート・ガバナンス原則の制定	3月・水道管3社のヤミカルテル
	8月・日本初のSRI「日興エコファンド」が組まれる	7月・長銀・日債銀の粉飾
	11月・国家公務員倫理法制定（2000年3月・倫理規程）	9月・JCO東海村，原子力臨界事故
		10月・防衛庁燃料・日本道路公団入札談合
	11月・男女共同参画社会基本法が施行	
2000(平成12)	4月・消費者契約法制定	5月・北海道庁談合
	5月・麗澤大学企業倫理プロジェクト「ECS2000」制定	6月・雪印乳業集団食中毒
	6月・日本新聞協会「新新聞倫理綱領（旧1946年）」制定	7月・三菱自動車クレーム・リコール隠し
	6月・循環型社会形成促進基本法成立	
	7月・国連グローバル・コンパクトの発足	
	11月・斡旋利得処罰法成立	
2001(平成13)	家電リサイクル法，食品リサイクル法，容器包装リサイクル法など個別の廃棄物・リサイクル関係の法律がこの頃前後して一体的に整備	1月・外務省，機密費流用疑惑
		5月・マルハ水産物輸入産地偽装
		12月・エンロン（米），不正会計処理
2002(平成14)	5月・改正商法「委員会等設置会社選択制度」成立	1月・雪印食品，BSE対策牛肉偽装
	7月・米国企業改革法（SOX法）の成立	6月・ワールドコム（米），不正会計処理

	9月・ヨハネスブルグサミット（リオ＋10）開催	7月・三井物産，国後島発電不正入札，ODAで贈賄疑惑
	10月・経団連「企業行動憲章」の改定	8月・東電，柏崎刈羽原発トラブル隠し
		8月・日本ハム，BSE対策牛肉偽装
		11月・日本信販，総会屋への利益供与
2003（平成15）	同友会第15回企業白書「市場の進化と社会的責任経営」発表	6月・りそな，不正会計疑惑
		10月・日本テレビ，視聴率不正操作疑惑
	5月・個人情報保護法成立	11月・武富士，不正盗聴疑惑
	7月・食品安全委員会発足	
2004（平成16）	2月・日本経団連「CSR推進にあたっての基本的考え方」発表	2月・ヤフーBB，顧客情報460万人の流出
		2月・朝田農産，鳥インフル汚染疑惑肉の隠ぺい出荷
	6月・公益通報者保護法公布	3月・西武鉄道総会屋へ利益供与，9月・有価証券虚偽記載
		3月・カネボウ有価証券虚偽記載
2005（平成17）	5月・日本経営倫理学会・CSRイニシアチブ委員会「CSRイニシアチブ」制定	4月・松下電器（現パナソニック），FF式石油温風機による死亡事故が問題となる
	7月・新会社法公布	4月・JR西日本福知山線脱線事故
		4月・ヒューザーによる耐震強度偽装
2006（平成18）	4月・国連の責任投資原則（PRI）の制定	1月・ライブドアによる，証券取引法違反
	6月・金融商品取引法（J-SOX法）成立	6月・村上ファンド，インサイダー取引
	12月・消費生活用製品安全法の改正（旧1973年）	8月・パロマ工業，屋内設置型瞬間湯沸器による死亡事故
		12月・日興コーディアルグループの不正会計処理
2007（平成19）	12月・日本建設業団体連合会等，「企業行動規範2007」制定（初版は1993年）	1月〜不二家，白い恋人，船場吉兆，赤福他，賞味・消費期限切れ等の改ざん
		6月・ミートホープ，食肉偽装表示
		10月・防衛相次官のゴルフ接待
2008（平成20）	6月・リコール社告のJIS規格化制定	5月・船場吉兆，料理食品の使い回し
	7月・洞爺湖サミット開催	6月・ヤマダ電機の派遣強要で独占禁止法違反
		6月・公務員公費の乱用「居酒屋タクシー」

		9月・リーマンショック（米）	
		12月・ビックカメラ不正会計処理	
2009(平成21)	4月・NPO法人日本経営倫理士協会（前経営倫理実践普及協議会）設立	3月・田辺三菱製薬，試験データの改ざん	
		5月・日本振興銀行，金融不祥事	
	6月・消費者及び消費者委員会設置法の公布		
	11月・BERC，一般社団法人となる		
2010(平成22)	2月・金融庁，役員報酬など情報開示の強化発表	2月・小糸工業，航空機座席に関する検査記録の改ざん	
	11月・ISO26000制定		
	11月・「検察のあり方検討会議」発足	6月・セブン＆アイホールディングス，弁当の価格拘束	
		9月・大阪地検特捜部の証拠改ざん	
2011(平成23)	3月・BCP構築，リスクマネジメントが注目	3月・東日本大震災，原発事故発生	
	10月・「持続可能な社会の形成に向けた金融行動原則（21世紀金融行動原則）」制定	9月・大王製紙前会長による巨額不正融資	
		11月・オリンパス，飛ばしによる巨額損失隠し	
2012(平成24)	1月・日本コーポレート・ガバナンス＜CG＞ネットワーク発足（社外取締役ネット，CGフォーラム，CG研究所の合併）	1月・はるやま商事，4月・コナカ，下請け法違反	
		2月・AIJ投資顧問，年金資産の消失不祥事	
		6月・野村，大和，SMBC日興証券3社の増資インサイダー	
	3月・JISZ26000制定		
	6月・リオ＋20の開催		

原典注：新聞各紙，BERC・NEWS，『日本経営倫理学会誌10年史』などから作成
出所：水尾（2012）pp.38-39

　大多数の大企業が企業倫理の制度化を行っているものの，不祥事はなくならず，重大な不祥事が発生する度，その制度の有効性・実効性が問われている。つまり，従業員の個人の行動に結びついているか，倫理的価値が浸透しているのか，ということである。
　価値観の浸透・共有を目指し，倫理教育を通して倫理的風土，倫理的組織文化を醸成すること，個人が倫理的ジレンマに陥ったとき，困ったときに意

思決定の基準を提供していることが重要である。したがって,「コンプライアンス型」ではなく,「バリュー・シェアリング（価値共有）型」(誠実さを目指す戦略)が好ましく,実際にも双方の統合型を採用する企業が多数となっている。

(2) 近年の日本企業の不正の状況

　KPMG FASとあずさ監査法人による「日本企業の不正に関する実態調査 KPMG Fraud Survey（Japan）2010」(2010年実施，全上場企業が対象，回答企業515社，回答率13.5％）によれば，回答企業の35％の企業において過去3年間に不正が発生している。2006年調査では57％，2008年調査では47％と減少傾向にあり，コンプライアンス意識の向上や内部統制報告制度の導入の多少の成果がみられるものの，完全には防止できていない。

　発生した不正を分類すると，横領（現金の横領，その他資産の横領，不正支出），粉飾（架空収益の計上，収益費用の期間帰属の捜査，資産の過大計上，負債の簿外処理，財務報告に関連するその他の不正），汚職（談合，その他の汚職），その他不正（インサイダー取引，権限を越えた投機取引，情報漏洩，

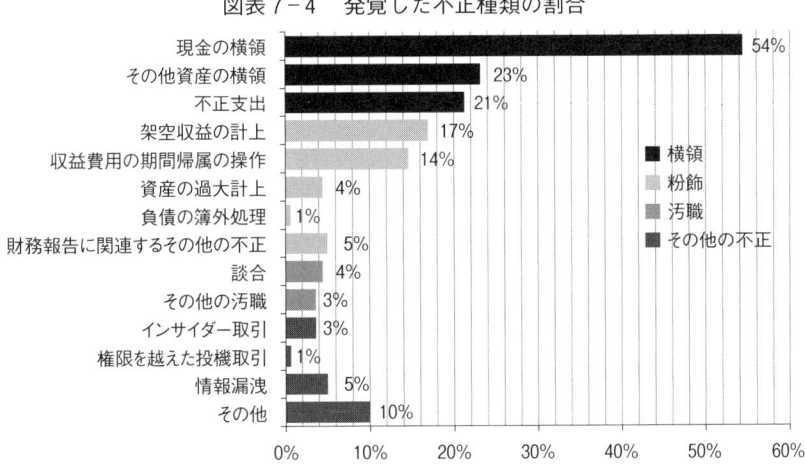

図表7-4　発覚した不正種類の割合

不正種類	割合	分類
現金の横領	54%	横領
その他資産の横領	23%	横領
不正支出	21%	横領
架空収益の計上	17%	粉飾
収益費用の期間帰属の操作	14%	粉飾
資産の過大計上	4%	粉飾
負債の簿外処理	1%	粉飾
財務報告に関連するその他の不正	5%	粉飾
談合	4%	汚職
その他の汚職	3%	汚職
インサイダー取引	3%	その他の不正
権限を越えた投機取引	1%	その他の不正
情報漏洩	5%	その他の不正
その他	10%	その他の不正

注：n=174，複数回答のため，合計が100％にならない
出所：株式会社KPMG FAS・有限責任あずさ監査法人（2010）p.9

その他）となっている。図表7-4のように，横領が最大で，次いで粉飾が多い。

　また，回答企業のうち14％で海外不正が発生しており，海外不正による損失額は多額になる傾向がある。不正による最大損失額が1億円以上のもの（31件）中23％が海外に関係する不正が占め，損失額が大きいものほど海外関連の不正の割合が多くなっており，慎重な対応が必要である。

(3)　日本企業の有罪判決の事例（1982年～1992年）と米国の有罪判決の事例（1974年～1983年）の比較

　Baucus and Near（1991）の研究では，アメリカの Fortune 300社のうち，1974年から1983年の10年間に有罪判決を受けた事例135ケースを，非倫理的行為として選択し，①「差別」（差別的待遇，意図的な差別，すなわち企業が雇用，昇進などにおいて特定の個人やグループに対して他とは違った扱いをすること），②「反トラスト法違反」（水平的，垂直的価格設定，談合，顧客や区域の水平的分割，抱き合わせ販売など），③「製造物賠償責任」（懲罰的損害賠償を含む製造物責任，とくに意図的であったにせよ，たんに無謀であったにせよ，メーカーが消費者や利用者の安全性を軽視していたこと，製品の欠陥に関して知識や情報があったものの対処できなかったケース，④「その他」（意図的な証券詐欺，意図的な知的所有権の侵害など）の4つに分類した。「差別」66件，「反トラスト法違反」27件，「製造物賠償責任」16件，「その他」26件であった。

　その比較研究として，筆者は1983年から1992年の10年間に日本の東証一部上場企業（1997年当時，1056社）で有罪判決を受けた事例を，日経 TELECOM を使って調査した。その結果を整理したものが図表7-5「日本の大企業（東証一部上場企業）で有罪判決を受けたケースの分類」である。上の分類に従うと，アメリカのケースで上位を占めた「差別」と「製造物賠償責任」については，両者ともに該当するものがなく，日本のケースの67％が「その他」に分類される。有罪判決を受けた時点でカウントしているため，必ずしも当時の不祥事の傾向を反映しているとはいえないが，不祥事が起こりやすい業界特性，当時の法的環境，不祥事の特徴が表れている。日本では「製造物賠

図表7-5 日本の大企業（東証一部上場企業）で有罪判決を受けたケースの分類

	トップ（組織）										トップ（個人）		従業員（個人）				合計	違法行為を行っていない企業	全企業数
	独禁法違反	談合	事故（損害賠償）	ココム違反	贈賄・汚職	総会屋への利益供与	不正融資	不正支出	架空取引	株価操作	脱税	横領・特別背任	スパイ	詐欺	融資搾取	盗難			
建設			1	1	1	8						1		1			13	104	117
食料品					1					1							2	56	58
化学工業												1	1				2	132	134
石油・石炭製品			1														1	7	8
ガラス・土石製品					1												1	30	31
機械			1	2													3	92	95
電気機器	1			1		1											3	120	123
輸送用機器			2		1												3	56	59
商業					1	1	1	1									4	163	167
金融・保険					1	1	1	1				1		1	1	2	9	146	155
陸運			1					1	1							1	4	30	34
海運					1												1	16	17
通信					2							1					3	5	7
電機・ガス			1														1	13	14
サービス														1			1	35	37
計	1	1	7	4	15	5	2	1	1	2	2	2	1	3	1	3	51	1005	1056

原典注：日経TELECOMのデータベースより作成
出所：野村（2009）p.89

償責任」については1995年にPL法が施行された。アメリカで関心の高い「差別」については，有罪判決の根拠となる公民権法と同等の法律は日本にはない。反トラスト法違反もアメリカではとくに関心の高い課題のひとつである。

　日本経営倫理学会と経営倫理実践センターの共同研究「グローバル企業の経営倫理」の調査（2011年実施）でも，進出先の国や地域ごとに経営課題がかなり異なることがわかる。

　本書第9章〈問5〉(4)は日本のグローバル企業が各地域で取り組んでいる

経営課題を聞いたものである。アメリカでは人権問題（人種，性，年齢等による差別）が課題であり，ヨーロッパでは環境問題の関心が高い。新興国・途上国では環境問題や，贈収賄の問題がある。このように国や地域によって法的環境の違いやその背後にある文化の違いがあり，海外に拠点をもつ企業は現地の環境に適切に対応しなくてはならない。さらには，ローカルな経営課題と同時に，国境をまたがるグローバルな経営課題にも対処しなくてはならない。

3 グローバル企業の不祥事

(1) 日本企業の国際的な不祥事

日本企業はこれまで国際取引において，贈賄，脱税，ココム違反，外為法違反，知的所有権の侵害，独占禁止法違反（カルテル関係）不正販売等，現地の法や国際法に違反するような不祥事を起こしてきた[2]。環境問題，セクシャルハラスメント，人種問題等もある。

齋藤監修（2007）でとりあげている日本の国際取引にかかわる不祥事と現地子会社における不祥事には図表7-6のようなものがある。これらに限らないが，現地の子会社の不祥事への対応の失敗で，親会社自体にまで影響を及ぼすこともあった。企業活動がグローバル化し，企業の評判や信頼も国際

図表7-6　日本企業の国際的な不祥事

1976年	丸紅 ロッキード事件	外国為替及び外国貿易管理法違反
1979年	日商岩井 ダグラス・グラマン事件	外為法違反
2003年	セイシン企業　ミサイル関連機器不正輸出事件	外為法違反（無許可輸出），関税法違反
1987年	東芝機械 ココム違反事件	外為法違反（不正輸出）
1995年	大和銀行 ニューヨーク支店巨額損失事件	重罪隠匿罪と文書偽造罪
1996年	アメリカ三菱自動車製造 セクハラ訴訟	セクシャルハラスメント
2001年	味の素 インドネシア事件	消費者保護法違反（虚偽表示）
2001年	理研 研究員遺伝子スパイ事件	経済スパイ法違反
2006年	北米トヨタ セクハラ訴訟事件	セクシャルハラスメント
2002年	三井物産 不正入札事件	不正入札

出所：齋藤監修（2007）より筆者作成

的なものとなり，管理が難しくなる。直接投資を行う現地の法，習慣，文化を理解し，適応することが重要であり，現地の弁護士や専門家との連携が必要であるとともに，現地出身のリーダーの役割が期待される。

　国際的な企業倫理では，意思決定の際に本国と現地との倫理基準の差がしばしば問題となる。多様な文化や習慣の差の背後にある，共通した普遍的な価値基準として，国際的な倫理基準・行動指針たるガイドラインが策定されてきた。

(2)　多国籍企業に特徴的な不祥事と防止策

　多国籍企業はローカルの環境への対応とともに，グローバルな倫理と社会的責任を果たすことが要請されている。グローバルな課題の主なものには，環境問題，人権，格差（貧困），贈収賄があり，今日では，国連のグローバル・コンパクトをはじめ，これらの内容を含む国際的な倫理基準が策定されている。

　これらに関連する1990年代の多国籍企業の不祥事には，ナイジェリアのシェル反対運動，ユノカルのミャンマーにおける人権弾圧疑惑，アパレル産業の委託生産先のアジアの工場での労働搾取（スウェットショップ），スポーツブランドのインド・パキスタンの生産委託先での児童労働，テキサコによるアマゾン川流域の環境破壊等，がある（梅田，2006）。

　こういった人権問題や有害物質対策等について，委託先や取引業者の問題に対しても委託元や親会社が非難を受けたり，責任を追及されたりするため，レスポンシブル・サプライチェーン・マネジメント行わなくてはならない。取引先に対し，コンプライアンス体制・CSRマネジメント体制を構築していることを取引条件に組み入れ，その取り組み状況をチェックする企業が増えてきている。

　贈収賄については，1977年アメリカの海外腐敗行為防止法の制定で海外での贈賄行為を禁止しており，米国人，米国企業のみならず，アメリカで証券を発行している企業や米国内で活動行った外国人をその対象としている。よって，外国の企業の外国での贈賄行為も処罰の対象となる。同法により国際市場での競争で不利になったとするアメリカ政府の働きかけで，OECD

でも1997年外国公務員贈賄防止条約を締結した。締約国に，自国企業による外国公務員等に対する賄賂の支払いを犯罪として処罰することを義務づけており，日本でも不正競争防止法のなかに外国公務員贈賄禁止条項が追加された。KPMG FASによる「2009年海外贈収賄に関する実態調査」によれば，贈収賄防止プログラムを策定している企業では，内部統制の強化とともに，エージェントや代理人といった第三者のデューデリジェンスやモニタリングや，M&Aのさいに，承継者債務のリスク低減のために，被買収企業のデューデリジェンス等も行っている(株式会社KPMG FAS, 2010)。

4 日系グローバル企業の不祥事対策：「グローバル企業の経営倫理」調査より

　日本経営倫理学会，経営倫理実践研究センターでは「「グローバル企業の経営倫理」の調査」を，2011年に経営倫理実践研究センター（BERC: Business Ethics Research Center）の会員企業80社に対してアンケート調査を行い，40社から回答を得た（日本経営倫理学会・一般社団法人経営倫理実践研究センター共同調査，2012）。以下より，海外拠点での不祥事の防止，すなわち事前対応と事後対応のあり方を中心にみる。

(1) 経営理念と倫理綱領の制定と徹底の仕方
　海外グループ企業に徹底する共通の経営理念・社是・社訓等をもつ企業が95％であり，日本語以外にも進出先の言語および共通語である英語で作成が93％，中国語で作成が65％，続いてドイツ語28％，フランス語23％，スペイン語23％，その他の言語43％，となっている。理念の徹底の方法では，「海外事業所の現地スタッフのもとで教育し徹底する」が73％，本社から定期的に海外事業所を訪問し，教育訓練と併せて徹底している」が35％，「現地で行動リーダーを決め徹底している」18％，「海外事業所の現地スタッフを本社で研修し理解してもらう」15％，「ウェブによる継続的研修を通じて徹底する（Eラーニング）」が8％，その他が15％となっている。
　一方，国内外のグループ全体に共通する企業行動基準（Code of

Conducts）は回答企業の全てがもっており，翻訳して海外事業所で配布している。英語（60%），中国語（58%），進出先の言語（55%）に翻訳し，日本語のものしかない企業は5％であった。50%の企業が日本語と英語でウェブ上で掲載している。この企業行動基準を海外事業所での徹底するために行っていることとしては，「基本的に現地の責任者のもとで徹底する」83%，「本社の経営倫理担当部門も関与し，定期的に現地を訪問する形で行っている」28%，「現地の担当部門が教育訓練の場で徹底している」30%，「その他の方法で行っている」が5％であった。企業行動基準は本社で作成し，本社の倫理担当部門が定期的に訪問し，現地では教育訓練の場で倫理教育を行うなど，倫理的価値の浸透と共有をはかっている。文化，法，慣習が本国とは異なるため，現地の事情を熟知している現地の責任者に任せることになるが，本社とのコミュニケーションを密にし，当該企業の方針や日本のことをよく理解してもらい，業務を通じての理念の浸透をはかってもらわねばならないだろう。

(2) 海外不祥事に対する本社の対応

　海外で法令違反や不祥事によって社会的批判を受ける事件が起きた場合，本社の経営倫理担当部門はどのように対応すべきか，を聞いた。本書第9章〈問3〉のように，「本社の最高責任者（CEO）の適切な判断を仰ぐ」が「強くそう思う」と「そう思う」を合わせて86%であり，次いで「ケース・バイ・ケースで関係部門と連携して対応する」が78%であった。「直接責任部門である国際事業のトップで対応する」61%，「海外子会社の直接責任部門である本社の事業部門の責任者のもとで対応する」60%で，「経営倫理担当部門が先ず対応する」が33%であった。

　海外子会社の問題であっても，本社を含めた会社全体の問題である。不祥事の対応，とくに事後対応では，海外事業であろうとトップ・マネジメントが迅速に状況を把握し，指揮を執り，適切な対応していかなくてはならない。現地だけで対応しようとし，それが拡大して会社全体の問題へ発展するケースもあった。不祥事を完全に防ぐことはできないが，万一の不祥事発生時に適切な対応をし，影響を最小限に抑えなくてはならない。

迅速で正確な情報の収集と関係する,「海外で不祥事が起きた場合に, その情報が直ちに本社の経営倫理担当部署に報告される仕組み（体制）」ができている企業は, 回答企業中75％であり, 検討中が25％であり, 必要を感じない企業は皆無であった。

(3) 海外不祥事を防ぐ方法

　不祥事を防ぐことを目的のひとつとして, 企業倫理の内部制度化が進展してきたが, 海外事業ではいかなる取り組みをしているのであろうか。海外での不祥事を防ぐ方法として有効だと思う対策について有効かどうかを聞いた結果が第9章〈問4〉である。「強くそう思う」と「そう思う」を足したものの多い順にみると,「本社と海外事業拠点が密に連携し, 経営理念や倫理行動基準を経営活動の要として共有する」が96％,「海外事業拠点で事ある毎に経営倫理の大切さを具体的な例を示して説明する」81％,「現地でも倫理責任者を決め, そのリーダーの下で遵守の方法を考える」が78％,「制度よりも社員一人ひとりの自覚であり海外事業所での責任者それを行動で示すこと」が70％,「内部告発制度やホットラインの仕組みを国内外の事業拠点で制度化する」が60％である。

　いずれの方法も有効とみられているが, 本社と海外子会社とで経営理念や行動基準を共有することが最も大事とみられている。これらの価値観を文化, 価値観, 法, 取引慣行等の背景が異なる現地社員に浸透させ, それに則って行動してもらえるようにするには, 海外ならではの工夫が必要である。現地の状況を反映させたうえで, 何が倫理的であり, 何が不祥事なのかが具体的にわかるように例を示して理解してもらい, 現地のリーダーのもとで何が倫理的であるのかをともに考えるようにしている。

5　おわりに

　本章ではまず, 一般的な不祥事の概要, 不祥事の影響, 不祥事の影響を最小限にするための対応のあり方についてみた。そのうえで日本企業の不祥事の傾向, グローバル企業の不祥事の傾向とその対応の現状についてみてきた。

不祥事の防止策として，本社と海外子会社との経営理念や倫理行動基準の共有や，制度の整備，現地社員への価値観の浸透が必要であるが，それらを行ううえで海外ならではの難しさや課題がみえてくる。

近年の日本企業の不正のうち，横領等，損失金額が多額にのぼるものが海外の事業所で起きている。法令違反や社会から批判を受けるような事件たる不祥事の防止のために，海外の事業所の管理・監督・チェックが必要である。また，海外での取引業者や代理人やエージェントに対しても，倫理行動基準を共有し，チェックを行わなくてはならない。現地の法令へのきめ細かい対応のためには現地の法律の専門家の協力が不可欠であるが，本国とは背景の異なる現地の社員との倫理的価値の共有のためには，現地のリーダーの働きが鍵となり，その確保と育成がもっとも大きな課題のひとつであろう。

注

1　東京商工リサーチ「2011年度「コンプライアンス」違反企業の倒産動向—「コンプライアンス違反」が影響した倒産が1.6倍増」では，脱税や税金滞納などの税金関連が38件，粉飾が28件，談合3件，詐欺・横領が11件などであり，建設業法・医師法などの業法違反，金融商品取引法や食品衛生法などの法令違反，贈収賄，不法投棄などある。業界別にはサービス業他が46件（30.0%），建設業30件，製造業26件，卸売業15件，運輸業9件，小売業と金融・保険業，情報通信業が各7件等となっている。http://www.tsr-net.co.jp/news/analysis/2012/1218229_2004.html
2　鈴木（2007）の章末の参考資料，日本企業の国際取引にかかわる事件や問題では，1979年から2007年までの事件が整理されている。

参考文献

Baucus, M. and J. P. Near（1991）"Can Illegal Corporate Behavior Be Predicted? An Event History Analysis," *Academy of Management Journal*, Vol.34. No.1 pp.9–36.
Post, J. E., A. T. Lawrence and J. Weber（2002）*Business and Society: Corporate Strategy, Public Policy, Ethics, 10th edition*, McGraw-Hill（松野弘・小坂隆秀・谷本寛治監訳（2012）『企業と社会〈上・下〉』ミネルヴァ書房）．
梅田徹（2006）『企業倫理をどう問うか—グローバル時代のCSR』日本放送出版協会．
梅津光弘，（2007）「企業経営をめぐる価値転換」企業倫理研究グループ・代表中村瑞穂『日本の企業倫理—企業倫理の研究と実践』白桃書房．
株式会社KPMG FAS（2008）「従業員の誠実性に関する調査報告」株式会社KPMG FAS．
株式会社KPMG FAS（2010）「海外における贈収賄行為に関する実態調査」株式会社KPMG FAS．

株式会社KPMG FAS・有限責任あずさ監査法人（2011）「日本企業の不正に関する実態調査 KPMG Fraud Survey（Japan）2010」株式会社KPMG FAS。
株式会社KPMG FAS監修，有限会社あずさ監査法人著（2011）『不正防止のための実践的リスクマネジメント』東洋経済新報社。
企業倫理研究グループ・代表中村瑞穂（2007）『日本の企業倫理—企業倫理の研究と実践』白桃書房。
齋藤憲監修（2007）『企業不祥事事典—ケーススタディ150』日外アソシエーツ。
社団法人日本監査役協会ケース・スタディ委員会（2003）「企業不祥事防止と監査役」平成15年9月24日，社団法人日本監査役協会。
社団法人日本監査役協会ケース・スタディ委員会（2009）「企業不祥事の防止と監査役」平成21年10月2日，社団法人日本監査役協会。
鈴木由紀子（2007）「国際経営における企業倫理」企業倫理研究グループ・代表中村瑞穂『日本の企業倫理—企業倫理の研究と実践』白桃書房。
帝国データバンク（2012）「第8回：コンプライアンス違反企業の倒産動向調査」 http://www.tdb.co.jp/report/watching/press/pdf/p120503.pdf
中林真理子（2007）「リスクマネジメントと企業倫理」企業倫理研究グループ・代表中村瑞穂『日本の企業倫理—企業倫理の研究と実践』白桃書房。
西村あさひ法律事務所・危機管理グループ（2012）『実例解説企業不祥事対応』経団連出版。
日本経営倫理学会・一般社団法人経営倫理実践研究センター共同調査（2012）「「グローバル企業の経営倫理」の調査報告」一般社団法人経営倫理実践研究センター。
野村千佳子（2009）「不祥事発生の要因分析」日本経営倫理学会・（社）経営倫理実践研究センター監修，高橋浩夫編著『トップ・マネジメントの経営倫理』白桃書房。
水尾順一（2012）「時代とともに歩む，経営倫理20年の軌跡と将来展望—経営倫理（企業倫理），コンプライアンス，コーポレート・ガバナンスそしてグローバルCSRの視点から」『経営倫理』No.68, pp.36-45。
水尾順一（2010）「日本の企業倫理」佐久間信夫・水尾順一編著『コーポレート・ガバナンスと企業倫理の国際比較』ミネルヴァ書房。
樋口晴彦（2012）『組織不祥事研究—組織不祥事を引き起こす潜在的原因の解明』白桃書房。

第 **8** 章 グローバル企業の企業行動指針の変遷とCSR

グローバル・コンパクト，GRI ガイドライン，ISO26000
●●●●

根岸 可奈子

1 グローバル企業の CSR と企業行動指針

　現代企業の事業活動には経済的な効率性だけではなく，その活動に伴うCSR を果たすことが求められているが，グローバル企業の場合はとりわけCSR 活動の実施にさいし様々なステークホルダーがそこにかかわってくるという特徴がある。

　例えばスポーツ・アパレル産業のナイキ（Nike, Inc.）は，アディダス（Adidas AG）やプーマ（Puma AG）と比較すると後発企業である。しかし，ナイキは途上国にある契約工場と生産契約を結び安価な生産を可能にした一方，自社の資源を研究開発やマーケティング，アフターサービスに集中させるというビジネス・モデルを確立した（朴，2007）。その結果，現在同社は業界第 1 位の売上高を誇っている[1]。これはグローバル企業のビジネス・モデルとして評価される行動であろう。

　しかし，1980年代後半から，同社は同社が生産契約を結んだ契約工場における劣悪な労働環境に関して NGO（Non-Governmental Organization: 非政府組織）やメディアから激しい攻撃を受け，主に母国アメリカの消費者からボイコットを受けた（Tulder and Zwart, 2006）。当初，契約工場は他社でありそこで何が起ころうともナイキには関係ないと，同社が発言をしたこともこの問題を悪化させる要因のひとつとなった（Vogel, 2007）。

　BBC によってカンボジアの契約工場において児童労働が行われているということが報じられたこともあった。しかし，雇用喪失を危惧したであろうカンボジア政府は，調査の結果，問題となった労働者たちが就労可能な年齢

であり働き続けられるとナイキに対して主張し，同社は板挟み状態になった。結局，同社は同政府の年齢証明を信用できないものとしてその工場との契約を打ち切り，その後，同社はカンボジアにある工場と契約を結ぶ場合，ILO のモニタリングが行われていることをその条件とした（Nike, 2001）。

　このようなナイキの事例は同社固有の問題ではない。グローバル企業のサプライチェーンは，途上国にも広く広がっていることが多い。先進国では法令を遵守していれば問題なく活動できることも，そこでは同じようには進められないこともあり，企業は CSR に関する意思決定について難しい選択を迫られることがある（Stewart, 1996）。また，そこには上記事例にみられるように様々なステークホルダーが複雑に絡み合っている。なかでも企業同様にグローバルに活動する国際機関や NGO がかかわってくることが特徴のひとつといえる。そこで，本章では彼らとの関係に焦点を絞ることにする。

　企業と国際機関や NGO の関係には様々なパターンが存在するが，そのうちのひとつが企業行動指針を介した関係である。ここで論じる企業行動指針とは，主に国連などの国際機関や NGO が提唱する CSR に関する企業の行動方針や原則であり，法的拘束力をもたず，指針の適用や運用は各企業の自発性に任せているもの全般を指すものとする。本章では特記がない限り「指針」と総称するが，各指針提唱団体が個々に定義している場合はその呼称に従うものとする。

　本章においては，たんに行動指針を紹介するのではなく，指針の背景にある企業と指針提唱団体との関係を分析することに主眼を置く。これにより，グローバル企業の CSR が国際機関や NGO から一定の圧力を受けながら進められている側面を示すと同時に，指針の効果と課題をより明確にすることができる。

　したがって，次節においては，どのようにしてグローバル企業の CSR に関する様々な行動指針が現在提唱されるに至ったのかを歴史的に論じる。続いて，第 3 節においては，この指針を介した両者の関係が CSR 活動にどのように作用しているのかを具体的に整理し，第 4 節において本章のまとめを行う。

2 企業行動指針が作成される歴史的な背景

　グローバルな行動指針の歴史的な原点として，国連における「多国籍企業行動指針（Code of Conduct on Transnational Corporation）」の議論をあげることができる。現代企業が用いる企業行動指針には，NGO やその他民間団体が作成したものも多いが，歴史的にみると企業行動指針に関しては国際機関が先行して取り組んできた。

　1960年代から70年代頃，途上国政府にとって，自国内で先進国を母国とする多国籍企業が存在感を増すことは，懸念材料となっていた。やがて，1970年チリにおいて ITT 社が政治介入したことが明らかになると（Sampson, 1973），国連において上記「指針」の議論が開始され，「多国籍企業センター（Center on Transnational Corporation）」が発足し，グローバル企業の行動に関する包括的な議論が国家間で開始された（根岸，2011）。

　しかし，1982年の債務危機以降，それまで「指針」に関する議論を推し進めていた途上国はグローバル企業の参入を制限するより，経済成長のエンジンとみなして歓迎し規制緩和を行う方向へ転換していった（Jones, 2005）。また，グローバル企業も途上国への進出形態も多様化させ，1960年代から70年代とは異なる関係を途上国と築いていった（鈴木，1981）。国連の議論の場においても，こうした変化に加え企業の母国と受入国の意見対立や東西冷戦の影響も色濃く出て議論は難航した。最終的に国連では1993年までの約20年間近く議論したにもかかわらず「指針」は成立させられなかった。「センター」も解体され「以来，多国籍企業を監視する公的機関は存在しない」（馬橋，2004）。

　その後，国連の元事務総長のコフィー・アナン（Annan, K.）は，グローバル企業の影響力は増す一方で国際社会が抱える問題もなお山積しているが，上記のような歴史的背景から国連総会においてグローバル企業に関する規制が採択される可能性がほぼゼロであると考えたため（Ruggie, 2001），グローバル企業に関する課題に対しアプローチ方法を転換した。それが，国連が各国政府を介さず初めて企業に直接呼びかけたグローバル・コンパクト（United Nations Global Compact, 以下 GC と記す）である。GC 発足に携わっ

たケル (Kell, G.) は「指針」に関して議論が行われていた時代においては，企業は「国連を本能的に避けていた」が，「1992年に「指針」の議論が「凍結」されると，両者間にあったコンフリクトが解消されはじめた」(Kell, 2005)と関係の変化を指摘している。

他方，国連において「指針」に関する議論が凍結され，各国も企業に対し規制緩和を行う現状は，政府に頼らず自分たちで企業に直接訴え問題を解決しようとするNGOを増やすことにつながったと考えられる。実際，冒頭のナイキの事件は「指針」の議論終了時とほぼ同時期に発生した。この時期に相次いで発生したNGOから企業に対する大規模な批判活動を機に，グローバル企業は「自ら」CSR活動に取り組むようになってきた。その過程において，国連やNGOの呼びかけに応じる傾向も強くなり，企業は以前より両者との距離を縮めていくようになった。むろん，この関係はCSRを促進させる側面があるが，課題もある。したがって，次節では具体的に行動指針をとりあげて関係を整理する。

3 現代グローバル企業のCSRに関する行動指針

前節に述べた背景のもと，国際機関やNGOをはじめとする民間団体が多くの行動指針を提唱し企業に適用を求めている。本節ではそのなかでも，代表的な企業行動指針3つをとりあげ論じることにする。

(1) 国連グローバル・コンパクト (United Nations Global Compact)

GCは1999年提唱され翌年に発足した。現在100以上の国から7000以上の企業がGCに参加表明を行っている (UNGC, 2012)。GCとは「企業を監視したり測定したりするものではなく，企業を含む様々な組織間におけるラーニング (learning) や対話，具体的な行動を通じて社会的，環境的なパフォーマンスを向上させるものである」とKell (2005) は論じている。実際に，GCをベースに企業と国際機関，あるいはNGOがともにCSRにかかわる事業に多数取り組んでおり，その成果と課題が検討されている (UNGC, 2007)。

図表 8-1　GC10原則

人権	1	企業はその影響の及ぶ範囲内で国際的に宣言されている人権の擁護を支持し尊重する。
	2	人権侵害に加担しない。
労働	3	組合結社の自由と団体交渉権の権利を実効あるものにする。
	4	あらゆる形態の強制労働を排除する。
	5	児童労働を実効的に廃止する。
	6	雇用と職業に関する差別を撤廃する。
環境	7	環境問題の予防的なアプローチを支持する。
	8	環境に関して一層の責任を担うためのイニシアチブをとる。
	9	環境にやさしい技術の開発と普及を促進する。
腐敗防止	10	強要と賄賂を含むあらゆる形態の腐敗を防止するために取り組む。

出所：グローバル・コンパクト・ジャパン・ネットワーク　http://www.ungcjn.org/
（2013年 2 月20日現在）

　グローバル企業は，ときとして国際社会が抱えている様々な問題の発生源であることもあると同時に，これら問題に対処できる資源と能力を保有していることが多い。GCにおけるこれらの協働が，たとえ企業の宣伝活動の一部であったとしても，企業から協力を引き出すことは国連がますます複雑化する問題を解決するうえで現実的な方法であろう。

　GCに参加表明を行った企業は図表 8-1 のGC10原則の遵守に向け努力するものであり，この原則の達成状況を毎年国連に報告することが参加企業の義務となっている。期限を過ぎても報告がない場合，GCのホームページ上にある "non-communicating" リストに載せられる。さらに 1 年報告がないと，その企業はGCから除名されることになる（UNGCホームページ）。ただし，参加企業数は年々増加している一方で，参加による義務が比較的軽いにもかかわらず，除名される企業が後を絶たない[2]。ときに，参加企業数を除名企業数が上回ることさえある状況は，上記の除名処分等が企業にとってのペナルティとはなっていないことを示している。よって，少なくとも，ペナルティ対象企業名の公表の仕方にも工夫が求められるであろう。

　また，NGOのなかには，GCを国連の調達基準に採用するよう提案しているものもある（ホッブスほか，2003）。GC事務局が，すべての参加企業

行動が原則に準拠しているのかどうかをチェックすることは困難であろう。しかし，最低限国連の調達にかかわる企業のチェックは行うことによって，「消費者・顧客」として企業に対し一定の圧力をかけ GC をより有効なものにさせることは可能なのではないだろうか。

(2) GRI ガイドライン（GRI Sustainability Reporting Guidelines）

GRI は1997年に発足した NGO である。彼らは，CSR 報告書のガイドラインである GRI ガイドラインの作成，改訂を行っている。KPMG の調査によれば，現在 Fortune Global 500から選択された世界の上位250社のうち80％が，GRI ガイドラインをもとに CSR 報告書を作成しており，同調査がいうようにグローバル基準として当面機能すると思われる（KPMG, 2011）。

次に，GRI ガイドラインに示されている指標について簡単にとりあげる。同ガイドラインは，以下の項目に関する指標の情報公開を求めている。各項目にはそれぞれ複数の指標が含まれている。

1. 「戦略とプロフィール」（戦略および分析，組織のプロフィール，報告要素，ガバナンス，コミットメントおよび参画）
2. 「経済」「環境」「社会（労働慣行と公正な労働条件，人権，社会，製品責任）」（GRI, 2006）

とくに GRI ガイドラインにおいて重要な項目は 2 である。しかし，実際の報告書をみてみると，同ガイドラインの使用を謳いながらも 1 に関してのみ忠実に参照し，2 に関しては自社にとって都合の良い指標のみを利用して報告書を作成しているといった事例も見受けられる（根岸, 2009）。むろん，必ずしも GRI の指標通り厳密に報告しなければならないわけではない。同ガイドラインがアングロサクソン寄りの基準であり，アジア企業には馴染みにくい指標が含まれているということや，「社会」に関する指標をグローバルに共通化することの困難性も指摘されている（髙ほか, 2003）。

また，指標の使用状況は報告企業を取り巻くステークホルダーからの圧力の強弱にも影響される。例えば，ネスレ（Nestlé SA）は CSR 報告書を GRI ガイドラインに沿って作成し，報告書がガイドラインに準拠しているかどうか GRI にチェックを依頼し，GRI から A＋の評価を受けている[3]。これは，

同社が透明性の高い報告書を作成していると評価できる一方,同社の母国は欧州であり,GRI ガイドラインの指標に合わせて報告しやすいだけではなく,同社を取り巻いている消費者や株主,政府の圧力が強いことによるとみることもできる。つまり,GRI ガイドラインを機能させるには,企業を取り巻くステークホルダーの目もまた重要な役割を果たすことになる。

(3) ISO26000 (International Organization for Standard 26000)

ISO26000とは,ISO(国際標準化機構)が作成したCSRに関する規格であり,2010年11月に発行された。ISO といえば,環境マネジメント規格や品質マネジメント規格が認証規格としてすでに発行され,多くの企業によって取得されていることでも知られている。これに対し,ISO26000は「利用者に手引を示すものであり,認証を目的としたものではなく,認証のために使用することは適切ではない」(ISO, 2011)という違いがある。

では,具体的にどのような「手引」なのだろうか。この規格は,「自らの社会的責任の範囲を定義し,関連する課題を特定し,その優先順位を設定するために,組織は,次の中核主題に取り組むべきである」(ISO, 2011) と主張している。その中核主題とは「組織統治,人権,労働慣行,環境,公正な事業慣行,消費者課題,コミュニティへの参画およびコミュニティの発展」であり,各中核主題内には複数の課題が具体的に示されている。例えば,環境における課題としては,汚染の予防や持続可能な資源の利用,気候変動の緩和および気候変動への適応,環境保護,生物多様性および自然生息地の回復があげられている (ISO, 2011)。

なぜ,すでに様々な団体がCSRに関して指針を提唱しているなか,ISOがこのような規格を新たに作成したのだろうか。作成にかかわった深田静夫は,第1にISOのもつ世界広範囲に普及している「ISO規格ブランド力」,第2にISOの規格策定にあたっての,規格起草参加メンバー誘致数や規格ユーザー集客力がきわめて強いこと,第3にISOの規格策定ノウハウやネットーク,そしてグローバルな経験をもちあわせていることをあげている(深田, 2011)。

先に述べたように,ISO の認証規格はすでに広く認知されている。それを

CSRにも生かそうとする試みがISO26000であるが，認証規格ではなく「手引」という形式をとるに至ったことは，ISOの強みを充分に生かしきれていないといえよう。ただし，NECや東芝，日立などはISO26000の参照を明言し，CSRに活用している[4]。

ISO26000は発行してから，まだそれほど時間が経っていない。ISO26000をどれほどの数の企業がどのように使用するのか，その結果どのような変化が起こるのかという点に注目すべきであると考えられる。

4 企業行動指針の展望

1970年代から現在までの歴史的経緯から，グローバル企業全般に対し強い強制力を有した規制を地球規模で成立させるということは，今後もあまり現実的なことではないだろう。しかし，企業も自由に何でも可能であるというわけではない。ナイキの事件をきっかけのひとつとし，企業はNGOやメディア等の目が世界各国に散らばり目を光らせていることを知っている。これを一因として，CSRを「自発的に」実施するようになり，国連やNGOの提唱する指針さえも適用するようになってきた。莫大な数の企業がGCに参加しGRIガイドラインを使用しCSR活動を行っている。

こうした指針やガイドライン，規格は法的拘束力がないため，意味がないと一括する論調も強い。たしかに，指針がCSR活動に与える変化は劇的なものではない。しかし，上述の状況を鑑みると，企業と国際機関，NGOの関係は現実的な方向へ進展し，成果が出ている部分もあることは事実である。

むろん，どの国の企業がどの国で活動する場合においても，前節でとりあげた指針を厳密に適用しなければならないというわけではない。CSR活動にさいしては，他の活動同様に活動地域や産業の特性，差異に応じる必要があり，グローバルに共通するCSRの指針というのも存在しえない（Stewart, 1996）。

他方で，ISO26000の中核主題とGRIガイドラインの指標，そしてGC原則は内容に類似性がみられる。これは，ISO26000作成過程においてGCとGRIがかかわっていることが影響していたり（ISO, 2011)，GCとGRIはも

ちろん,GC と ISO26000間においても互いの指標を結びつけるよう努力がなされているためである(UNGC, 2010)。こうした連携は,Vogel(2005)がいうように企業の CSR に関する一側面を取り囲んでいる。連携によって生じる圧力が,行動指針の遵守に対する企業の努力を推し進める可能性を有している。

　現代グローバル企業の事業は広範囲に及び,サプライチェーンの隅々にまで目が行き届きにくいが,何か問題が発生すると世界中にその情報は伝わりマーケットが敏感に反応する。したがって,上記の国際機関や NGO 等の連携やメディアの動向をリスクと捉える見方もあろうが,少なくとも GC や GRI は企業をパートナーとみなしており,CSR 活動に取り組もうとする企業に対してはあらゆる支援を行っている。したがって,積極的に国際機関や NGO とかかわることによって,より円滑に CSR を進められるのではないだろうか。

注
1　各社財務諸表より。
2　UNGC, Monthly Bulletin の2008年11月から2012年9月分より。GC ホームページ参照。
3　Nestlé global site http://www.nestle.com/csv/neste/our performance/gricertificate (2013年2月20日現在)。
4　各社 CSR 報告書,2012年版。

参考文献
GRI(2006)*GRI Sustainability Reporting Guidelines*, Ver. 3, GRI(GRI(2006)『GRI サステナビリティレポーティングガイドライン―第3版』GRI)。
Jones, G.(2005)*Multinationals and Global Capitalism from Nineteenth to the Twenty First Century*, Oxford University Press(安室憲一・梅野巨利訳『国際経営講義―多国籍企業とグローバル資本主義』有斐閣,2007年)。
Kell, G.(2005)"The Global Compact Selected Experiences and Reflections," *Journal of Business Ethics*, Vol. 59, No. 1 / 2, Jun. pp. 66-79.
KPMG International(2011)*International Survey of Corporate Responsibility Reporting 2011*, KPMG(KPMG(2011)『CSR 報告に関する国際調査2011』KPMG)。
Nike Inc.(2001)*FY 01 CR Report*, Nike.
Ruggie, J. G.(2001)"Global-governance. Net: The Global Compact as Learning Network," *Global Governance*, Vol. 7, No. 4, Oct.-Dec. pp. 371-378.

Sampson, A. (1973) *The Sovereign State of ITT*, Stein and Day (田中融二訳 (1974)『企業国家 ITT』サイマル出版会).

Stewart, D. (1996) *Business Ethics*, McGraw-Hill (企業倫理グループ訳 (2001)『企業倫理』白桃書房).

United Nations (1973) *Multinational Corporations in World Development*, United Nations Publication (外務省監修, 武部昇・青沼浄・佐藤智子訳 (1973)『国連事務局報告書―多国籍企業と国際開発』国際開発ジャーナル).

United Nations Global Compact (2007) *Joining Forces for Change: Demonstrating innovation and Impact through UN-business Partnership*, UNGC, http://www.unglobalcompact.org/ よりダウンロード可 (2012年11月21日現在).

United Nations Global Compact (2010) *An Introduction to Linkages between UN Global Compact Principles and ISO26000 core subjects* (同上).

United Nations Global Compact (2012) *Annual Review of Business Policies & Actions to Advance Sustainability*, UNGC (同上).

van Tulder, R and van der Zwart, A. (2006) *International Business–Society Management: Linking Corporate Responsibility and Globalization*, Routlege.

Vogel, D. (2005) *The Market for Virtue: The Potential and Limits of Corporate Social Responsibility*, Brookings Institution Press (小松由紀子・村上美智子・田村勝省訳 (2007)『企業の社会的責任 (CSR) の徹底研究』一灯社).

Willis, A. (2003) "The Role of the Global Reporting Initiative's Sustainability Reporting Guidelines in Social Screening of Investment," *Journal of Business Ethics*, Vol. 43, No. 3, May, pp. 233-237.

ISO/SR 国内委員会監修, 財団法人日本規格協会編 (2011)『日本語訳 ISO26000 : 2010 社会的責任に関する手引』日本規格協会。

馬橋憲男 (2004)「国連と市民社会・NGO」臼井和久・馬橋憲男編著『新しい国連―冷戦から21世紀へ』有信堂高文社。

大泉敬子 (2004)「グローバル化の進む世界と国連―「グローバル・コンパクト」の意味を問う」『世界法年報』第23号, pp. 13-45。

国連広報センター (2003)『国連グローバル・コンパクト―世界経済における企業のリーダーシップ』。

ジェレミー・ホッブス (オックスファム・インターナショナル), アイリーン・カーン (アムネスティ・インターナショナル), マイケル・ポズナー (人権のための法曹委員会)「国連グローバル・コンパクトへの懸念を表明するルイーズ・フレシェット副事務総長宛書簡」(2003国連広報センターホームページ http://www.unic.or.jp/ よりダウンロード可)。

鈴木多加史 (1981)「国連における多国籍企業観の変遷」『世界経済評論』Vol. 25, No. 12, 1981年12月号, pp.61-70。

髙巌・辻義信・S. T. Davis・瀬尾隆史・久保田政一 (2003)『企業の社会的責任』日本規格協会。

根岸可奈子（2009）「多国籍企業と GRI, Ceres の関係―日系多国籍企業の CSR 報告書と GRI ガイドラインを中心に」日本比較経営学会編『比較経営研究―CSR の国際潮流理論と現実』文理閣, pp. 123-141。

根岸可奈子（2011）「国連における多国籍企業の行動基準」日本比較経営学会編『比較経営研究―世界同時不況と企業経営の新たな胎動』文理閣, pp. 77-95。

朴根好（2007）「企業のグローバル化と企業倫理―グローバル経営戦略の落とし穴」田島慶吾編著『静岡大学人文学部研究叢書15―現代の企業倫理』大学教育出版, pp.193-217。

深田静夫（2011）『IS26000戦略的実践＆世界からの学習―メインプレイヤー，企業の CSR 実行に向けて』日科技連出版。

第3部

●●● グローバル企業の経営倫理とCSR ―調査結果分析―

第9章 「グローバル企業の経営倫理・CSR」の現状

日本の主要なグローバル企業－ BERC 会員企業の調査から
●●●●

高橋 浩夫

はじめに

　企業のグローバル化が進展するなかで，経営倫理について企業がどのようなことを考えているかについて，研究会＊では日本経営倫理学会と姉妹関係にある一般社団法人経営倫理実践研究センター（BERC：Business Ethics Research Center）の会員企業に質問表を送り，アンケート調査を行った。BERC 会員企業は我が国の代表的グローバル企業も多く，現在約100社であるが，そのうちの主要な事業活動が国内である企業20社を除いた80社にアンケートを送り40社から回答を得た。本章では本アンケート調査を基に「グローバル企業の経営倫理・CSR」の現状を探る。

＊研究会メンバーは主に日本経営倫理学会会員で「グローバル企業の経営倫理」研究に関心をもつ次のメンバーで構成された。
　　★高橋　浩夫　（白鷗大学経営学部教授・日本経営倫理学会々長）
　　　瀬名　敏夫　（一般社団法人経営倫理実践研究センターフェロー）
　　　菅谷　　実　（慶應義塾大学メディアコミュニケーション研究所教授）
　　　蟻生　俊夫　（財団法人電力中央研究所社会経済研究所主席研究員・白鷗大学講師）
　　　葉山　彩蘭　（淑徳大学国際コミュニケーション学部教授）
　　　野村千佳子　（山梨学院大学経営情報学部教授）
　　　鈴木由紀子　（日本大学商学部准教授）
　　　鄭　　安君　（白鷗大学ビジネス開発研究所研究員・相模女子大学講師）
　　　斉藤智恵美　（三井物産株式会社　広報部）
　　　武谷　　香　（慶應義塾大学大学院経済学研究科博士課程）
　　　★研究会主査

1 アンケート調査

(1) 調査の目的

　企業のグローバルな経営活動の進展によって現地での経営倫理にかかわる問題がいくつか発生している。21世紀，日本企業の海外進出はさらなる進展をみると考える。このような経営活動のグローバルな動きに対し，それを推進する本社の経営倫理担当部門はどのように対応しようとしているのかを調査する目的で行う。具体的に以下のような課題が考えられる。

- 企業のグローバルな経営活動の基本となる経営理念や経営行動指針は海外の事業拠点でどのような形で徹底されているのか。
- 海外進出先で不祥事が起きた場合に本社の経営倫理担当部門はどのような対応を考えているのか。
- グローバルな経営活動の進展のなかにあって多国籍企業の事業活動を見直す様々な指針（例えば国連のグローバルコンパクトやISO26000等）をどのように捉え，その対応を考えているのか。
- 21世紀の課題である環境や企業の社会責任（CSR）をグローバルな企業活動のなかでどう捉え，対応しようとしているのか。

等が主な調査項目である。

(2) 調査の方法と回答

① 調査対象：一般社団法人経営倫理実践研究センター会員企業ならびに我が国の代表的グローバル企業の本社もしくはグループ本社の経営倫理担当部門80社
② 調査方法：郵送配布，郵送回収
③ 調査期間：2011年2月10日〜5月10日
④ 調査実施者：一般社団法人経営倫理実践研究センター，日本経営倫理学会「グローバル企業の経営倫理」研究会共同調査
⑤ 回答会社数：40社，回収率50％（40社の回答企業は下記の通り）
　協和発酵キリン（CSR推進部）／ワコール（法務コンプライアンス部）／日本たばこ産業（IR広報部）／NECフィールディング（企業行動推進室）

／大塚製薬（コンプライアンス推進部）／王子製紙（コンプライアンス室）／大和ハウス工業（経営管理本部）／島津製作所（総務部）／オリックス（法務・コンプライアンス部）／東洋製罐（法務部）／グンゼ（CSR推進部）／アステラス製薬（CSR室）／山武（総務部）／荏原製作所（コンプライアンス部）／理研ビタミン（企業倫理推進部）／ナブテスコ（コンプライアンス部）／アスクル（CSR推進部）／日本工営（法務部）／日本電信電話（CSR推進部）／三菱ケミカル（コンプライアンス推進部）／YKK（ファスニング事業本部）／富士フイルム（CSR推進部）／味の素（法務・リスク管理部）／パナソニック電工（企業倫理室）／オムロン（法務センター）／東レ（CSR推進室）／パナソニック（企業倫理室）／昭和電工（CSR室）／小松製作所（コンプライアンス室）／ニコン（CSR統括部）／旭化成（CSR室）／横河電機（企業倫理本部）／富士ゼロックス（CSR部）／帝人（CSR室）／オリンパス（コンプライアンス室）／キッコーマン（法務・コンプライアンス部）／エーザイ（企業倫理推進部）／日本電気（リスク・コンプライアンス総括部）／三菱マテリアル（CSR室）／旭硝子（CSR室）

(3)　「グローバル企業の経営倫理」についての調査結果

〈問1〉

(1)　貴社は現在グローバルな事業展開をどこに重点を置いていますか
　　（※重点度順に番号でお答えください）
　　・回答企業40社でみた場合

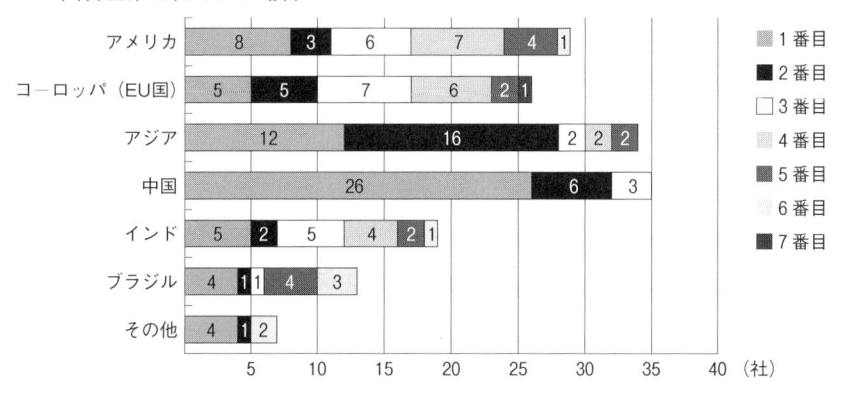

(2) 現在の総売上高に占める地域別割合はおおよそどのようになっていますか
（％はおおよその数字，全体で100％）
- 順位を考慮したグラフにした場合

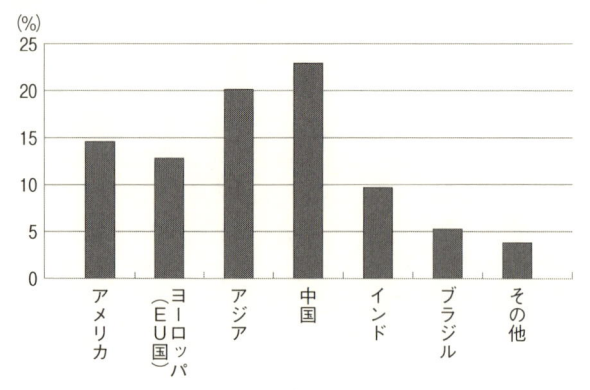

(3) グローバルな事業展開はどのような理由からですか
（※重要度順に番号でお答えください）
- 回答企業40社でみた場合

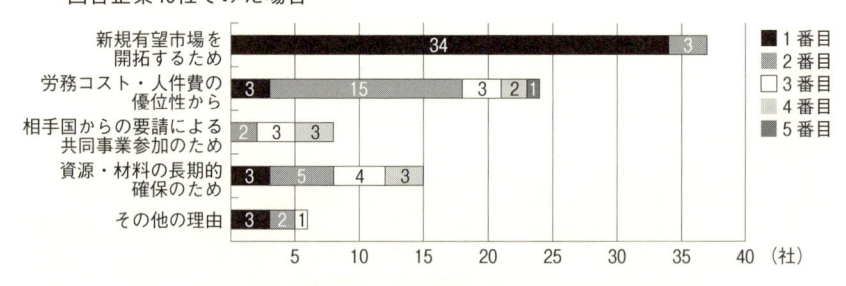

(4) グローバルな事業展開を行っているうえでの課題についてお尋ねします
（※重要課題順に番号でお答えください）
- 回答企業40社でみた場合

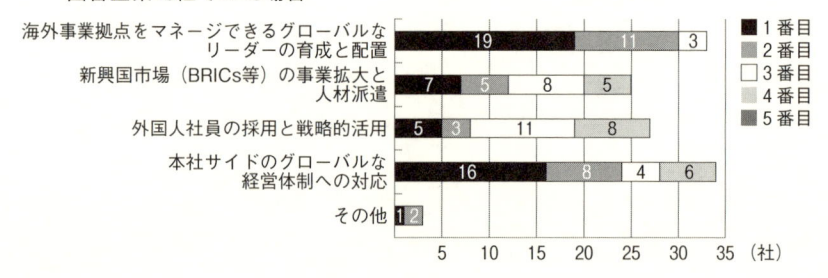

〈問2〉
(1) 貴社には海外グループ企業に徹底する共通の経営理念・社是・社訓等がありますか

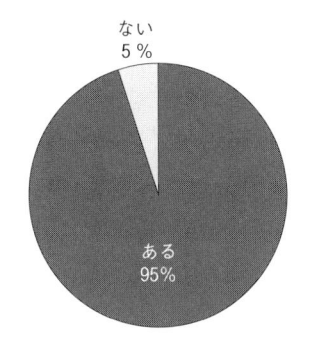

- ない 5％
- ある 95％

(2) 「ある」とお答えいただいた方は日本語の他にどの言語で作成していますか

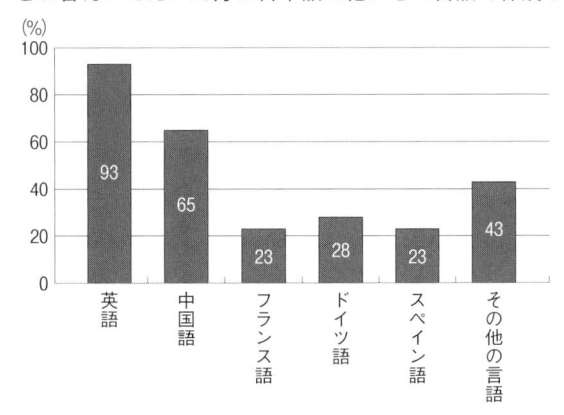

言語	％
英語	93
中国語	65
フランス語	23
ドイツ語	28
スペイン語	23
その他の言語	43

(3) その理念をどのように徹底していますか

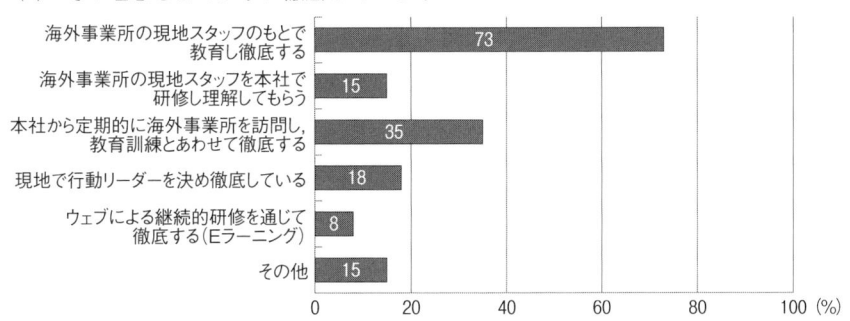

方法	％
海外事業所の現地スタッフのもとで教育し徹底する	73
海外事業所の現地スタッフを本社で研修し理解してもらう	15
本社から定期的に海外事業所を訪問し、教育訓練とあわせて徹底する	35
現地で行動リーダーを決め徹底している	18
ウェブによる継続的研修を通じて徹底する（Eラーニング）	8
その他	15

(4) 貴社には国内外のグループ全体に共通する企業行動基準（Code of Conducts）あるいはそれに類するものがありますか

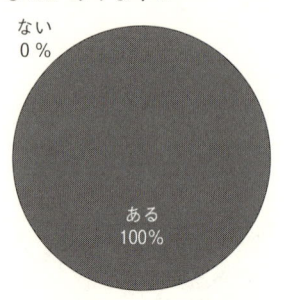

- ない 0%
- ある 100%

(5) 「ある」とお答えいただいた方は海外事業所に

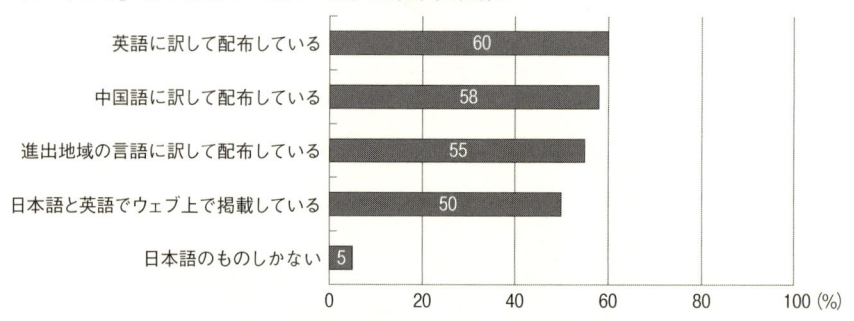

- 英語に訳して配布している: 60
- 中国語に訳して配布している: 58
- 進出地域の言語に訳して配布している: 55
- 日本語と英語でウェブ上で掲載している: 50
- 日本語のものしかない: 5

(6) 企業行動基準を海外事業所で徹底するためにどのような方法で行っていますか

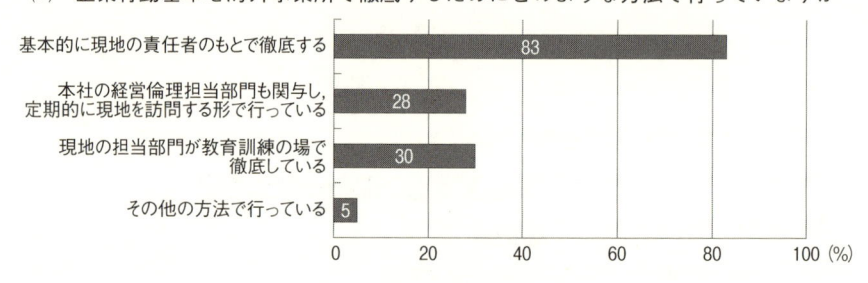

- 基本的に現地の責任者のもとで徹底する: 83
- 本社の経営倫理担当部門も関与し，定期的に現地を訪問する形で行っている: 28
- 現地の担当部門が教育訓練の場で徹底している: 30
- その他の方法で行っている: 5

〈問3〉
　海外で法令違反や不祥事によって社会的批判を受ける事件が起きた場合，本社の経営倫理担当部門はどのように対応すべきだとお考えですか

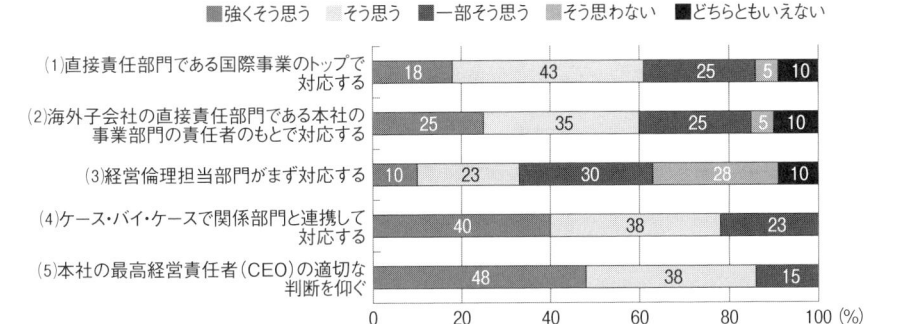

■強くそう思う　■そう思う　■一部そう思う　■そう思わない　■どちらともいえない

(1) 直接責任部門である国際事業のトップで対応する: 18 / 43 / 25 / 5 / 10
(2) 海外子会社の直接責任部門である本社の事業部門の責任者のもとで対応する: 25 / 35 / 25 / 5 / 10
(3) 経営倫理担当部門がまず対応する: 10 / 23 / 30 / 28 / 10
(4) ケース・バイ・ケースで関係部門と連携して対応する: 40 / 38 / 23
(5) 本社の最高経営責任者（CEO）の適切な判断を仰ぐ: 48 / 38 / 15

(6) 海外で不祥事が起きた場合に，その情報が直ちに本社の経営倫理担当部署に報告される仕組み（体制）が出来ていますか

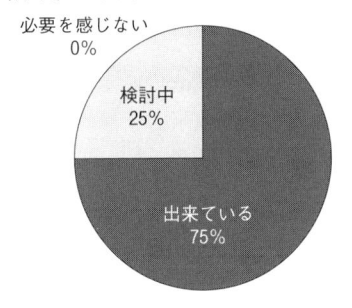

- 必要を感じない 0%
- 検討中 25%
- 出来ている 75%

〈問4〉
　海外での不祥事を防ぐ方法として有効と思う対策について貴社のお考えをお聞かせください

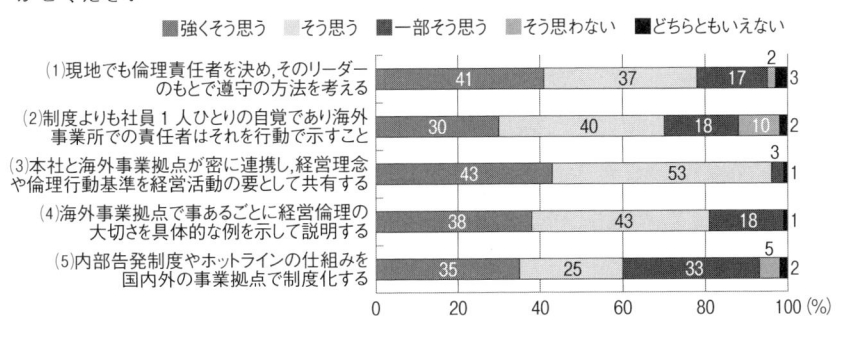

■強くそう思う　■そう思う　■一部そう思う　■そう思わない　■どちらともいえない

(1) 現地でも倫理責任者を決め，そのリーダーのもとで遵守の方法を考える: 41 / 37 / 17 / 2 / 3
(2) 制度よりも社員1人ひとりの自覚であり海外事業所での責任者はそれを行動で示すこと: 30 / 40 / 18 / 10 / 2
(3) 本社と海外事業拠点が密に連携し，経営理念や倫理行動基準を経営活動の要として共有する: 43 / 53 / 3 / 1
(4) 海外事業拠点で事あるごとに経営倫理の大切さを具体的な例を示して説明する: 38 / 43 / 18 / 1
(5) 内部告発制度やホットラインの仕組みを国内外の事業拠点で制度化する: 35 / 25 / 33 / 5 / 2

第9章　「グローバル企業の経営倫理・CSR」の現状

〈問5〉
グローバルな事業展開で経営倫理・コンプライアンス体制の長期的展望についてお考えお尋ねします

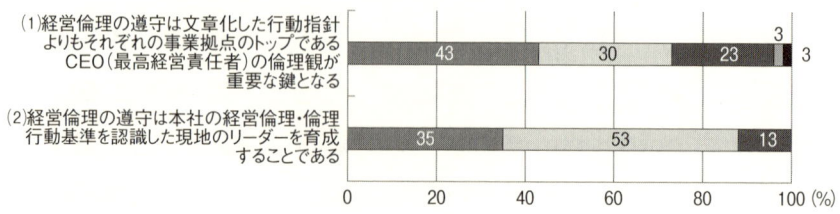

■強くそう思う ■そう思う ■一部そう思う ■そう思わない ■どちらともいえない

(1) 経営倫理の遵守は文章化した行動指針よりもそれぞれの事業拠点のトップであるCEO（最高経営責任者）の倫理観が重要な鍵となる: 43 / 30 / 23 / 3 / 3

(2) 経営倫理の遵守は本社の経営倫理・倫理行動基準を認識した現地のリーダーを育成することである: 35 / 53 / 13

(3) リーダーの育成に関し，課題や障害となっているものは何ですか

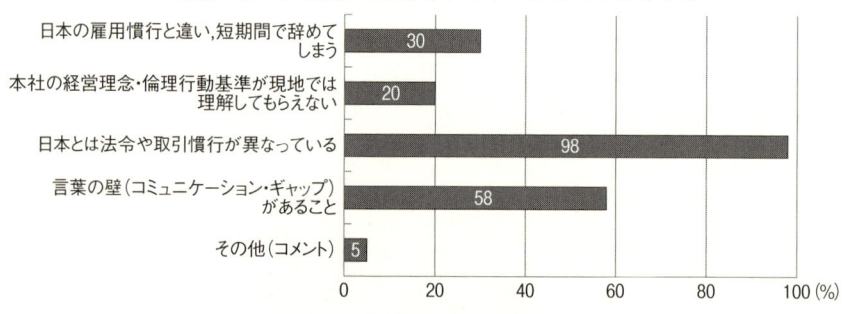

- 日本の雇用慣行と違い，短期間で辞めてしまう: 30
- 本社の経営理念・倫理行動基準が現地では理解してもらえない: 20
- 日本とは法令や取引慣行が異なっている: 98
- 言葉の壁（コミュニケーション・ギャップ）があること: 58
- その他（コメント）: 5

(4) 貴社にとって各地域で取り組んでいる経営課題は何ですか
- 5カ国比較（点数化の後，点数前合計で割ったもの）

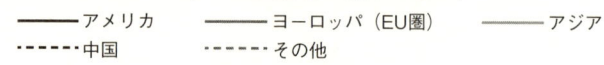

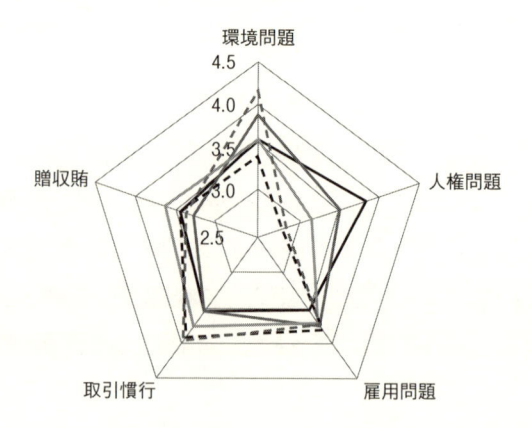

―― アメリカ　　―― ヨーロッパ（EU圏）　　―― アジア
------ 中国　　------ その他

（環境問題／人権問題／雇用問題／取引慣行／贈収賄）

〈問6〉
　グローバルな事業活動をめぐり，国連のグローバル・コンパクトに代表される国際行動指針に照らして自社の行動基準を見直す動きについてお尋ねします

(1) グローバル・コンパクトへの参加の有無について

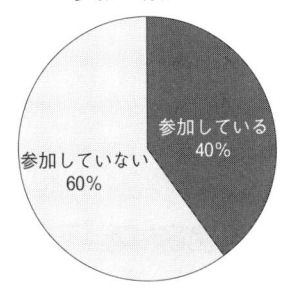

- 参加している 40%
- 参加していない 60%

(2) 国連のグローバル・コンパクトのほかに国際行動基準を参考にしている指針は何ですか

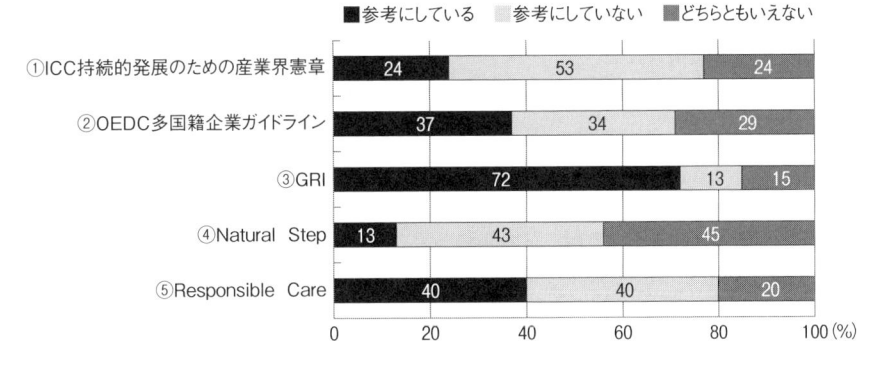

凡例：■参考にしている　■参考にしていない　■どちらともいえない

指針	参考にしている	参考にしていない	どちらともいえない
①ICC持続的発展のための産業界憲章	24	53	24
②OEDC多国籍企業ガイドライン	37	34	29
③GRI	72	13	15
④Natural Step	13	43	45
⑤Responsible Care	40	40	20

(3) 2010年11月に発行された ISO26000の制定を参考に今後の新たな対策の検討の有無について

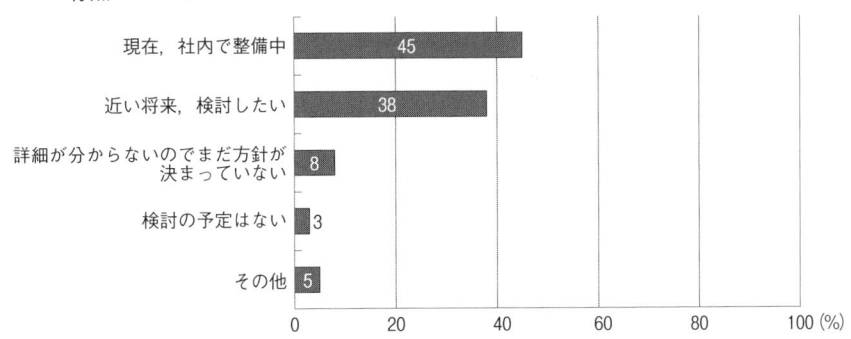

- 現在，社内で整備中　45
- 近い将来，検討したい　38
- 詳細が分からないのでまだ方針が決まっていない　8
- 検討の予定はない　3
- その他　5

第9章　「グローバル企業の経営倫理・CSR」の現状

〈問7〉
貴社のグローバルな事業活動のなかでの環境問題についてお尋ねします
(1) 国際的な環境関連団体への参加，署名，調印を行っていますか

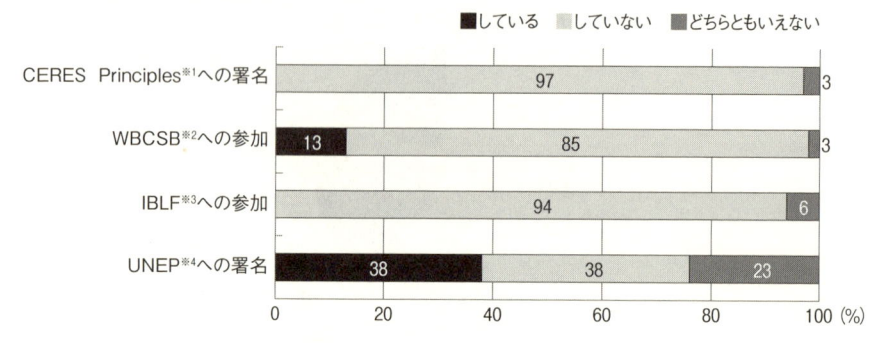

■している　□していない　■どちらともいえない

団体	している	していない	どちらともいえない
CERES Principles[※1]への署名		97	3
WBCSB[※2]への参加	13	85	3
IBLF[※3]への参加		94	6
UNEP[※4]への署名	38	38	23

※1：CERES：The Coalition for Environmentally Responsible Economic ＝環境に責任をもつ経済連合
※2：WBCSD：The World Business Council for Sustainable Development＝持続可能のための世界経済人会議
※3：IBLF：The International Business Leaders Forum ＝国際ビジネスリーダー・フォーラム
※4：UNEP：United Nations Economic Program ＝国連環境計画

(2) 貴社の海外現地法人では，環境問題への対応としてどのような取り組みを行っていますか

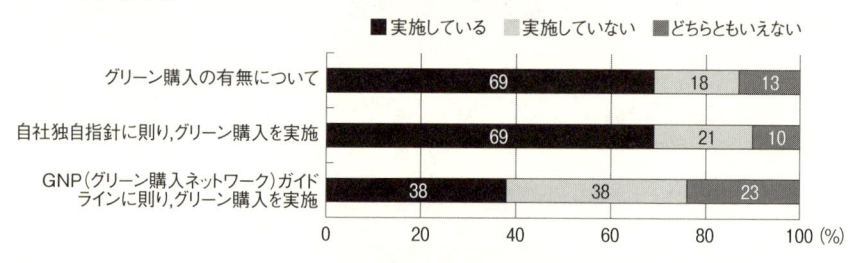

■実施している　□実施していない　■どちらともいえない

項目	実施している	実施していない	どちらともいえない
グリーン購入の有無について	69	18	13
自社独自指針に則り,グリーン購入を実施	69	21	10
GNP(グリーン購入ネットワーク)ガイドラインに則り,グリーン購入を実施	38	38	23

(3) 原材料のグリーン調達

	実施している	実施していない	どちらともいえない
原材料のグリーン調達の有無について	67	21	12
部分的なガイドラインを定め,それに従って実施	50	29	21
包括的なガイドラインを定め,それに従って実施	45	30	24

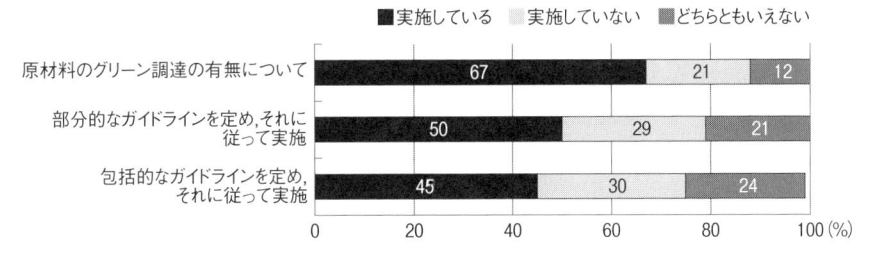

〈問8〉

貴社のグローバルな事業活動のなかでのCSRの取り組みについてお尋ねします

(1) 貴社ではグローバルな事業活動のなかで社会貢献のガイドラインや基本方針を作成したものはありますか

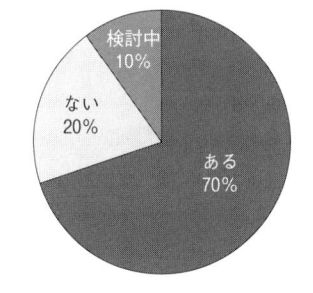

- ある 70%
- ない 20%
- 検討中 10%

(2) 「ある」とお答えいただいた方は,それを英文その他の言語で作成していますか

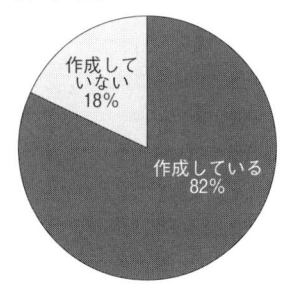

- 作成している 82%
- 作成していない 18%

(3) 貴社ではグローバルな事業活動のなかでの社会貢献を担当する部門はどこですか

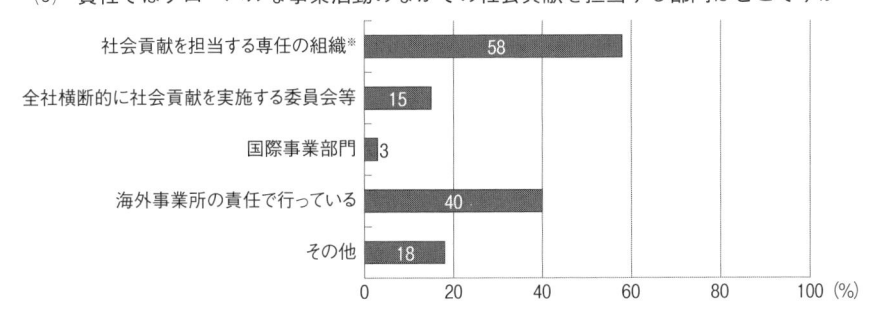

	%
社会貢献を担当する専任の組織※	58
全社横断的に社会貢献を実施する委員会等	15
国際事業部門	3
海外事業所の責任で行っている	40
その他	18

※社会貢献を担当する組織名称:CSR推進室,社会貢献室,総務室,CSR統括部,CSR社会貢献グループ,経営監査本部,CSR部,CSR経営推進部,CSRグループ,社会文化グループ

(4) 貴社はグローバルな事業活動のなかで社会的責任投資（SRI）に協力していますか

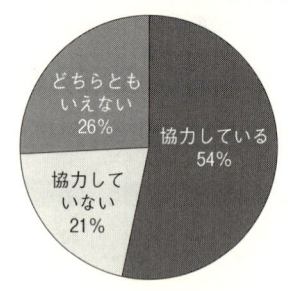

- 協力している 54%
- どちらともいえない 26%
- 協力していない 21%

協力している場合は具体的なインデックス名
・モーニングスター，FTSE
・ダウ・ジョーンズ・サスティナビリティ・インデックス（DJSI）
・日興エコファンド，三菱UFJファンド等

(5) 近年，GSR（グローバル・ソーシャル・レスポンシビリティ）が議論されていますが，これについてお尋ねします

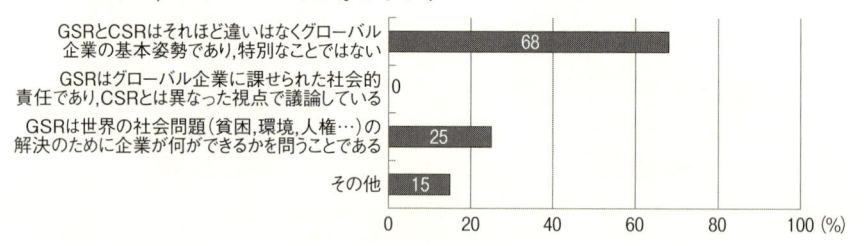

	%
GSRとCSRはそれほど違いはなくグローバル企業の基本姿勢であり，特別なことではない	68
GSRはグローバル企業に課せられた社会的責任であり，CSRとは異なった視点で議論している	0
GSRは世界の社会問題（貧困，環境，人権…）の解決のために企業が何ができるかを問うことである	25
その他	15

(6) グローバルな社会貢献活動で何を行っていますか
　　以下，回答企業のグローバルな社会貢献活動の代表的事例である。

大地震災害復興支援／難民のための治療所／教育研究支援／環境支援活動／地域住民による学校建設事業／進出地のプロジェクトで図書館を設立／森林保全の住民ワークショップを開催／環境影響評価プロジェクトの実施／環境保全（サンゴ保全）プロジェクトの実施／NGOを通じた植林活動／湖の水質改善プロジェクトに協力／地域社会への教育支援／交換留学支援／オーケストラ支援／地域保健センター建設／ソーラーランタンプロジェクト／途上国における技術者の育成支援（電信通信分野）／環境負荷低減に寄与する先進技術の提供／インターン受け入れ／教育機材寄付／科学振興財団の設立／清掃活動／湿地や海岸の保全活動等々。

2 │ 「グローバル企業の経営倫理・CSR」の現状

(1) アジア・中国市場へのシフト

　日本企業のグローバルな事業展開はますます進んでいる。日本企業の海外進出は本格的には1985年のプラザ合意以後，つまり急速な円高以降に進んできた。そして1989年バブル経済の最頂点であったときには海外直接投資も過去最高となる。その後「失われた10年」といわれる1990年代後半まで企業の海外進出は衰退する。しかし，2000年代になって新興国の台頭とともに海外直接投資は再び増加に転じてくる。とりわけ13億の人口を擁する中国社会主義市場経済の本格化とともに，「中国特需」といわれるほどに我が国企業の中国シフトが加速する。

　本調査では，どこの地域に重点を置いて事業展開をしていますか，の質問に対し，1番目にあげている地域は中国が26社，次にアジアは12社，アメリカ8社，EUとインドがそれぞれ5社，そしてブラジルが4社の順である。日本企業の海外投資では今まで重点をおいてこなかった新興国であるBRICs（Brazil, Russia, India, China）のうち，インドやブラジル，ロシアへの進出も新しい動きである。本調査は40社の回答企業のうち，38社は製造業であり，先進国であるアメリカ，EU圏への投資に加えて，近年の成長市場である新興国への進出が如実に表れている。これは成長市場である新興国の需要を取り込むためであり，2010年の財務省の国際収支統計では海外直接投資が前年度比20％減で，欧米向けが53％減と落ち込んだ半面，新興国向けが7％増になっている。全体に占める新興国向けの割合は6割に達し，中国，アジアを中心に企業の海外進出は活発になり，近年の円高もあって新興国への直接投資によって収益性を高める構図は本調査にも表れている。

　次に，グローバルな事業展開はどのような理由からか，質問に対し，最大の理由は「新規有望市場を開拓するため」が34社と多く，2番目には「労務コスト・人件費の優位性から」が15社になっている。日本国内市場の成熟化，欧米市場の成熟化に伴って新興国への進出は将来の潜在市場として見込まれるからである。中国は1980年代日本企業のメーカーが大挙して進出した時代は中国は「世界の工場」と呼ばれたが，現在は「世界の市場」への期待に変

わってきている。経済成長に伴う生活水準の向上とともに購買意欲は高く、将来の成長市場となる。一時は労務人件費が安いといわれたが近年では中国の最低賃金も上がり、各地でストライキなども起こり他国への進出も考えている。

(2) 経営理念と企業行動基準の制定について

　経営理念は企業の社会的使命を言葉で表したものであり、それは社是・社訓の形で表されている場合もある。回答企業の95％は「ある」と答えており、「ない」と答えたのは5％である。また、それを日本語のほかには何語で、という質問に対し、英語で、は93％であり、次に中国語65％、フランス語23％、ドイツ語28％、スペイン語23％である。英語は今日、世界の共通語となっており、グローバルな事業展開の企業には必須の言語表現である。次に中国語となっている。これは今日の日本企業の中国進出を反映したものと思う。フランス語、ドイツ語、スペイン語はヨーロッパ進出企業には欠かせない言語であり電機や自動車、化学、機材などの日本の有力なグローバル企業の言語表現に組み入れられている。また、企業行動基準（Code of Conducts）に関しては100％の企業がそれを制定しており、英語でも海外事業拠点に配布している。今日、回答企業のほとんどは企業行動基準を制定している。このことは、バブル崩壊後各社で不祥事が起こり、各社がそれを制定しはじめた1990年代初頭から比べれば格段の進歩である。

　われわれは日本経営倫理学会に企業倫理綱領研究部会を作り日米企業の倫理綱領の制定度合いを調査したことがある[1]。この時点であった1990年代初頭では日本企業は多くの企業が倫理綱領の意義をあまり認識していなかった。その後、日本経団連も各社に対して倫理綱領を制定するよう要請し、そのための手引書までも作った（1996年「企業行動指針」実行の手引き）。しかし、今回回答したほとんどの企業は今日、倫理行動基準を制定している。

　次に、その行動基準を海外事業所でどのように徹底しているか、の問いに対しては基本的に現地の責任者のもとで徹底しているのがほとんどの企業である。それにあわせて本社の倫理担当部門も定期的に現地を訪問する形をとっているし、現地の担当部門が教育訓練の場で行っているところもある。

企業のグローバル化は基本的に現地の責任者のもとで行われるがその責任を担う経営責任者は行動基準を徹底する責任を負っている。現地の事業拠点の規模拡大とともに倫理行動基準を徹底しそれを推進するコンプライアンスや倫理担当責任者も任命されるようになる。しかし，行動基準の実践は最終的には社員1人ひとりの自覚である。

(3) 海外不祥事に対する本社の対応

　海外で不祥事が起きた場合，どのように対応するかについては，本社の最高経営責任者（CEO）の適切な判断を仰ぐ，は「強くそう思う」と「そう思う」を合わせると86％になる。この比率と同様に多いのは「ケース・バイ・ケースで関係部門と連携して対応する」では78％である。「経営倫理担当部門がまず対応する」と思っている人の割合は多くはない。「海外子会社の直接責任部門である本社の事業部門の責任者のもとで対応する」のは「強くそう思う」と「そう思う」を合わせると60％である。海外不祥事のケースにもよるが，直接的には海外子会社の責任部門である本社の事業部門と思われる。しかし，海外子会社での不祥事は本社を含めた会社全体にかかわることであり，直接的には事業部門との関係であるにしても本社 CEO と話し合い，適切な判断を仰ぐということであろう。これまでの日本企業の海外不祥事のケースだと海外子会社の判断だけで対応しようとし，それが拡大して会社全体の問題へ発展するケースがあった。現地における海外子会社の不祥事は進出国，地域社会における日本企業のアイデンティティの問題であり，本社は知らないということでは免れない。子会社とはいっても本社の経営活動と一体であり，CEO の責任と対応は免れないし，まず適切な判断を仰ぐということが大事になってくる。

　次に，海外での不祥事を防ぐための方法として有効と思う対策は何か，については，それぞれ5つの項目は全部支持されている。なかでも本社の経営理念や倫理行動基準を海外子会社との間で共有することが大事だと考えている。次に，不祥事といっても何が不祥事にあたるのか分からないので具体的な例を示し説明し，教育していくことも大事である。最終的には倫理行動基準やホットライン，制度上の様々な仕組みを作ったとしてもそれを遵守する

のは1人ひとりの社員であり，自覚である。それを教えるのは，上司が行動で示すことが大事である。制度よりも1人ひとりの行動，そしてそれを率先垂範する最高経営責任者の行動規範である。

(4) 進出国における経営倫理の課題

　経営倫理といっても何が経営倫理で何が不祥事なのかは進出国で共有する価値観，文化，法令，取引慣行の違いによって経営倫理に対する考え方は異なる。ビジネス取引がしっかりした法規制のもとで行われる国とまだそれらが確立していない国とでは，おのずと経営倫理に対する考え方が異なっている。贈収賄が取引慣行で平然と行われている国ではそれを行わなければビジネスにならないこともある。また，宗教や習慣の違いによっても日本では許されても他の国では許されない行為もある。先進国ではビジネス取引は厳然とした法律があり，それをまず遵守しなければならない。法治国家といわれる先進国ではどんな取引でもまず法律を守ることが最低限の倫理的行動である。しかし，人々の行動規範である倫理はその社会で共有する価値観や取引慣行によって違いがある。日本の取引慣行を基準に行動基準を制定しても現地では理解してもらえないことが海外現地では多くある。

　現地のリーダーを育成することは日本企業のグローバリゼーションの必須の課題である。本社派遣の人材は限られてくるし，発展の鍵となる，現地のリーダーに関して障害となっていることは何か，の質問に対して，「日本とは法令や取引慣行が異なっている」が98％と一番多く，次に「言葉の壁」が58％，「短期間で辞めてしまう」が30％である。つまり，リーダーを育成しようとしても日本とは異なる法規制や取引慣行では，現地の人にはなかなか理解してもらうことが難しい。それを伝えようとしても言葉の壁，考え方の壁があることも障害のひとつとなっている。短期間で辞めてしまうという雇用慣行はむしろ長期雇用が前提の日本の雇用慣行は世界では珍しいと考えたほうがよい。日本の長期雇用，そのベースとなっている終身雇用は日本の経営の特徴であり，これを現地で根付かせようとしても働くことに対する価値観が違うところでは難しい。しかし，日本の雇用慣行である長期雇用は「安心して働ける」という意味で良いことであり，そうなるための現地での経営

体制を構築していくべきであろう。

　また，各地域で経営課題となっていることは何か，の質問に対し，環境，人権，雇用，取引慣行，贈収賄に関して各々の地域での重要課題順に答えてもらった。しかし，これは各々の事業拠点，進出地域によって異なっており，現場サイドでないと分からない問題で，1人の回答者から1つ1つ答えることは難しいと思われた。したがって，40社のうちこれに回答してくれたのはその半分ほどである。ただ，回答者のなかから得たグラフではアメリカでは人権問題が一番多い。これは人種差別（ディスクリミネーション）やマイノリティ問題，性差別，年齢差別などの問題で訴訟問題が起きているからだと思われる。また，ヨーロッパ，その他の国々では環境問題が大きな課題となっている。環境先進国といわれるヨーロッパでは進出企業は環境対応には最大の注意が必要だし，他方，市場主義経済による急激な経済発展を遂げている新興国でも工場煤煙などによる環境問題は大きな課題であり，地球温暖化を防ぐための世界的課題になっている。また，アジア・中国も含めて贈収賄が課題となっている。中国は他の地域から比べると人権問題が極端に少ない。これは中国主義市場経済による急速な経済発展の背景には「世界の工場」といわれ，人権よりもまずそこで働いて，収入を得ることが優先しているように思う。しかし，近年では中国は賃金の値上げ，ストライキなどによっていわば働くことに対する待遇の改善，その権利が高まっている。

(5)　グローバル企業行動基準について

　グローバルな事業活動を行う場合，今日は国際的な行動指針が示されている。代表的なものはOECDの多国籍企業のガイドラインや国連のグローバル・コンパクト，そしてGRI（Global Responsible Initiative）である。多国籍企業のガイドラインは当初，1970年代に国連が行動基準のガイドラインを作ったものであるが，その後1996年OECDも作った。これは環境，雇用および労働関係，賄賂の禁止，消費者利益，情報開示をガイドラインにしたものである。その後，1999年国連の当時の事務総長であったコフィー・アナン（Annan, K.）が政界や財界指導者に呼びかけ，人権，労働，雇用，環境問題の10の原則を提示した「グローバル・コンパクト」である。グローバル・コ

ンパクトは2010年時点で日本企業は120社参加している。本調査では40社中16社が参加し，24社が参加していないと答えている。また，OECDの多国籍企業ガイドラインでは「参考にしている」が14社（37％），「参考にしていない」が13社（34％），「どちらともいえない」9社（29％）である。これはグローバル・コンパクトと違って参加・不参加という明確なものではなく参考にしているかどうかなので，回答者・回答部門によって答えが違ってくると考えられる。

この2つに対してGRIは28社が参考にしていると答え，5社が参考にしていないと答えている。つまり，様々な国際的な行動指針があるなかでも，GRIは回答会社の多くが参考にしている指針であるといえる。GRIのガイドラインは企業の経済面，社会面および環境面のトリプルボトムラインが骨格である。

GRI指標の具体的な内容としては，経済的分野では顧客，供給業者，従業員，出資者などの側面を捉えている。環境分野では原材料，エネルギー，水，生物多様性などの側面を，また，社会面の労働慣行分野では労使関係，安全衛生などの側面を，人権分野では差別対策，児童労働などの側面を社会分野では地域社会，政治献金などの側面を捉えている。

今，国内外で従来のCSRレポートからGRIガイドラインに基づく持続可能性レポートに切り替えていく企業が増えつつある。

(6) ISO26000の取り組み

CSRのISO26000は企業などの社会責任に関する国際規格であり，2010年策定され，人権や労働慣行など7つのテーマごとに対応すべき課題をまとめている。これへの取り組みについては「現在，社内で整備中」が45％であり，「近い将来，検討したい」企業が38％である。回答会社の約半数が現在，その採用に向けて取り組んでいることである。同規格が定める人権，労働慣行などの基準をクリアすることがグローバルな経営展開を進めるうえで不可欠になってきた。回答に答えたNECや資生堂は人権や労働に関する問題点を洗い出しているとのことである。NECは約200の海外法人で取引先を含めて児童労働などの問題行為を未然に防ぐ体制を2012年3月末までに整えるとし

ている。人権に関してインターネットで学べる教材も用意し，従業員の問題意識を高めている。同社が海外戦略を目指す新興国などで人権を重視する動きが強まっており，対応強化でリスクを軽減する。資生堂は国内外の約50社の子会社で「従業員のワークライフバランスが保たれているか」など32項目の確認作業を始めている。各項目の達成度をつかみ改善につなげる。同社ではこれまでCSRに関連した行動基準が国ごとに20以上あったがISO26000に準じた基準に一本化することになった（関連記事：2011年8月24日付の『日本経済新聞』参照）。

(7) CSRの取り組みについて

　CSRの取り組みは今日の企業の必須要件となっているが，とくにグローバルな事業活動のなかで社会貢献のガイドラインを定めたものがあるかどうかに関して，70％の企業は「ある」と答え，またそれを英文その他の言葉で作成しているかどうかについては，ある企業のうち82％が作成している。

　また，社会貢献を専門に担当する組織については43％があると答え，その名称については次のような部署で行っている。

　　名称：CSR推進室，社会貢献室，総務室，CSR統括部，CSR企画室社会貢献グループ，経営監査本部，CSR部，CSR経営推進部，総務部，CSRグループ，社会文化グループ等

また，それを海外事業拠点の責任で行っているのは40％である。つまり，CSRは各社が専門の組織をもっており，グローバルな経営体制のなかで海外子会社での取り組みは海外子会社で行っている。

　また，CSR活動の中核とされる企業の環境対応は本社の経営課題の重要な柱となっており，そのための環境技術の開発・環境にやさしい物作りや事業活動と一体に取り組んでいる。

　現地法人ではグリーン購入の取り組みについてはGNP（グリーン購入ネックワーク）ガイドラインに則り，実施しているところは38％，実施していないのは38％で半々である。ところが，自社独自指針に則り，実施しているのは69％である。

　グリーン購入は製品やサービス購入にあたって，品質や価格だけでなく，

環境に配慮し，環境負荷ができるだけ小さいものを購入することである。2001年にはグリーン購入法「国等による環境部品等の調査の推進等に関する法律」が施行された。

原材料のグリーン調達については，包括的なガイドラインを定め実施しているところは45％で，部分的なガイドラインは50％，原材料のグリーン調達の有無については実施しているのは67％である。

グリーン調達は事業者が原材料や部品等をサプライヤーから調達するとき，環境負荷の小さいものを選び調達すること。多くの事業者はグリーン調査に関するガイドラインを作成し，環境汚染物質や温室効果ガスの削減等を示している。

企業の社会的な貢献活動は各社が行っている。具体的なプロジェクトは植林活動，水資源プロジェクトへの協力，教育支援活動，文化芸術活動，災害支援や医療への支援である。

中心になっている地域は，各企業が海外事業拠点を置き活動しているところである。それは，進出国地域や活動拠点を置く地域社会との共存共栄のために，企業として支援しようとする様々な取り組みである。この回答を通して，各社で共通していることは人材育成のための教育支援活動である。この根幹には地域社会との共生を考えようと思っても，長期的にはそれを担ってくれる人材が確保できるかどうかであり，そのための学校を作るとか奨学金を出すとか，日本への留学支援の形で取り組んでいる。

注
1 日本経営倫理学会監修，髙橋浩夫著（1998）『日米企業のケース・スタディーによる企業倫理綱領の制定と実践』産業能率大学出版部参照のこと。

第10章 欧米グローバル企業のCSRの取り組み

欧州150社，北米120社の調査より

●●●●

蟻生 俊夫

1 CSRに関する欧米グローバル企業調査

(1) CSRの検討領域と欧米企業調査

　ISO（2010）により，2010年11月1日，社会責任規格ISO26000が発行された。ISO26000は，「規定されたマネジメント・システム規格ではなく，ガイダンス規格であり，適合性評価や第三者認証を目的としない」「健康および社会の繁栄を含む持続可能な開発への貢献のため，ステークホルダーの期待への配慮を行う」「どのような組織も，この国際規格を活用し，ステークホルダー・エンゲージメントを行い，適用されるべき国内法令を遵守し，国際行動規範を尊重することによって，さらに社会的に責任をもつようになることが推奨される」という特徴を有する。この社会的責任（Social Responsibility：SR）の7つの原則として，①説明責任，②透明性，③倫理的行動，④ステークホルダーの利害の尊重，⑤法の支配の尊重，⑥国際行動規範の尊重，⑦人権の尊重をあげている。同時に，SRの基本的な要素として，①組織統治，②人権，③労働慣行，④環境，⑤公正な業務慣行，⑥消費者課題，⑦地域社会参画／開発の7つの中核主題を決定している。今後は，いずれの組織にとっても，多様なステークホルダーを意識した対話やエンゲージメントの実践が重要な課題になると指摘できる。

　ダウ・ジョーンズでは，社会からのSRIに対する関心の高まりを受け，1999年より持続可能な発展による側面で企業を評価するダウ・ジョーンズ・サスティナビリティインデックス（DJSI）を公表している。このDJSIは，サスティナビリティに取り組む全世界の主要企業を経済，環境，社会の3領

域を中心に追跡調査して評価している。また1982年に英国で設立された NPO の Business in the Community（BITC）では，職場環境，市場，環境，社会貢献の4領域に関するアンケート調査等に基づき CSR を得点化して評価する CR（Corporate Responsibility）指標を公表している。CR 指標でトップクラスに評価された英国の水道事業 Veolia Water では，CSR の実践において，持続的な発展を最終目標とし，コミュニケーション，企業倫理，組織統治をマネジメントの中心に位置づけている。この実践において，ステークホルダーへの対応を意識し，①事業（製品・サービス，顧客・取引先，パートナー，投資家），②職場（健康・安全，多様化，差別，組合，人権），③社会（行政，地域社会，経済），④環境（エコロジー，生物多様化，公害，資源，エネルギー）の4領域に整理している。さらに，Newsweek（2008）では，毎年，「社会を守り，利益も稼ぐ」エクセレントカンパニー500社を発表している。ここでは，収益性，成長性，安全性からなる「財務」と，企業統治，従業員，社会，環境からなる「CSR」に基づき120点満点での総合得点に基づきランキングしている。

　国内に目を転じれば，東洋経済新報社『CSR 企業総覧』（2011）では，① CSR 基本対応，②ガバナンス・法令遵守・内部統制，③雇用・人材活用，④消費者・取引先対応，⑤社会貢献，⑥環境のデータベースを作成し，そこから CSR および財務評価の格付けを行っている。

　CSR の評価，検討では，上記のような ISO26000の7中核課題や，多様な CSR 関連指標の内容を踏まえると，法的責任を果たすための組織統治を確実に実行したうえで，従業員や環境問題，地域社会に対する倫理的責任および社会貢献の責任を果たすことが求められる。そこで本研究では，① CSR の推進体制，情報開示，コンプライアンスを含む「組織統治」，②福利厚生などを含む「従業員対応」，③「環境問題対応」，④「社会貢献対応」の4つの領域を対象に調査，分析を進めていく。組織統治，従業員対応，環境問題対応，社会貢献対応の4領域については，統一された公開情報が皆無に近い。そこで世界的な規模で CSR の取り組み動向を把握するため，欧州と北米企業を対象に，図表10-1のような内容で独自に電話調査を行った。ここでは，欧州では COMPUSTAT のグローバル企業版，北米では COMPUSTAT の

図表10-1　欧米企業調査の概要

調査時期：2008年10月，11月
調査地域：欧州および北米
回　答　者：CSR部門，広報部などCSR活動について把握している従業員
調査内容：組織統治，従業員対応，環境問題対応，社会貢献対応等
調査方法：電話調査
サンプリング：COMPUSTATグローバルおよび北米企業版の掲載企業
回　　　収：欧州150社，北米121社

出所：蟻生・尾身（2009）

北米企業版に掲載されている企業を年間売上高に基づきリストアップした。リストアップされた企業におけるCSR関連の担当者に対し，組織統治，従業員対応，環境問題対応，社会貢献対応等への取り組み状況について電話調査を行った。その結果，英国から40社，ドイツから17社，スイスから13社，フランスから10社など欧州16カ国で150件，米国から106社，カナダから15件と北米で121件と，合計271件の回答を得た。

(2) 欧米企業によるCSR推進体制

CSR関連の推進体制について，専門部署・専任担当者，横断的組織・委員会の有無を調査した結果を図表10-2に示す。欧州の場合，「CSRの専門部署，もしくは専任担当者」がグループおよび会社レベルで合わせて68％で存在し，回答者の所属も広報やCSR・環境関連の部署が多い。欧州では，ISO26000策定を主導したこととも関連し，EU市場統合に呼応して，従業員や環境問題に重点的に取り組む必要性が高まっている。

ここで，欧州企業では，社会貢献や環境問題対応に限定したイメージを有するCSRではなく，従業員や企業倫理など広範な内容を含む，「CR（Corporate Responsibility）」の用語を使用する企業が多い特徴もある。欧州エネルギー企業最大手のE.ONやBP，医薬品大手のGSKなど，欧州の多くの企業では，近年，CSRに専門に取り組む部署としてCR部を設立している。CR部では，企業，もしくはグループ全体のCRの推進を役割とし，CRレポートを刊行したり，CEOをはじめとする取締役にCR関連の活動内容を報告したりしている。具体的には，E.ONでは，トップの指示のもと，2005年にCR委員会を設立し，CRレポートを作成した。その後2006年には，グルー

図表10-2　CSRの推進体制

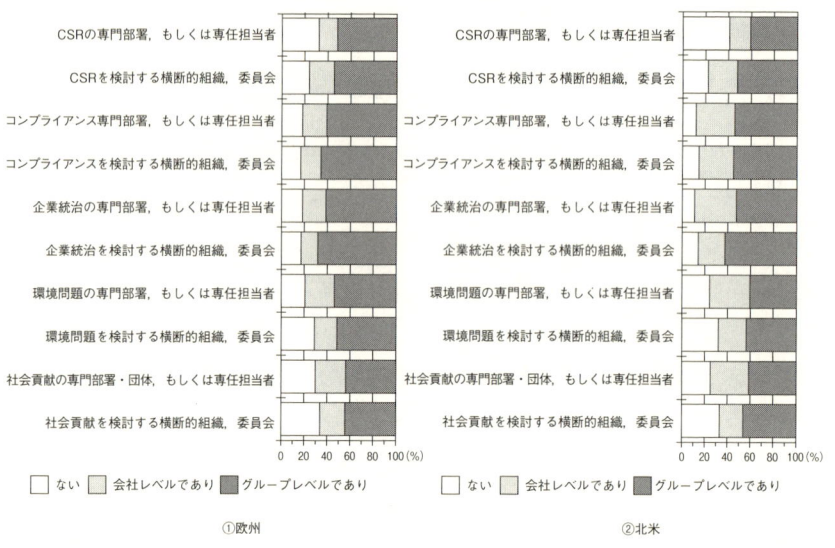

①欧州　　　②北米

出所：蟻生・尾身（2009）

プ大での CR 部を設立し，2007年には E.ON の持株会社レベルで CR 部を設立した。E.ON（2008）では，CR を「経済パフォーマンス，環境保護，社会とのエンゲージメントに対し，長期的にバランスのとれた責任を示すこと」と定義し，CSR を推進している。

　これに対し，北米では，GE をはじめとし，社会貢献や環境問題対応を担当する Corporate Citizenship 部と，コンプライアンス，従業員対応を担当する部署が分かれているのが一般的である。例えば，GE（2010）や Marriott International などでは，社会貢献や環境保全活動を主なテーマとし，毎年，CSR レポートとして「Corporate Citizenship Report」を作成している。欧州では，北米と比べ，CSR に対して積極的に取り組んでいる様子が垣間見られる。

　今日注目されている CSR では，①企業の持続的な発展を目的とすること，②多様なステークホルダーとの対話を促進すること，③法的責任と経済的責任という当然の責務を果たしたうえで，倫理的責任と社会貢献的責任まで戦略的に広く対応すること，が特徴となっている（水尾・清水・蟻生編，

2007)。これに対し，回答者のCSRに対する認識を調査した結果を図表10-3に示す。これをみると，欧州と北米企業ともに，「環境保護活動」「社会貢献活動」「従業員満足度の向上」については80％以上，「コンプライアンス」「企業統治」「取引先対応」については75％以上があてはまるとの回答しており，共通に多い項目と分かる。これらは，本研究のCSR領域としての組織統治，従業員対応，環境問題対応，社会貢献対応とも合致している。

また，欧州・北米の地域ごとに項目の割合から順位をつけてみる（図表10

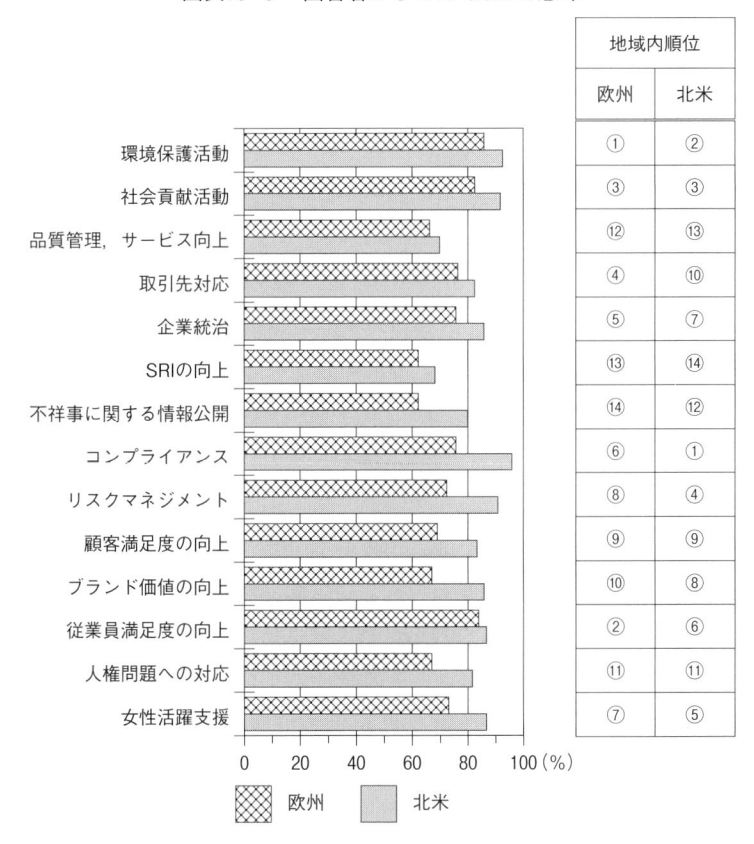

図表10-3　回答者からみたCSRの意味

項目	欧州 地域内順位	北米 地域内順位
環境保護活動	①	②
社会貢献活動	③	③
品質管理，サービス向上	⑫	⑬
取引先対応	④	⑩
企業統治	⑤	⑦
SRIの向上	⑬	⑭
不祥事に関する情報公開	⑭	⑫
コンプライアンス	⑥	①
リスクマネジメント	⑧	④
顧客満足度の向上	⑨	⑨
ブランド価値の向上	⑩	⑧
従業員満足度の向上	②	⑥
人権問題への対応	⑪	⑪
女性活躍支援	⑦	⑤

注：「非常にあてはまる」と「まああてはまる」の合計値
出所：蟻生・尾身（2009）

-3右側部分)。それによると,欧州では,「環境保護活動」「従業員満足度の向上」「取引先対応」「企業統治」「品質管理,サービス向上」などが北米よりも重視されていると分かる。一方,北米では,「コンプライアンス」「リスクマネジメント」「ブランド価値の向上」などが上位にあがっている。欧州では,図表10-2でみたように,北米に比べ,CSRに対して組織大で取り組む傾向が強く,本研究でもとりあげた従業員対応,環境問題対応,社会貢献対応などが重視されている。これは,先に述べたように,欧州では,ISOの規格検討に合わせ,近年,CR部を新たに設立していることに符合する。他方,米国では,欧州に比べ,CSRの最近の定義まで対応しておらず,新たに組織を作るのではなく,個々に対応している状況を反映したものと推察される。

2 欧米企業によるCSRへの取り組み動向

(1) 組織統治
① 情報公開

近年,我が国ではCSRや企業統治への関心の高まりとともに,これらの方針・取り組みをCSRレポートやガバナンスレポートという形で公表する企業が増えてきている。この背景には,CSRレポートやガバナンスレポートの公表・発行が,ステークホルダーの意思決定に影響を及ぼしうる情報公開,説明責任の履行につながるとともに,ステークホルダーから評価を得て経営へフィードバックさせるコミュニケーションツールとして重要視されるようになってきたことがあげられる。この実態を把握するため,CSRレポートおよびガバナンスレポート発行の有無に着目した(図表10-4)。

図表10-4をみると,CSRレポートの発行よりもガバナンスレポート発行のほうが一般的であることがあげられる。これは欧米で大差はなかった。この傾向は,エンロンやワールドコムの破綻などの続発により,そうした企業不祥事の発生を抑制する企業統治のあり方の開示が企業にとって重要となっていることを示しているといえよう。ここで,CSRレポートとガバナンスレポートともに北米よりも欧州のほうが普及しているが,とくにCSRレポー

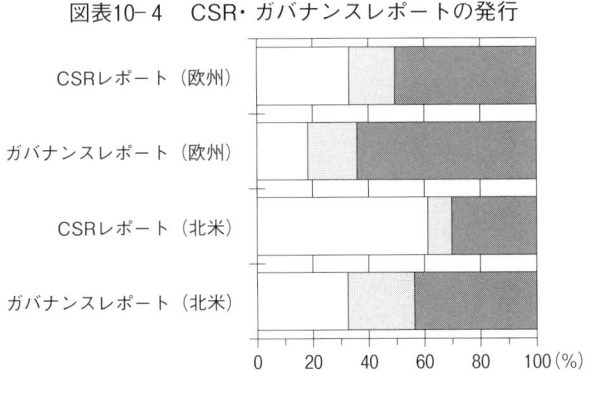

図表10-4　CSR・ガバナンスレポートの発行

　　CSRレポート（欧州）
　ガバナンスレポート（欧州）
　　CSRレポート（北米）
　ガバナンスレポート（北米）

　　　　　0　20　40　60　80　100（%）

□ ない　　□ 会社レベルであり　　■ グループレベルであり

出所：蟻生・尾身（2009）

ト発行に関しては両者の差が顕著である。この差は既述のような欧州と北米でCSRに対する考え方の相違から生まれていると考えられる。また，Maignan and Ferrell（2003）によれば，欧州（仏・独）の消費者は米国の消費者よりも企業の慈善事業や従業員対応等のCSRを重視していることを示している。こうした消費者の意識の違いも欧州企業におけるCSRレポート発行企業の比率が高い原因となっているのかもしれない。

　なお，国際統合報告委員会（IIRC）（2012）によれば，環境・社会・企業統治（Environmental, Social & Governance：ESG）の取り組み情報を事業戦略や財務パフォーマンスに関する情報と関連づけて報告する，いわゆる「統合報告書」が提案されている。今後は，とくに欧州企業では，CSRレポートと財務・ガバナンスレポートを一体にした統合報告書が主流になることも予想される。

② 組織統治への取り組み

　「ガバナンスガイドライン」は，経営の透明性確保の手段や企業不祥事を抑制し企業価値を向上させる取締役会のあり方を示すものである。すなわち「ガバナンスガイドライン」の設定は，企業が企業価値向上に強くコミットしていることを表していることになる。図表10-5によると，欧州・北米ともに90％以上の企業でガイドラインの設定がなされており，多くの経営者が

企業価値向上に強くコミットしていることが示されている。しかしながら，ガバナンスガイドラインの内容については欧州と北米との間には若干の差が存在している。

まず，「経営トップの報酬の情報公開」については，欧州と北米の採用比率の間で若干の差が存在している。役員報酬に関する情報の開示は，株主保護の観点から重要であると考えられる。これは，役員報酬の情報開示が，支払われた役員報酬が業績に応じた適切な水準であったかの判断を株主に可能にさせ，株主と役員の利害を一致させる業績連動的な報酬制度導入の基礎となるためである。役員報酬に関する情報開示は，まず役員報酬が高額化し社会問題となっていた米国でなされた。米国では1993年にSECにより，厳格な役員報酬開示ルールが上場企業に課されるようになった。一方の欧州では，2004年に欧州委員会により役員報酬の個別開示が推奨されているものの，義務ではなく，EU各国・企業でその対応は異なっている。このため，北米で94％の企業で役員報酬が開示されているのに対し，欧州では80％と若干低めの値となっていると考えられる。

次に，経営者に株価上昇への強いインセンティブを与える「ストックオプション[1]」についてみてみる。欧州ではサンプルの63％，北米ではサンプルの95％の企業が導入している。この結果から，北米では業績連動報酬制度・インセンティブ制度としてストックオプションが定着しているのに対し[2]，欧州ではストックオプションの採用は進展しているものの，不採用の企業も一定の割合存在していることがうかがえる。先に述べたように，役員報酬の情報開示は業績連動報酬制を適切に機能させる前提条件であるため，北米にみられたストックオプションの広範な定着は，制度的な役員報酬の開示義務の存在が大きく寄与していると考えられる。

「社外取締役兼任のガイドラインや社内規定」に関しては，両者の比率に大差はみられなかった。社外取締役については，同一人物が過度に複数の企業の社外取締役を兼任した結果，ひとつの企業の業務に集中できなくなるという問題が指摘されている（Byrne, 1996）。図表10-5は，欧州・北米のどちらにおいても，そうした問題を解決する施策の導入が必ずしも広範には進展していないことを示している。

図表10-5　組織統治への取り組み状況

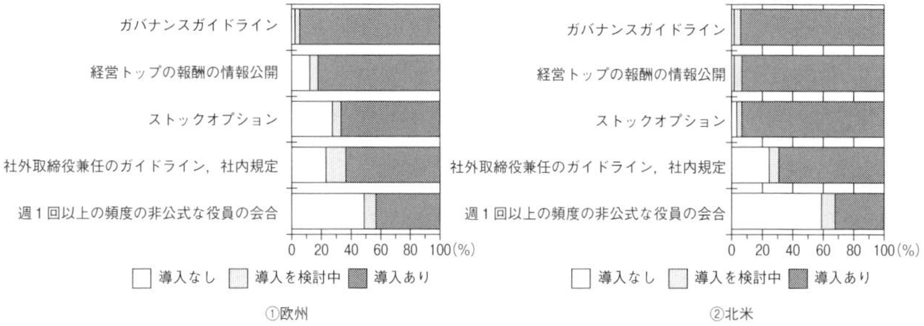

①欧州

②北米

出所：蟻生・尾身（2009）

さらに，「週1回以上の頻度の非公式な役員の会合」が開催されているかについては，欧州・北米のどちらにおいても半分以下の導入割合であり，役員間の意思疎通はそれほど頻繁ではないことがうかがえる。

(2) 従業員対応
① 行動基準

　企業不祥事の発生などに伴い，従業員のコンプライアンスに注目が集まっている。従業員は，コアステークホルダーのひとつであることに加え，CSR推進の担い手ともなる。CSRを実践してステークホルダー・エンゲージメントにつなげていくため，全従業員がCSRの真の意味を理解し，共有化することが望まれる。これに関連し，例えば，パナソニック（2008）では，これまであったコンプライアンス重視の行動基準について，2005年1月にCSRの視点を入れて改定し，グループ大，かつ全世界で，全従業員が署名して参考にしている。ここには，たんに理念にとどまらず，商品の安全，社会貢献など多岐にわたるステークホルダーを対象とし，具体的な活動レベルまで落とし込んでCSRを実践している。エーザイ（2007）や帝人（2007），ベネッセコーポレーション（2005）等でも，同様のCSRの概念を反映した行動基準を発表した。さらに，日本経団連（2010）は，会員企業のCSRへの自主的取り組みをさらに推進するため，企業行動憲章を制定している。

　今回のアンケート調査によれば，欧米企業における行動基準の有無は，欧州で93％，北米で99％となっている。行動基準の内容について調査した結果

を図表10-6に示す。これをみると，欧州では，北米と比べ，「環境保全活動」「社会貢献活動」「人権尊重」などの割合が大きい。また，欧州・北米の地域ごとに項目の割合から順位をつけてみると（図表10-6右側部分），北米と比べ，「顧客との適切な関係」「取引先との適切な関係」などが上位にあると分かる。欧州では，顧客，取引先，株主・投資家など多様なステークホルダーを意識した内容と読み取れる。他方，北米では，「コンプライアンス」と「個人情報，知的財産等の情報」でほぼ100％となっている。「職場でのコミュニ

図表10-6　行動基準の内容

項目	欧州	北米
コンプライアンス	③	①
個人情報，知的財産等の情報	④	②
品質・安全管理	⑥	⑦
人権尊重	⑤	⑧
女性活躍支援	⑭	⑫
職場環境の向上	⑧	⑨
職場でのコミュニケーション	⑨	⑤
顧客との適切な関係	①	③
取引先との適切な関係	②	④
株主・投資家への対応	⑦	⑥
政治，行政との適切な関係	⑩	⑩
環境保全活動	⑪	⑬
地域社会への貢献	⑫	⑪
社会貢献活動	⑬	⑭

注：行動基準を有する企業のみ回答
出所：蟻生・尾身（2009）

ケーション」の割合が欧州より大きいことも目を引く。北米の場合，まずは，行動基準＝コンプライアンスともいえる内容がうかがえる。

　欧米企業にとって，従業員の行動基準はCSRを実践するうえで重要なツールとなっている。従業員が行動基準を認識，理解しているかどうかを判断するテストを導入している企業も少なくない。既述の図表10-2や図表10-3のCSRの推進体制および意義で考察したように，欧州と北米では，CSRに対する取り組みに違いがあり，欧州ではCSRを広く捉え，その内容を行動基準にまで反映しているのに対し，北米では，最近のCSRの意味まで反映するのではなく，コンプライアンスを重視した結果となっている。

② 従業員関連施策

　欧米企業の従業員対応を定量的に把握するため，図表10-7にあげる15の施策の有無について調査した。これをみると，「社内人材公募システム」「経営トップ層と従業員の対話制度」「成果・資格を反映した昇級・昇格制度」「本人の意向に基づく人事異動」「新卒と中途の通年採用」については，欧米

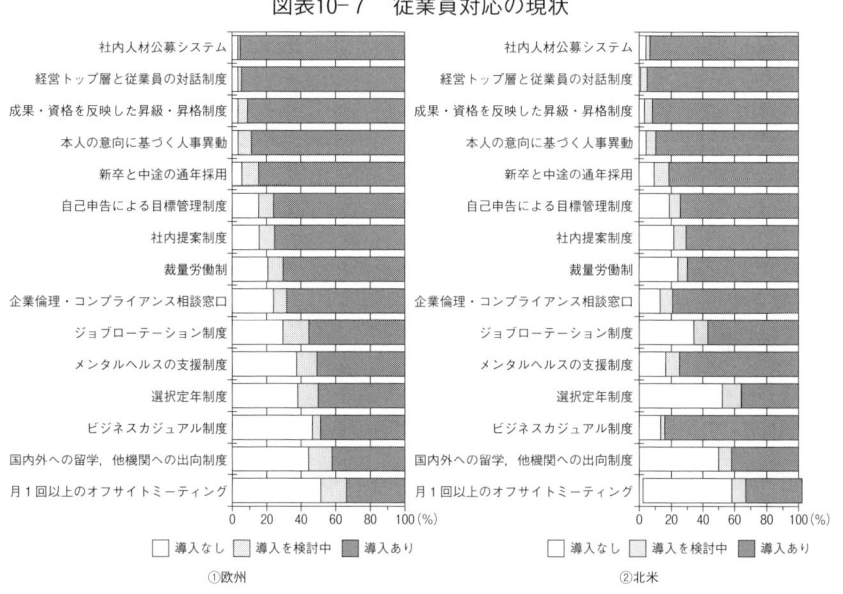

図表10-7　従業員対応の現状

①欧州　　②北米

出所：蟻生・尾身（2009）

第10章　欧米グローバル企業のCSRの取り組み　163

ともにほぼすべての企業で導入済みの制度といえる。加えて,「自己申告による目標管理制度」や「社内提案制度」については欧米とも8割程度で導入している。他方,「選択定年制度」や「国内外への留学,他機関への出向制度」「月1回以上のオフサイトミーティング[3]」などについては,導入割合が5～6割程度と,企業ごとにバラツキがある。

また,「企業倫理・コンプライアンス相談窓口」や「メンタルヘルスの支援制度」「ビジネスカジュアル制度」については,北米企業のほうが欧州よりも1～3割程度導入割合が高く,有意に差のある制度と分かった。これは,国・地域ごとの価値観の違いや,既述のような北米のコンプライアンスへの取り組み状況を反映した結果と考えられる。

ただし,図表10-7に示した様々な施策をすべて導入すれば,従業員対応が良好であると判断することは早計である。こうした施策があっても従業員が利用したり,評価したりしなければ意味がなく,それらを利用した結果,従業員が仕事へのやりがいをもち,実績を出してこそ価値あるものとなる。ISO26000がステークホルダー・エンゲージメントを標榜するように,常に対象となるステークホルダーの評価を取り入れることが大切となる。これら施策の効果や評価に対しては,ステークホルダー満足度調査が有効と考えられる(水尾・田中編,2004)。今回の調査において,欧米企業による従業員満足度調査の導入状況を聞いたところ,欧州企業で90%,北米で78%の導入割合と分かった。欧州では,CSR推進体制の充実もあり,北米と比べ,従業員に対するステークホルダー・エンゲージメントを体現しているといえよう。

(3) 環境問題・社会貢献対応

CSRの倫理的責任と社会貢献的責任を意識し,環境問題対応では「ISO 14001EMS認証取得」などの11項目(図表10-8,社会貢献対応では「企業グループ全体の社会貢献推進体制」などの8項目(図表10-9)の有無を調査した。社会貢献では,CSR推進の関係から,たんに寄付をしたという実績を調査するのではなく,戦略的に取り組む意味で,マネジメントの側面を重視した項目を設定している。

まず，図表10-8および図表10-9から調査結果全体を概観すると，「環境影響評価手法（LCAなど）の活用」「社会貢献活動の効果の定量的な評価」などの一部の例外を除き，欧州企業が環境問題対応を充実しているのに対し，北米企業が社会貢献対応を充実している状況がみてとれる。

　次に，図表10-8の環境問題対応では，欧州の場合，「環境問題に関する社員教育・啓発」「グリーン調達・購買」「環境に配慮した製品，サービス」「ISO14001EMS認証の取得」などの導入は7割程度となっている。今回調査した項目で導入割合の最も低い「国連グローバル・コンパクト参加表明」「CSR調達・購買」でも半数程度まで普及している。そして，「CSR調達・購買」や「グリーン調達・購買」の導入を検討している企業が3割程度存在している。

　これに対し，北米の場合，「環境に配慮した製品，サービス」「環境に配慮した工場・事務所」「環境問題に関する社員教育・啓発」で7割程度導入しているものの，「国連グローバル・コンパクト参加表明」で2割未満，「事業所ごとのCO_2排出量削減目標値設定」で4割未満なのが現状である。北米

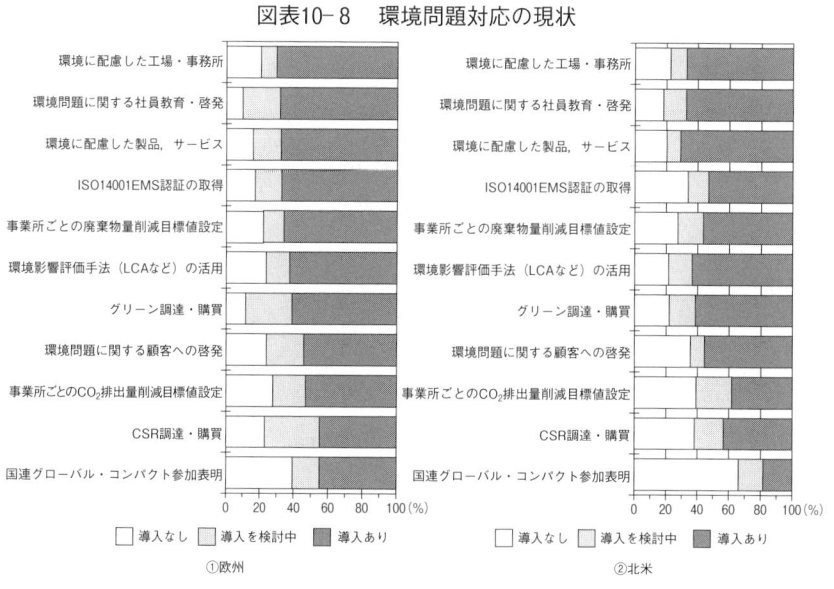

図表10-8　環境問題対応の現状

①欧州　　　　　　　　　　　　　②北米

出所：蟻生・尾身（2009）

第10章　欧米グローバル企業のCSRの取り組み　165

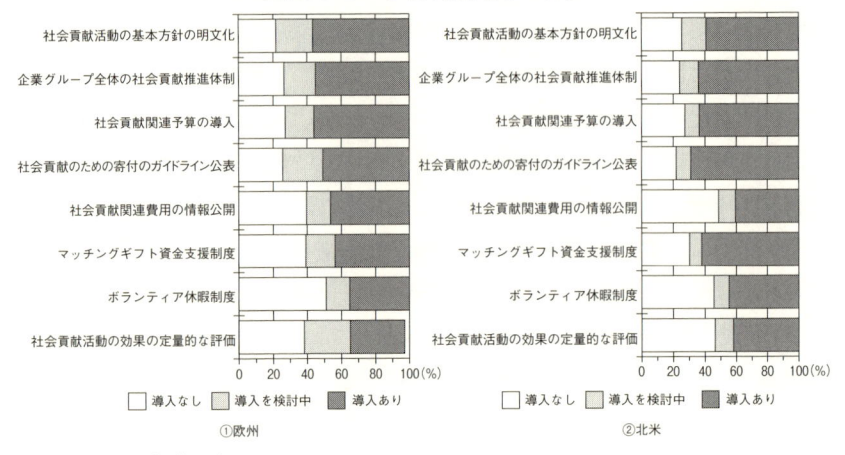

図表10-9 社会貢献対応の現状

①欧州

②北米

凡例：□導入なし　▨導入を検討中　■導入あり

出所：蟻生・尾身（2009）

では，グローバル・コンパクトやCO_2排出量といった具体的な基準，数値となると敬遠する傾向があるといえよう。

図表10-9の社会貢献対応では，欧州の場合，「社会貢献関連予算の導入」「企業グループ全体の社会貢献推進体制」「社会貢献活動の基本方針の明文化」を導入している企業は6割程度，「社会貢献活動の効果の定量的な評価」となると3割程度なのが現状である。また欧州企業では，北米と比べ，導入を検討中と回答した割合が多い傾向も認められる。CSRの推進体制を構築した後，企業全体としてそのあり方を整理，検討している段階とも考察できる。

これに対し，北米の場合，「企業グループ全体の社会貢献推進体制」「社会貢献関連予算の導入」「社会貢献のための寄付のガイドライン公表」「マッチングギフト資金支援制度[4]」などで6割を超えている。また，「社会貢献活動の効果の定量的な評価」は，欧州よりも導入割合が若干高いものの，4割程度となっている。

とくに「社会貢献のための寄付のガイドライン公表」では，欧州と比べ，2割ほど大きな導入となっている。例えば，米国アリゾナ州のTucson電力では，社会貢献のガイドラインをウェブサイト[5]上で公開している。これをみると，①適用組織，②寄付の重点領域，③評価方法・項目，④ネガティブ

リスト,⑤申請プロセスについて紹介している。社会貢献活動の重点領域については,限られた予算を有効に活用するうえでいずれの企業にとっても重要な課題となっている。米国企業では,この重点領域を決定するにあたり,顧客や従業員にアンケートを実施し,その回答結果に基づき,優先順位を決定するといった企業も少なくない。

注
1 ストックオプションの導入に関しては,企業価値を必ずしも向上させるわけではないという議論も存在する。詳細は Tirole (2005) の 1 章を参照。
2 Hall and Liebman (1998) や Barron and Waddell (2003) では,時系列的に報酬制度としてのストックオプションを採用する米国企業が増加していることを示している。
3 職場での立場や肩書きをはずし,ざっくばらんな雰囲気で,まじめな話を気楽にするミーティングのこと。
4 マッチングギフト資金支援制度とは,企業の従業員がある組織・個人に寄付を行う場合に,企業がそれと同額の寄付を追加することで,従業員の社会貢献活動を支援する制度。
5 http://www.tep.com

参考文献

Barron, J. M. and Glen R. Waddel (2003) "Executive Rank Pay and Project Selection," *Journal of Financial Economics*, Vol. 67, pp. 305–350.
Byrne, J. (1996) "Listen up: The National Association of Corporate Directors' New Guidelines Won't Tolerate Inattentive, Passive, Uninformed Board Members," *Business Week*, November 25.
E.ON (2008) "Corporate Responsibility 2007," E.ON.
GE (2010) "GE 2008 CITIZENSHIP REPORT," General Electric Company.
Hall, B. J. and J. B. Liebman (1998) "Are CEOs Really Paid Like Bureaucrats?," *Quarterly Journal of Economics*, Vol. 113, pp. 653–691.
ISO (2010) "Guidance on Social Responsibility," ISO.
Maignan, I. and O. C. Ferrell (2003) "Nature of Corporate Responsibilities Perspectives from American, French, and German Consumers," *Journal of Business Research*, Vol. 56, pp. 55–67.
Newsweek (2008)「世界企業ランキング2008」ニューズウィーク日本版,2008/07/09号。
Tirole, J. (2005) *The Theory of Corporate Finance*, Princeton University Press.
蟻生俊夫・尾身祐介 (2009)「欧米企業における CSR 推進の意義と取り組み動向—CSR 評価項目の検討と企業パフォーマンスとの関連分析」電力中央研究所報告 Y08012。
エーザイ (2007)「Eisai Network Companies Compliance Handbook Japan Edition〈6 th〉」

エーザイ株式会社。
国際統合報告委員会（IIRC）（2012）「統合報告に向けて─21世紀における価値の伝達」IIRC。
帝人（2007）「帝人グループ企業倫理ハンドブック」帝人株式会社。
東洋経済新報社（2011）『2012 CSR企業総覧』東洋経済新報社。
日本経団連（2010）『企業行動憲章実行の手引き〈第6版〉』日本経済団体連合会。
パナソニック（2008）「パナソニック行動基準」パナソニック株式会社。
ベネッセコーポレーション（2005）「ベネッセ企業行動宣言・ベネッセ行動基準」株式会社ベネッセコーポレーション。
水尾順一・田中宏司編（2004）『CSRマネジメント』生産性出版。
水尾順一・清水正道・蟻生俊夫編（2007）『やさしいCSRイニシアチブ』日本規格協会。
山中芳朗・蟻生俊夫（1990）「企業の社会的責任のあり方」電力中央研究所報告 Y90005。

第11章 日本企業のグローバル化に向けて
管理者の倫理観に関する実態調査をもとに
●●●●

中野 千秋

はじめに

　本章では，日本の企業管理者の倫理観の特徴について，これまで筆者がかかわってきた実態調査の結果に基づいて論じていく。日本企業の（とくに経営倫理やCSRの側面における）グローバル化に向けて，まず「自らを知る」，すなわち自国の企業管理者の特徴を把握しておく必要があるからだ。ただし，「自らを知る」といっても，自分たちにとってごく当たり前の感覚というものは，それとは異なるものや相容れないものと遭遇しない限り，自らの意識の上に表面化されることはない。そこで本章では，これまで米国や韓国で実施された調査研究の結果と対比することで，日本企業における管理者の倫理観の特徴を浮き彫りにしたいと思う。

1 日本企業における倫理制度化の取り組み

(1) 日本の企業倫理：米国と比べて10数年遅れ！？

　日本企業の管理者の倫理観について論じる前に，まずその背景にある日本企業における倫理制度構築の取り組みについてみていく。日本でわれわれが「経営倫理」もしくは「企業倫理」という言葉を耳にするようになったのは，おおむね1990年頃といってよい。日本経営倫理学会が出来たのが1993年。その頃，水谷雅一初代会長が，「日本の経営倫理は，米国と比べて10年，いや20年も遅れている」とよくいっておられたのを覚えている[1]。
　米国では，1970年代に学としてのビジネスエシックスがひとつの学問分野

として確立され，1980年代には産業界でも本格的に取り組まれるようになったという（DeGeorge, 1987, pp.201-212）。また，経営倫理の制度化に関する有名な調査（Center for Business Ethics at Bentley College, 1986, 以下ベントレー調査と記す）によれば，すでに1984年時点において，米国主要企業の80％が「倫理確立に向けて具体的な努力を実施」しており，そのうち約93％が「倫理規範を制定している」と答えている。

1995年，筆者は水谷会長（当時）のお勧めにより，日本経営倫理学会のなかに「実証調査研究部会」を立ち上げ，部会メンバーとともに，日本における経営倫理制度化に関する実態調査を3年ごとに実施し，その進展状況を把握していくことにした。以下，1996年から2008年の間，5回にわたって実施した調査の結果（要点のみ）をみていくことにする[2]。

(2) 日本企業における倫理制度化の進展

第1回目の実態調査を実施したのは1996年であった。いわゆる住専の不良債権処理問題に端を発する金融危機が日本経済を揺るがし，また大手企業による総会屋への利益供与事件などが次々と発覚していた頃である。当然，「企業の倫理性を問う！」という声が一段と高まりつつあった。

そんななかで実施した第1回調査においては，「倫理確立の必要性」を認識していた企業が9割近くにも及んでいた。当時の社会背景を考えると当然の結果といえよう。ところが，実際に「特別な仕組みを講じて倫理確立に取り組んでいる」企業は，たったの12.5％にすぎなかった。そこでわれわれ調査グループは，日本企業における倫理確立に関する「認識と実態の乖離」を指摘した（山田ほか，1998, p.149）。先述のベントレー調査で報告された1980年代の米国の状況と比べると，日本企業の倫理制度構築の取り組みが著しく遅れていることは一目瞭然であった。

しかし，その後，日本企業における倫理制度化の取り組みは急速かつ着実に進展していく。第2回調査（1999年）では，「特別な仕組みを講じて倫理確立に取り組んでいる」企業は36.5％，第3回調査（2002年）で55.5％，第4回調査（2005年）は74.7％，第5回調査（2008年）では82.7％と8割を超えるようになった。

図表11−1　企業倫理制度の導入状況

	第1回 (1996年) n＝112	第2回 (1999年) n＝96	第3回 (2002年) n＝110	第4回 (2005年) n＝150	第5回 (2008年) n＝75
企業倫理規範の制定	22.3	51.0	79.5	94.0	98.6
企業倫理教育の実施	5.4	22.9	37.8	65.1	68.9
企業倫理専門担当者の配置	7.1	29.5	47.7	76.2	85.1
企業倫理委員会の設置	10.7	28.4	50.5	85.9	86.5
レポーティング・システムの導入	5.4	25.3	43.2	80.9	91.8
外部の第三者によるチェック体制*	31.3	25.3	35.7	51.0	53.4
地球環境問題専門組織の設置	62.5	61.5	79.3	84.8	82.4
社会貢献活動専門組織の設置	29.5	36.6	42.6	46.0	48.6

注:「外部の第三者からのチェック」については，第2回調査では「社外取締役」「社外監査役」「オンブズマン」「その他」から回答制限無しの複数回答形式になっていたが，比較分析のため択一回答の形に計算し直した。具体的には，4者のうち2つが選択されていても選択数「1」として計算した。単位：％

　図表11−1は，第1回（1996年）から第5回（2008年）調査までの間で，回答企業が倫理確立に向けて導入済みとした「特別な仕組み」の具体的内容をまとめたものである。いずれの項目をみても着実に制度化が進展していることがよく分かる。第4回調査（2005年）以降の数字をみると，米国と比べてもほとんど遜色はなく，「企業倫理教育の実施」などに取り組む企業の割合は，むしろ米国を凌ぐほどである。余談ではあるが，第5回調査（2008年）の調査票の自由回答欄で，「今時こんな制度面での取り組みを調査してどうするの？」というお叱りを受けて苦笑いしたのを覚えている。第1回調査を実施した1990年代半ば頃のことを思うと，まさに「隔世の感あり」である。

　かくして，今やこういった経営倫理制度を備えていることが常識といえる時代になった。それは，取りも直さず企業側の経営倫理に対する関心が著しく高まったことを意味している。では，そのような企業のなかで働く人々の意識はどうなのか？　そこで次に，日本企業の管理者の倫理観の特徴を，米国や韓国の管理者と適宜対比しながらみていくことにする。

2 日本企業における管理者の倫理観

(1) 主な先行研究

 企業人の倫理観に関する萌芽的研究として、Baumhart（1961）の調査研究がある。この調査が実施された時期は、米国においてもまだ学としての経営倫理が充分に確立されていなかった頃である。1970年代以降、経営倫理学への関心が高まるにつれ、このBaumhartの研究に着目し、その調査質問項目などを利用してリプリケーション・スタディを試みる研究者も現れた[3]。

 筆者は米国留学中（1988年夏～1993年春）に経営倫理学に接したのだが、経営倫理に関する日本の実情を聞かれても、まだ日本で経営倫理に関する研究の蓄積がほとんど皆無であったため、何も答える材料がなく、もどかしい思いが募るばかりであった。そこで筆者は、日本に帰国してすぐにBaumhart（1961）に端を発するリプリケーション・スタディの日本版調査を実施した（中野、1995）。すると、それが韓国の研究者の目に留まり、韓国でも同様の調査が実施され、日韓比較研究の形で報告されることになった（Park, Nakano and Lee, 1997）。さらに、その後10年経過して日本の管理者の倫理観にどのような変化があったかを考察するための追調査も実施した（中野・山田、2006）。するとそれがまた別の韓国の研究者の目に留まり、同様の調査が韓国でも実施され、再度日韓比較調査研究として発表された（Choi and Nakano, 2008）。

 これらの調査研究は、もともと比較研究として同じフォーマットで同じ時期に一斉調査するようデザインされたものではない。したがって、正確には比較研究というべきではない。しかし、Baumhart（1961）の後、米国、日本、韓国等で繰り返し実施された調査の結果を対比することで、何らかの学術的・実践的示唆が得られるものと考える。そこで、以下、これらの調査で明らかになった日本の管理者の倫理観の特徴を、米国や韓国のそれと適宜対比しながら論じていくことにする。

(2) 意外と似ている！？　管理者の倫理観

 まず、中野（1995）の調査[4]を実施するにあたって、日本の管理者の倫理

観は，過去の米国の調査（Baumhart, 1961; Brenner and Molander, 1977; Vitell and Festervand, 1987）の結果とは相当異なるものになるだろうと予想していた。そもそも人々の倫理観とは，その国その社会の文化や価値観を色濃く反映するものであり，したがって文化や価値観が違えば倫理観も異なるであろうと考えていたからだ。ところが，管理者たちの倫理観は，日米の間で当初予想していたほど大きな違いは見受けられなかった。むしろ，いくつかの項目に関してはきわめて似通った結果であったことに驚きを覚える程であった。

また，これら日米の間で類似の結果が出た項目については，10年後の追調査（中野・山田，2006）[5]においても，大きな変化はみられなかった。以下，日本と米国の間で類似の結果が出た項目について（一部は韓国の結果も含めて）みていくことにする。

まず最初に，「各種ステークホルダーに対する企業の責任」について，管理者たちの回答をみてみよう[6]。この点については，従来から，米国では株主が最重視されるのに対し，日本では従業員が最重視されるという議論が一般的であった。例えば，Thurow（1992）は次のように述べている。

> アメリカ企業の経営者に対して「企業は誰のために存在するか」と問えば，第一に株主のため，第二第三がなくて，第四にお客様のため，第五に社員のため，という答えが返ってくる（中略）日本企業の経営者に同じ質問をすれば，返ってくる答えは順番が逆になる。第一に社員のため，第二にお客様のため，そして第三に株主のため（Thurow, 1992, p.137; 邦訳, pp.188-189）。

しかし，日本の1994年調査での管理者の回答は，1985年の米国調査ときわめて似通ったものであることが分かった（中野，1995）。また，10年後の2004年調査においても，下位のほうでは若干順位が入れ替わっているものもあるものの，大きな変化は認められなかった（中野・山田，2006）。ちなみに，韓国の2005年調査での管理者の回答は日米と比べてやや意見が分散する傾向が見受けられるものの，トップ３の順位は日米と同じであった（図表11

図表11-2　企業は誰に対して奉仕すべきか：主要ステークホルダーに対する企業の責任

企業は様々な利害関係集団に責任をもっています。企業は誰に対して奉仕すべきだと思われますか。次にあげた利害関係者のうち，あなた自身が最も重要度が高いと思われるものから順に1〜7の番号をつけてください。(「1＝最も重要な責任を担っている」〜「7＝あまり重要でない」)

	米国（1985年）	日本（1994年）(N＝150)	日本（2004年）(N＝223)	韓国（2005年）(N＝391)
消費者もしくは顧客	1.95（1）	1.71（1）	1.45（1）	2.81（1）
従業員	2.67（2）	2.58（2）	2.68（2）	2.89（2）
株主	3.00（3）	3.01（3）	2.74（3）	3.25（3）
地域社会	4.78（4）	4.31（4）	4.44（4）	4.64（5）
社会一般	5.48（5）	4.37（5）	4.91（6）	4.99（7）
供給業者	5.75（6）	4.99（6）	4.71（5）	4.34（4）
政府	6.23（8）	6.70（7）	6.76（7）	4.98（6）
仲介業者（ディーラー）	5.94（7）	＊	＊	＊

注：数値は，回答者に各項目の重要度を，1（最も重要）から7もしくは8（最も重要でない）までランク付けしてもらい，その平均値を算出したもの。平均値の右側の（　）内は各調査における順位を示したもの。＊印は，当該調査において選択項目なし

−2）。

　先の Thurow（1992）の引用に代表されるような見解は，たしかにわれわれの一般的な感覚と合致するものであるし，「通説」といわれても異議を唱える人はそれほど多くないであろう。しかし，そのような「通説」が確たる根拠のないまま，いつのまにか一人歩きしてしまっていることに危うさを覚えざるをえない。

　中野（1995）ではもうひとつ興味深い発見があった。それは，「架空の倫理的意思決定状況に対する管理者の反応」についての調査結果である（図表11-3）。これは，Baumhart（1961）の調査研究のなかでも最も特徴的なものであり，ケース1とケース2は Baumhart（1961）のオリジナルな架空のケースであるが，ケース3は Brenner and Molander（1977），ケース4は Vitell and Festervand（1987）がそれぞれ追加考案したケースである[7]。

　まずケース1の「重役による経費水増し請求」についてであるが，調査をする前には，日本の管理者は，米国管理者より倫理的に甘い態度を示す回答がやや多いのではないかと推測していた。しかし，いずれの調査においても「いかなる状況であろうと許しがたい」という回答が圧倒的に多く，日米の間にほとんど違いは見受けられなかった[8]。

ケース2は「競合企業からの従業員引き抜き」について管理者の考え方を問うものである。ヘッドハンティングなどがより一般的に行われている米国のほうが「たぶん雇うであろう」という回答が多いのではないかという事前の予想に反し，やはり日米の間でほとんど違いはなかった[9]。

　ケース3の「発展途上国の政府高官による賄賂の要求」については，日米の管理者の回答の仕方に明確な違いが認められる。このケースに関する議論は，後の項(4)に譲ることにする。

　最後のケース4「強引な販売促進」についても，日米の管理者の回答にそれほど大きな差はない。とりわけ，米国1985年調査と日本1994年調査の結果は驚くほど似た数字になっている。日本2004年調査では，「営業部員にペナルティを課す」という倫理的に厳格な態度を示す回答が少し増えているが，これは日本で2000年前後に企業不祥事が相次いで発覚したことを踏まえて，部下の倫理法令違反行為を警戒する管理者がやや増えたためではないかと推測される[10]。

　ここでの第1のポイントは，ケース1，ケース2，ケース4という3つの架空の倫理的意思決定状況に対する日米の管理者の反応に，ほとんど違いが見受けられなかったことである。従来から日本的経営論など（とりわけ文化論的アプローチの議論）においては，日米の経営スタイルを対照的に比較し，その違いを浮き彫りにすることが多かった。先のThurow（1992）の議論，そして筆者自身の事前の予想も，確たる証拠もないままに，そういった「通説」的な議論をあたかも当然のごとく受け入れてしまって，管理者たちの倫理観の真の姿を見誤るという落とし穴に陥っていたのではないだろうか。

　第2のポイントは，日本で実施した2回の調査（1994年および2004年）の結果に大きな違いが認められないことである。この10年の間に，日本においては数々の企業不祥事が露呈し，またそれに伴って経営倫理や企業の社会的責任（CSR）への関心は飛躍的に高まった。そして先にもみたように，日本企業における経営倫理の制度化も著しく進展し，今やそのような仕組みをもつことが当たり前の時代になっている。にもかかわらず，架空のケースとはいえ，倫理的意思決定状況に対する管理者たちの考え方には，ほとんど変化がみられない。つまり，時代の状況や企業の制度が大きく変わっても，管理

図表11-3　架空の倫理的意思決定状況に対する管理者の反応

以下に4つの架空のケースを示します。それぞれのケースについて、（A）あなたならどう思うか、（B）他の一般の管理者ならどうすると思うか、をお答えください。

ケース1：年間所得4千万円の重役が、年に200万円を水増しして経費でおとしている。*

	米国 (1961)		米国 (1976)		米国 (1985)		日本 (1994)		日本 (2004)	
	あなたなら	一般管理者なら	あなたなら	一般管理者なら	あなたなら	一般管理者なら	あなたなら (N=157)	一般管理者なら (N=155)	あなたなら (N=225)	一般管理者なら (N=223)
いかなる状況であろうと許しがたいことである	86	60	89	53	98	54	84.1	71.0	90.7	64.1
他の重役もそうしているのであればかまわない	6	27	4	28	0	26	1.9	11.0	0.4	9.4
経営者が知っていて咎めないのならかまわない	11	28	9	33	2	20	14.0	18.1	8.9	26.5

注：ケース中の金額は、それぞれの調査が行われた年代に相応しいと考えられる金額に変更してある。単位：％

ケース2：あなたがきわめて競争の激しい業界における会社の社長であると仮定します。あなたは、競争相手X社がある重要な科学的発見を行ったというニュースを耳にしました。この発見によって、あなたの会社の利益はかなりの打撃を被ることが予想されています。そのとき、この発見についてかなり詳細な知識をもっているX社の従業員をあなたの会社で雇うことができるかもしれないという情報が入りました。あなたはこの従業員を雇おうとしますか。

	米国 (1961)		米国 (1976)		米国 (1985)		日本 (1994)		日本 (2004)	
	あなたなら	一般管理者なら	あなたなら	一般管理者なら	あなたなら	一般管理者なら	あなたなら (N=158)	一般管理者なら (N=157)	あなたなら (N=223)	一般管理者なら (N=219)
たぶん雇うであろう	48	70	50	73	61	82	50.0	74.5	48.0	69.9
たぶん雇わないであろう	52	30	50	27	39	18	50.0	25.5	52.0	30.1

注：単位：％

者たちの倫理意識はそれほど変わっていないのである。この点はしっかり留意しておく必要がある。

(3)　変化の兆し

　では、日本の管理者たちの倫理観は、米国のそれとそんなに違いはないものなのか？　そして、日本の管理者たちの倫理観は、そんなに変わるもので

ケース3：ある発展途上国ではビジネス上の意思決定を潤滑にするための「特別な」金銭授受がきわめて一般的に行われています。あなたはその国でもビジネスを行っている会社の重役です。ある日，その国の大臣が，あなたに3千万円の「コンサルタント料」を要求してきました。その見返りとして，100億円の仕事を受注できるように特別な計らいをしてくれるというのです。あなたの会社が100億円の仕事を得られれば，約5億円という膨大な利益が見込まれるとします。さて，あなたがこの重役であったとしたら，このコンサルタント料を支払いますか。								
	米国（1976）		米国（1985）		日本（1994）		日本（2004）	
	あなたなら	一般管理者なら	あなたなら	一般管理者なら	あなたなら (N=156)	一般管理者なら (N=157)	あなたなら (N=224)	一般管理者なら (N=222)
たとえこの大きな契約を失うとしても大臣の要求を拒否する	42	9	51	21	19.2	6.4	31.7	10.8
そのような支払いがその国の慣習として倫理的に認められているのであれば支払う	36	45	16	27	66.0	55.4	62.9	63.1
多少倫理的に問題があるとしても利益を確保するために必要悪として支払う	22	46	33	52	14.7	38.2	5.4	26.1

注：単位%

ケース4：あなたは産業機器の部品供給メーカーの地域別営業課長であると仮定します。あなたの部下の営業部員たちは，売上を上げるために部品購入業者を金で動かそうとしています。そのやり方は，一般的に受け入れられているような販売促進の方針から逸脱しているところがありますが，法に触れるというものではありません。あなたは課長としてどのように振る舞いますか。						
	米国（1985）		日本（1994）		日本（2004）	
	あなたなら	一般管理者なら	あなたなら (N=158)	一般管理者なら (N=155)	あなたなら (N=224)	一般管理者なら (N=221)
購入業者への金の支払いを今後中止するよう指示するとともに，この件にかかわった営業部員に対してペナルティを課す。	18	6	19.6	8.4	27.2	13.6
購入業者への金の支払いを今後中止するよう指示するが，営業部員に対してのペナルティは課さない。	77	74	75.9	67.1	69.2	60.2
何もいわずに見過ごす。	5	21	4.4	24.5	3.6	26.2

注：単位%

はないのか？　というと，そうではない部分もある。

　日本1994年調査では，日本の管理者の倫理観にみられる主な特徴（米国調査との対比において）のひとつとして，日本の管理者たちが倫理的意思決定

を行うにさいして,「会社の方針」にきわめて大きな影響を受ける傾向が強い点が指摘された(中野,1995)。しかし,10年後の2004年調査では,その特徴が目立たなくなり,米国の調査とほぼ同様の結果となった(中野・山田,2006)。以下,図表11-4と図表11-5を参照しながら,論じていくことにする。

まず,図表11-4は,「管理者の倫理的(良心的)意思決定に影響を及ぼす要因」に関して,対比可能な調査研究の結果をまとめたものである。職業生活のなかで倫理的(良心的)な意思決定を行ったときに影響を及ぼした要因として,米国の管理者が断トツ1位にあげたのは「自分の良心」であったの

図表11-4 管理者の倫理的(良心的)意思決定に影響を及ぼす要因

あなたは,これまでの職業生活のなかで,きわめて倫理的もしくは良心的な意思決定をされたご経験をおもちだと思います。そのような決定をするにさいして,どのような要因が影響を及ぼしたのでしょうか。次にあげた5つの要因について,影響の度合いが強いと思われるものから順に(1位から5位まで)番号をつけてください。(「1=倫理的な意思決定に最も大きな影響を及ぼす」~「5=あまり影響しない」)					
	米国 (1961年)	日本 (1994年)	日本 (2004年)	韓国 (1996年)	韓国 (2005年)
自分の良心	1.5 (1)	1.99 (2)	1.73 (1)	1.93 (1)	1.99 (1)
会社の方針・社風	2.8 (2T)	1.94 (1)	2.12 (2)	2.43 (2)	2.44 (2)
上司の行動・考え方	2.8 (2T)	2.92 (3)	2.79 (3)	4.18 (5)	2.88 (3)
業界の倫理的風土	3.8 (4)	3.93 (4)	4.11 (4)	4.09 (4)	3.89 (5)
同僚の行動・考え方	4.0 (5)	4.31 (5)	4.16 (5)	4.06 (3)	3.88 (4)

図表11-5 管理者の反倫理的(良心に反する)意思決定に影響を及ぼす要因

ビジネスマンが,倫理もしくは自分の良心に反するような意思決定をするさいに影響を受けるのは,主にどのような要因だと思われますか。次にあげた5つの要因について,影響の度合いが強いと思われるものから順に(1位から5位まで)番号をつけてください。(「1=非倫理的決定に最も影響を及ぼす」~「5=あまり影響しない」)						
	米国 (1961年)	米国 (1976年)	日本 (1994年)	日本 (2004年)	韓国 (1996年)	韓国 (2005年)
上司の行動・考え方	1.9 (1)	2.15 (1)	2.14 (2)	2.04 (1)	3.00 (3)	2.43 (1)
会社の方針のあいまいさ	3.3 (4)	3.27 (2)	2.00 (1)	2.30 (2)	2.59 (2)	2.53 (2)
業界の風土・慣行	2.6 (2)	3.34 (3)	3.08 (3)	3.22 (3)	2.11 (1)	3.09 (3)
自らの経済的必要性	4.1 (5)	4.46 (6)	3.75 (4)	3.29 (4)	3.17 (4)	3.20 (4)
同僚の行動・考え方	3.1 (3)	3.37 (4)	4.18 (5)	4.09 (5)	4.10 (5)	3.75 (5)
社会一般の倫理的風土	*	4.22 (5)	*	*	*	*

注:*選択項目なし

に対し，日本の1994年調査における管理者たちが1位にあげたのは「会社の方針・社風」であった。それが，2004年調査になると，その違いがほぼ消えて，日本の管理者の回答は，米国のそれと類似したものになった（中野・山田，2006）。ちなみに，韓国のほうも2005年調査では日・米の管理者たちと同様の順位付けになっている（Choi and Nakano, 2008）。

　図表11-5は，同様に「管理者の反倫理的（良心に反する）意思決定に影響を及ぼす要因」に関する対比可能な調査研究の結果をまとめたものである。この点についても，米国の管理者たちが「上司の行動・考え方」を断トツ1位にあげているのに対し，日本1994年調査では「会社の方針のあいまいさ」が1位となっていた。しかし，日本2004年調査になると，米国と同じく「上司の行動・考え方」が1位となり，その結果，米国1976年調査と似通った順位付けになった。ちなみに，韓国のほうも，1996年調査では「業界の風土・慣行」が1位にあげられていたが，2005年調査では「上司の行動・考え方」が1位となり，この問いに関する日・米・韓の管理者たちの意識の違いは著しく薄らいでいる（Choi and Nakano, 2008）。

　要するに，倫理的（良心的な）意思決定であれ，反倫理的（良心に反する）意思決定であれ，1994年調査における日本の管理者は「会社の方針（もしくはそのあいまいさ）」に最も影響を受けていた。この点に関して，中野（1995）は日本の管理者の倫理観における「会社本位主義の傾向」を示唆していたが，2004年調査の結果をみると，そのような会社本位主義的なメンタリティは徐々に衰えつつあるようだ（中野・山田，2006）。また，韓国のほうでも，この10年余りの間に「業界の風土・慣行」の影響が一段と弱まり，日・米の管理者と類似の傾向を示すようになりつつあることを考えると，経済社会が成熟し，経営倫理の考え方が普及・浸透するにつれ，管理者たちの倫理観も徐々に収斂する一面もあるのかもしれない。

(4)　変わらぬ意識：日本の管理者は倫理相対主義！？

　さて，日本の管理者の倫理観のなかで，米国のそれとは決定的に異なり，また10年経ってもほとんど変わらない特徴がひとつある。それは，「倫理相対主義」あるいは「状況主義的倫理」というべきものである。今一度，図表

11-3に戻って，ケース3「発展途上国の政府高官による賄賂の要求」に対する管理者たちの回答をみていただきたい。ケース1，ケース2，ケース4については，日米の管理者に大きな違いは認められないのに対し，ケース3だけは，日本の管理者たちの回答の傾向が米国管理者のそれと大きく異なることが一目瞭然である。その数字の背後にある考え方まで考慮すると，その違いはさらに決定的な違いであることが分かる。

「たとえ契約を失うとしても大臣の要求を拒否する」というのは，そうすることが「倫理に反する」と考えているからである。また「必要悪として支払う」という回答も，そうすることが「悪」（すなわち，倫理的には間違っているけれども，やむをえない）という考え方をしているわけである。これに対して，「その国の慣習として倫理的に認められているのであれば支払う」という回答には，（たとえ自国においては不正とみなされることであるとしても）その国で倫理的に認められているのであればそれを是として受け入れることを意味している。

そのような観点からすると，米国では3分の2（1976年調査における42％＋22％）から8割以上（1985年調査における51％＋33％）の管理者たちが，そのような行為を「悪」と認識しているのに対し，日本の管理者は1994年調査では約3分の2（66％）の者がこれを「是」と認めており，また2004年調査においても6割以上（62.9％）とその傾向に大きな変化はみられない[11]。「郷に入らば郷に従え」というのは，日常的なマナーや生活習慣のレベルにおいては大事な教訓であるのかもしれないが，これだけ経済がグローバル化しているなかで，ビジネスに携わる者が「ところ変われば，用いる倫理基準も変える」というのはいかがなものか？ グローバル時代に向けて，日本の企業およびビジネスパーソンに突きつけられた重要課題のひとつであると思う[12]。

3 | 日本企業のグローバル化に向けて：調査結果が示唆するもの

最後に，日本企業のグローバル化に向けて，一連の経営倫理に関する調査結果から得られた示唆を列挙することで，本章の結びにかえたいと思う。

まず第1に，先入観や思い込みで，現実の人々の倫理観を見誤ってはならない，ということである。自らの倫理観を無自覚的に相手（例えば現地の人々）に押し付けるようなことをしてはならないのは当然である。逆に，「現地では人々の習慣も倫理観もまったく違うはず」と過度に構えすぎると，不要な警戒心や軋轢を招くことにもなりかねない。先入観や思い込み，あるいは安易な憶測に基づく判断などを可能な限り排除して，自社および相手の倫理観や物事の考え方・進め方などを謙虚かつ客観的な目で洞察・理解するよう心がける必要がある。

　第2に，制度や仕組みは比較的短期間で変えることができるが，人々の意識や考え方が変わるには相当な時間を要する，ということである。経営倫理を確立するための諸制度は，会社がその気になりさえすれば，1～2年で構築することも可能である。しかし，その制度の背後にある倫理観や価値観を人々の意識に浸透させていくのは容易ではない。制度を作ったからといって手を抜いてはならない。結果を急いで求めることもしてはならない。倫理観や価値観を浸透させ組織の体質に落とし込んでいくには，5年，10年，あるいは一世代が入れ替わるぐらいの長期戦のつもりで臨む必要がある。

　第3に，人々の倫理観や意識には，変わりやすいものと変わりにくいもの（もしかすると，変わらないもの？）がある。例えば，本章で議論した日本の管理者たちの「会社本位主義」的な考え方は10年の間にかなり変わった。しかし，彼らの「倫理相対主義」もしくは「状況主義的倫理観」の傾向は10年経ってもほとんど変わっていない（それが「まだ変わっていない」のか「これからも変わらない」のかは不明だが）。人々の倫理観や意識のどういう部分が変わりやすく，どういう部分が変わりにくい（変わらない）のか，その内容をしっかり見極めて，それに応じた対処の方法を考えていく必要がある。

　いずれにしても，筆者が行ってきたような調査から得られる知見はたかが知れている。実際にグローバル展開しておられる企業の個別具体的な経験や事例を，是非われわれ研究者にもご提供いただきたいものである。

注

1 例えば，水谷（1998）p. 204.
2 この一連の定期実態調査では，(社) 企業研究会の正会員企業，研究部会活動参加企業など約500～700社を対象に調査票を送付。有効回収率は10～20％程度であった（調査票送付企業数および回収率は，調査の回によって異なるため，ここでは概数のみを示しておく）。調査結果の詳細については，中野ほか（2009）をご参照いただきたい。これらの調査を実施するにさいしては，(社) 企業研究会に多大なるご協力をいただいた。紙面を借りて改めて感謝申し上げたい。
3 例えば，Brenner and Molander (1977), Vitell and Festerrand (1987) など。
4 調査の実施時期は1994年2月～3月。
5 調査の実施時期は2004年12月。
6 ちなみに，一連のリプリケーション・スタディのなかでこの質問項目を扱っているのは Brenner and Molander (1977) 以降であり，Baumhart (1961) の調査には含まれていない。
7 Baumhart (1961) は，架空の倫理的意思決定状況をケースとして提示し，「あなたならどうするか」，あなた以外の「一般の管理者ならどうすると思うか」という二通りの問いかけを行っている。彼の調査では，この二通りの問いに対して回答者たちはかなり違った反応を示しており，自分自身のほうが倫理的により厳格で，一般の管理者たちはもっと寛容な（倫理的に甘い）決断を下すと考えていることが判明した。そして Baumhart は，管理者たちが実際にそのような状況に置かれた場合には，彼らが「一般の管理者なら…」と答えたのに近い行動をとるであろうという見解を示している。しかし，ここでは，この二通りの問いかけに対する回答の違いについてはあまり考えることはせず，全体的な傾向を考察するにとどめておく。ここでの主眼は，日本の管理者たちの回答を，米国や韓国の管理者たちと対比することにあるからである。
8 韓国の2005年調査では，「いかなる状況であろうと許しがたい」とする回答（「あなたなら」の場合）は68.6％にとどまっている（Choi and Nakano, 2008, p. 193）。
9 韓国では「たぶん雇うであろう」という回答（「あなたなら」の場合）が1996年調査で69.8％，2005年調査で59.5％と，日米よりもやや多くなっている。この点に関して，Choi and Nakano (2008) は，韓国の雇用慣行においては，経営倫理よりも利益のほうを優先する傾向が強いことを示唆するものと指摘している（p. 194）。
10 韓国においても，1996年調査と2005年調査の間で，日本の管理者と同様の変化がみられる（Choi and Nakano, 2008, p. 194）。
11 ここでの数値は，いずれも「あなたなら」という問いに対する回答の数値。なお，このケース3に象徴されるような意思決定状況は，経済のグローバル化が進展するなか，海外企業との間でビジネスを行うにさいして不可避の問題であり，日本においても1998年に不正競争防止法が改正され，外国公務員贈賄罪が適用されるようになった。また，2004年には「不正競争防止法の一部を改正する法律」が成立し，処罰の対象が「属地主義」から「属人主義」へと変更・厳格化された。さらに，経済産業省も2004

年に「外国公務員贈賄防止指針」を発行し，ファシリテーション・ペイメントに関する基本的な考え方を示すなど，国際ビジネス慣行のあり方改善に向けて重要課題のひとつとなりつつある。その観点からすれば，2004年調査の結果が1994年調査のものと比べてそれほど大きな変化がみられなかったという事実は，これからの日本企業の重大な課題として銘記しておくべきである。

12 なお，韓国においても，「その国で倫理的に認められているのであれば支払う」という回答が，1996年調査で65.2％，2005年調査で52.8％と多く，日本とほぼ同様の傾向がみられる。この「倫理相対主義」もしくは「状況主義的倫理」の傾向は，アジアもしくは儒教文化圏の特徴といえるのかもしれない。

参考文献

Baumhart, R. C. (1961) "How Ethical Are Businessmen?" *Harvard Business Review*, Vol. 39, pp. 6-19.

Brenner, S. N. and E. A. Molander (1977) "Is the Ethics of Business Changing?" *Harvard Business Review*, Vol. 55, pp. 57-71.

Center for Business Ethics at Bentley College (1986) "Are Corporations Institutionalizing Ethics?" *Journal of Business Ethics*, Vol. 5, pp. 85-91.

Choi, T. H. and C. Nakano (2008) "The Evolution of Business Ethics in Japan and Korea over the Last Decade," *Human System Management*, Vol. 27, No. 3, pp. 183-199.

DeGeorge, R. T. (1987) "The State of Business Ethics: Past and Future," *Journal of Business Ethics*, Vol. 6, pp. 201-212.

Park, H., C. Nakano and J. Lee (1997) "Business Ethics in the United States, Japan, and Korea: A Comparison of the Idiosyncratic and Overlapping Contexts," Proceeding for the 14th Pan Pacific Conference, at Kuala Lumpur, Malaysia, June 3 to 5, 1997.

Thurow, L. C. (1992) *Head to Head*, William Morrow and Company（土屋尚彦訳（1992）『大接戦』講談社）．

Vitell, S. T. and T. A. Festervand (1987) "Business Ethics: Conflicts, Practices, and Beliefs of Industrial Executives," *Journal of Business Ethics*, Vol. 6, pp. 111-122.

中野千秋（1995）「実証研究―企業管理者の倫理観に関する日米比較」『麗澤学際ジャーナル』第3巻，第1号，pp. 29-50。

中野千秋・山田敏之（2006）「日本企業における倫理確立に向けての取り組みと管理者の倫理観―10年前との比較」（独）日本学術振興協会平成16～17年度科学研究費補助金交付研究（課題番号：16530264）報告書。

中野千秋・山田敏之・福永晶彦・野村千佳子（2009）「第5回・日本における企業倫理制度化に関する定期実態調査報告」『日本経営倫理学会誌』第16号，pp. 151-163。

水谷雅一（1998）『経営倫理学のすすめ』丸善。

山田敏之・野村千佳子・中野千秋（1998）「第1回・日本における企業倫理制度化に関する定期実態調査報告」『日本経営倫理学会誌』第5号，pp. 145-159。

第4部

●●● 主要国の経営倫理とCSRの実際展開

第12章 イギリス企業の経営倫理と CSR

出見世 信之

はじめに

　イギリスは，1600年の東インド会社設立により，株式会社制度の発祥の地として評価され，また，経済学が生まれた国でもある。経済学の祖として評価されるアダム・スミス（Smith, A.）は，哲学者として，人間が他者への共感を得られるように行動することを指摘した『道徳情操論（*The Theory of Moral Sentiments*）』を著し，その後継者のひとりであるマーシャル（Marshall, A.）は，20世紀初頭に「経済騎士道の社会的可能性」を記し，企業家に倫理を求めている。同じ時期，ラウントリーの経営者であったシェルドン（Sheldon, O.）は，『経営の哲学（*Philosophy of Management*）』において経営者の社会的責任（The Social Responsibility of Management）について言及したことでも知られている。歴史的にみて，イギリスでは，経営倫理やCSR に関する主張が先駆的に行われていたのである。

　また，イギリスは，株式会社制度や経済学の長い歴史を有するばかりでなく，今日においても経営倫理や CSR に関する研究と実践の領域において，先進的な側面を有する。本章においては，まず，経営倫理や CSR のイギリスでの研究動向を確認し，CSR に関する政策，会社法の動向等の観点から経営倫理や CSR の促進要因について考察し，イギリス企業の経営倫理と CSR の取り組みについて考察する。

1 研究動向

20世紀初頭，経営者のシェルドンが，『経営の哲学』において経営者の社会的責任について言及しているが，21世紀に入ってからも，キャドバリー・シュウェプスの会長であったキャドバリー（Cadbury, A.）が『企業統治と会長職（*Corporate Governance and Chairmanship*)』のなかで，株主の利益を最大化することが経営者の社会的責任であるとする，フリードマン（Friedman, M.）のCSRは現実的なものではないなどとしてCSRの問題に言及している（Cadbury, 2002）。実務経験もあるチャーカム（Charkham, J.）も，企業統治との関連で利害関係者やCSRの事柄をとりあげ，イギリス企業は株主を重視する一方で，他の利害関係者も重視しているとしている（Charkham, 2005）。このように，イギリスでは，経営者の経験や視点から，CSRについての言及がその初期から行われているのである。また，ノッティンガム大学ビジネス・スクールのCSR担当教授であるムーン（Moon, J.）は，1970年代において，CSRをめぐる論争がイギリスで起こっていたが，失業問題の深刻化，都市の荒廃などで，CSRとして企業の地域社会への参加が企業の成功の社会的な必要条件となったことを指摘している（Moon, 2005）。

経営倫理については，1986年に，経営倫理に関する研究と啓発活動を目的として，経営倫理研究所が設立されている。具体的には，1987年に設立されたヨーロッパ企業倫理ネットワークなどと連携して，ヨーロッパの経営倫理担当者を集めて情報交換を促したり，後述するような経営倫理に関する調査研究を行い積極的に公表したりしている。1990年代に入ると，経営倫理に関する論文や著作が散見されるようになる。例えば，マクラガン（Maclagan, P.）は，1992年にイギリスの経営者教育のなかで倫理が考慮されていないことを指摘し，コールバーグ（Kohlberg, L.）の道徳性発達段階の考えを企業のなかに取り入れようとしている（Maclagan, 1992）。また，シェフィールド・ビジネス・スクールの組織行動研究をしていたスミス（Smith, K.）とジョンソン（Johnson, P.）は，1994年に『経営倫理と企業行動（*Business Ethics and Business Behavior*)』を出版し，イギリスにおいては，古典派経済学的な経営者の責任に疑問が提起される一方で，保守党政権下で市場経済

の役割が重視されながら,失業率が改善されないなかで,犯罪銀行と呼ばれたBCCIで起きた資金洗浄事件や従業員年金の不正流用が問題とされたマックスウェル事件が起きたことにより,経営倫理への関心が高まっていることを指摘している(Smith and Johnson, 1994)。彼らは,アメリカの研究者であるグッドパスター (Goodpaster, K. E.) やベラスクィーズ(Velasquez, M. G.)等の経営倫理研究に依拠しながら,経営倫理を応用的で,実践的な調査領域として捉え,企業活動の社会的文脈から切り離された倫理的思考の研究ではないとしている。

　リード大学の研究員でコンサルタントでもあるスターンバーグ(Sternberg, E.)は,1994年に『正しい企業―行動における経営倫理 (*Just Business: Business Ethics in Action*)』の初版を出版し,2000年に第2版を出版している。彼女は,経営倫理を企業にとって不可欠なものとするが,それは企業にとって倫理的選択が不可避なものであるからである (Sternberg, 2000)。アリストテレス (Aristotle) の目的論的な接近方法から経営倫理をとりあげ,経営倫理は個人の常識のようなものではなく,分析が必要なものであるとし,そのための経営倫理の原理が指摘され,その原理としては,分配の公正のほか,誠実,正直などの普通の良識 (ordinary decency) があげられ,「善い倫理が良い企業である」とする。それは,倫理的な行動が企業の成功にとって十分条件ではなく,企業の成功は倫理的成功を保障するものでもないが,分配の正義と普通の良識が典型的には,長期的な企業の所有者の価値を増大させるというものである。

　2000年以降になると,イギリスの研究者により経営倫理の教科書も出版されるようになる。例えば,ノッティンガム・ビジネス・スクールのフィッシャー (Fisher, C.) とラベル (Lovell, A.) は,2003年に『経営倫理と価値理念 (*Business Ethics and Values*)』の初版を発行し,2006年には第2版を,2009年には第3版を出版している。初版においては,古典的自由主義,共同体主義,多元主義,批判主義という4つの異なる接近方法から倫理的な価値に関して接近するのみであったが,第2版においては,倫理的な問題は,利害関係者論に依拠して理解しうるとしている (Fisher and Lovell, 2006)。さらに,経営倫理の定義において,誠実さが重要であるとする一方で,経営

倫理の研究は物語から始まるとして，初版に比べて多くのイギリス企業の事例を掲載するようになっている。

『経営倫理—欧州の考察（*Business Ethics: European Review*）』誌においても，イギリスの研究者の論文が掲載され，なかには，企業の実践に即した議論よりも抽象度の高い哲学的議論を行う者もいる。ベバン（Bevan, D.）は，哲学者レビナス（Levinas, E.）の倫理学を企業に応用する見方を紹介し，利潤を追求する企業のような組織において，経営倫理を求める可能性は存在しないとの見方を示している（Bevan, 2007）。また，ルイス（Lewis, D.）は，1998年に制定された公益開示法後，職場の労働者の信頼や忠誠心が増していることについて，先行研究を整理しながら論じている。また，他者への義務を強調する伝統的な原則と企業家的な自己利益と関連する原則によって人々が統治される「二重の道徳社会」を提唱するヘンドリ（Hendry, J.）のような議論もある（Lewis, 2011; Hendry, 2004）。

イギリスは，英語圏ということもあり，アメリカ，カナダなどとの間で研究者が盛んに交流している。経営倫理やCSRに関する研究もアメリカの影響を少なからず受けており，研究者の大学間の異動も少なくない。そのため，本章でとりあげたイギリスの研究者というのは，イギリスの大学などの研究機関にその時点で所属しているという意味にすぎないが，イギリス企業を研究対象としたり，事例としてとりあげたりして，公益開示法や贈賄防止法などのイギリス政府による公的規制を反映したものとなっている。

2 促進要因

イギリスには，経営倫理やCSRを企業に促し，それを支援する組織が多数存在している。例えば，イギリス産業連盟（Confederation of British Industry）は，1975年に『イギリス公開会社の責任（*Responsibility of the British Public Company*）』を公表して，取締役の政治的課題事項への対応についてその責任として言及していたが，今日においても雇用や環境問題に関して積極的な発言を行っている。1991年には，イギリス社会責任投資フォーラム（U. K. Social Investment Forum）が設立され，社会的責任投資

に関する調査等を行っている。それによると，イギリスにおける社会的責任投資は，1997年には227億ポンドにすぎなかったが，2001年には2245億ポンド，2005年には5600億ポンド，2010年には9389億ポンドになっている。SRIへの取り組み自体は，フィナンシャルタイムズ（*Financial Times*）とロンドン証券取引所（LSE）が，1991年にFTSE 4 GoodをSRI指数として設定し，以下の3つの領域が含まれていることが指数に組み込まれる条件であるとしている。すなわち，「自然環境の持続可能性に向けて取り組んでいること（Working towards environmental sustainability）」「利害関係者と積極的関係を発展させていること（Developing positive relationships with stakeholders）」，「普遍的な人権を擁護し支持すること（Upholding and supporting universal human rights）」である。こうした指数やSRIが，イギリス企業に経営倫理やCSRへの取り組みを促している。

1995年には，「明日の会社（Tomorrow's Company）」研究委員会を基礎として，「明日の会社」センターが設立される。同委員会は，企業の持続可能性を高めるためには，利害関係者間の合意に基づくより広い評価基準が必要になることを指摘し，企業は社会的価値を無視することはできないとする立場から，経営倫理やCSRとも関連する調査や提言を行っている。さらには，「地域社会における企業（Business in the Community）」という組織のように，地域社会にある事業を振興するために作られた団体があり，環境に関する指標（index）や企業責任に関する指標を公表するとともに，同組織は，CSRに関する研修等を行っているCSRアカデミーを支援している。経営者協会（Institute of Directors）は，専門職としての取締役を「勅許取締役」とし，専門職倫理の観点から倫理綱領を制定するとともに，2002年は，CSRに関する調査結果を公表している。また，取締役向けに社会的責任に関するセミナーなども行っている。

産業レベルでは，金融業界において，イギリス保険業協会（Association of British Insurers: ABI）は，2001年に企業の社会的責任に関連する投資ガイドラインを公表し，「社会，環境，倫理に関する事柄からの企業の長期的価値（long-term value of the business from social, environmental and ethical matters）」に対するリスクを特定する必要性を説き，個々の会社の取締

役会は，年次報告書に自社の「社会，環境，倫理に関する事柄」の影響について記載することを求めている。また，企業にCSRを促すことを目的として，2002年にイギリス保険業協会とイギリス銀行協会（British Bankers' Association）がCSRに関する管理と報告に関する基準を公表している。

企業情報の開示という点では，1975年に会計基準運営委員会（Accounting Standards Steering Committee）より『コーポレート・レポート（*Corporate Report*）』が公表され，財務以外の企業情報を開示すべきとの議論が行われ，環境会計（Environmental Accounting）に関する研究もなされている。その後，1997年には，サスティナビリティ社（Sustainability）により，経済，社会，環境に関する業績開示のために，トリプルボトムラインが公表されている。また，非営利団体アカウンタビリティ（AccountAbility）により1999年に公表されたAA1000もCSR報告書等の作成に利用されている。こうした各種規格も企業により利用され，それに基づいて自社の経営倫理やCSRへの取り組みに関する情報を開示することで，外部からの容易に評価されうるからである。

また，アムネスティインターナショナル（Amnesty International）やグリーンピースのような国際的なNGOもあり，それぞれの組織の関心の観点から，企業にCSRを促している。直接的な行動もとる世界最大規模といわれる環境保護団体グリーンピースは，産業部門と政府に現在の緊急の課題である，自然保護についてより被害を与えない，効率的な方法で解決することを求めている。1990年代には，シェル石油のブレスト・スパーの北海への海洋投棄をめぐって，グリーンピースは，ブレスト・スパーを占拠するという過激な行動をとることもあるが，自然環境の保護について企業と協力することもある。

1996年，当時の労働党党首であったブレア（Blair, T.）は「利害関係者経済」という言葉を用いて演説していたが，ブレアを首相とする労働党政権下では，CSRや利害関係者に関する政策が実施され，市場の効率性を重視しつつも，政府の介入により公正を確保しようとするものである。イギリス政府は，大企業の不祥事を受けて，1998年には，NPOのPCAW（Public Concern At Work: 職場における公益）と協力して公益開示法を制定している。

1999年に，貿易産業省は，イギリス規格協会（BSI），アカウンタビリティ，イギリス公認会計士勅許協会（ACCA）などと，経済・環境・社会を統合したCSRシステムの普及を目指して1999年「シグマ・プロジェクト（Sustainability - Integrated Guidelines for Management）」をスタートさせ，2003年9月に人的資本や自然資本などの包括的な管理説明責任に関する「シグマ・ガイドライン」を公表している。

　2001年には労働党政権下で貿易産業省閣外大臣としてCSR担当大臣が任命され，保守党政権の成立まで，政府がCSRの促進に直接的にかかわることになる。年金法の改正では，年金基金の運用受託者に投資先のCSRについて考慮することが求められている。当時のイギリス政府は，CSRを「競争上の関心とより広い社会の関心に取り組むために，法令遵守という最低限の要件を超えて，企業によって行われる自発的活動」と定義し，2002年には，議員立法として，企業責任法案（Corporate Responsibility Bill）を提出したが否決される。しかしながら，企業に社会的責任報告を義務付ける試みは，その後の会社法の改正で実現することになった。同年，当時の貿易産業省は，『CSR白書』を公表し，評判，競争力，危機管理（risk management）の観点からCSRを重視すべき姿勢を示している。

　2006年の改正会社法においても，「利害関係者」や「CSR」という表現は用いられなかったものの，会社の取締役には，意思決定により予想される長期的結果，従業員の利益，取引先，顧客その他のものと会社の事業関係を発展させる必要性，事業活動の社会および環境への影響，高い水準の事業活動の評判を維持することを求め，環境問題や地域社会問題等に関する情報の開示が求められている。会社法の改正では，会社と利害関係者との良好な関係が価値を創造すること，長期的な成功には倫理的，社会的，環境的取り組みを考慮する必要があるとする立場が採用されたのである。2000年の年金法の改正では，年金基金が投資先を選定するさいにどのように経営倫理，CSRを評価しているか，公表することが求められることになる。その結果，倫理綱領を制定する企業が増加し，内部通報窓口としての非業務執行取締役からなる統治委員会のような組織も設置されるようになっている。2010年には，贈賄防止法を改正し，企業にその防止に向けた手続きを明確にすることを求

め，防止に充分な手続きを示したガイドラインを発行する。これを受けて，イギリス企業は国際的に不正の防止に取り組んでいる。トランスペアレンシー・インターナショナルは，贈賄防止のためのチェックリストを公表し，イギリス企業に贈賄を組織的に防止することを促している。

　研究と実践という面では，EBEN（The European Business Ethics Network）のイギリス支部が1994年に設立されており，研究者と実務家との間で，経営倫理やCSRに関する意見交換の場となっている。産学の組織が参加して，EABIS（The European Academy of Business in Society: 社会のなかの企業に関するヨーロッパアカデミー）も組織され，ロンドン・ビジネス・スクール，ケンブリッジ大学，ノッティンガム大学などが参加し，CSR等に関する研究を行っている。これまでみてきたように，イギリスでは，大学やビジネス・スクールでの研究や教育に加え，業界団体，NPO，政府等も企業に経営倫理やCSRへの取り組みを促しているのである。

3 個別企業の事例

　典型的な経営倫理の実践は，社会的使命（mission）や価値理念（values）の声明（statement），倫理綱領，通報・相談制度，倫理担当者および倫理委員会，倫理コンサルタント，倫理教育および訓練，監査・説明・報告であるとされる（Crane and Matten, 2007）。企業倫理研究所が2011年6月に公表した企業における倫理綱領の利用状況調査から，近年のイギリス企業の取り組みについて確認する。この調査は，1995年以来，3年ごとに行っているもので，FTSE350を対象に質問票を送付し，2010年の調査では49社から回答を得たものである。倫理綱領については，2010年に新たに定めた企業は4％にすぎず，制定から5年から9年経過していると回答した企業が41％と最も多くなっている。倫理綱領の目的としては，構成員の指針との回答が98％と最も多く，名声を守ることとの回答が次いで92％となっている。倫理綱領を担当する部署については，会社秘書役あるいは法務部門との回答が41％と最も多く，次いで，コンプライアンス部門との回答が10％で，2007年調査では2番目に多い回答であった取締役会・取締役会付委員会・CEOは27％から

8％に減少している。

倫理綱領に関する相談については，1995年には66％にすぎなかったものが，2007年には95％となり，2010年には100％となっている。倫理綱領に関する教育訓練については，1998年には46％にすぎなかったものが，2007年には，71％になっていたものの，2010年には60％となっている。また，倫理綱領に関する監査については，2004年には59％にすぎなかったものが，2007年には82％に増大していたが，2010年には76％になっている。企業にとって，重要な倫理的課題事項については，賄賂・不正・「潤滑費（facilitation payments）」，差別・ハラスメント・いじめ，内部通報という回答がそれぞれ83％と最も多くなっている。2007年調査よりも2010年調査の数字がよくないことについては，調査対象が必ずしも同じではなく，回答数も2007年の73社から49社に減少しているから，イギリス企業一般として，経営倫理の実践が停滞していることを必ずしも示すものではない。こうした状況から，個別企業の取り組みを確認することが有用になる。

大手石油会社のBPは，2010年4月20日にメキシコ湾で掘削作業中に海底油田から逆流してきた天然ガスの引火爆発により，11人が死亡し，掘削パイプが折れて大量の原油をメキシコ湾へ流出させ，2012年10月に重大な過失を認め，12億5600万ドルの罰金を含め総額約45億ドルを支払うことでアメリカ司法省と合意している。同社には，事故以前に取締役会に安全・倫理・環境保全委員会（Safety, Ethics and Environment Assurance Committee）を設置し，世界の指導的なエネルギー会社として，倫理的企業であるために，法令を遵守し，高い基準を設定する責任を有すると同社のサスティナビリティ報告書（2007年版）には書かれている。BPは，誠実性をもって事業を行うことを目的とし，異なる文化，尊厳，個人の諸権利を尊重するとし，倫理綱領により求めていることは，会社で倫理的な文脈における正しい方法が定かでないとき，開かれた環境においてそのことを争点とすることができるとしていたのである。BPは，自社の行動が外部に及ぶときには，政府，地域社会，NGOなどと連携をはかるとも定めていたのであるが，78日間，原油流出を止めることができず，490万バレルの原油を流出させてしまったのである。

一方で，BPは，海外での法令や自社の倫理綱領を遵守させることを目的

として，2004年にグループ全体の倫理綱領として，グループ遵守・倫理機能（The Group Compliance and Ethics Function）を策定し，組織全体に倫理綱領が浸透し，「開かれた対話（Open Talk）」と呼ばれる，グループの従業員が各種懸念を表明できる仕組みを導入していた。事故後の2011年に，BPは行動規範を改訂し，安全に，責任ある，信頼を得る形で事業を行うこと，尊敬されるように従業員に対応すること，利益相反のないように取引先との間での贈物の授受に指針を設けること，贈賄や不正のないように政府と地域社会とかかわること，財務的，物的，知的財産を保護するように指針を設けることと明示している。BPのサスティナビリティ報告書（2012年版）によると，2010年に法令遵守違反や非倫理的行動で552人が解雇されたが，2011年には529人となっている。安全や環境などの問題により，契約を更新しなかった取引先は，2010年，2011年とも14社であり，原油流出事故後，BPは行動規範の遵守を強化している。

シェル石油は，同社のサスティナビリティ報告書によると，他の会社と比べて早い時期である，1976年に全般的事業原則（General Business Principle）を制定している。しかしながら，1995年にブレント・スパーの海洋投棄計画を巡って，これに反対する環境保護団体であるグリーンピースと深刻な対立を経験し，1997年にそれを改訂している。さらに，シェル石油は，1998年に，同社で最初のサスティナビリティ報告書を公表する。2005年に改訂された全般的事業原則には，同社の従業員が実直さ，誠実性，他者への尊敬などの価値理念を共有していることが述べられ，持続可能な発展を求めることが述べられている。また，株主，顧客，従業員，取引先に対する責任が示され，経済性，競争，事業の誠実性，政治活動，健康・安全・環境保全，地域社会，意思疎通・連動・遵守が示されている。さらに，現在では，全般的事業原則の内容をより分かりやすく示した形で行動規範も公表され，すべきこととすべきではないことが具体的に明示されている。2005年の報告書は，AA1000に基づき，外部の専門家からなる評価委員会の評価を受けている。取締役会には，社会責任委員会が設置され，同社のホームページには，管理者向けに人権，児童労働，賄賂などに関する教育用のファイルも公表されている。こうした取り組みが示される一方で，2005年には，ナイジェリア

での同社の活動が人権侵害として抗議され，一部の消費者から不買運動を起こされている。2011年版の同社のサスティナビリティ報告書によると，プロジェクトや施設のある近隣の地域社会に対して良き隣人であるために全般的事業原則が定められたとしている。

経営倫理研究所の調査やBPやシェル石油の事例が示しているように，イギリスにおいても，個々の企業が経営倫理に取り組み，問題が起きたときには行動規範を改定するなどの迅速な対応をとっている。

4 おわりに

イギリスにおける経営倫理やCSRの研究は，その経営実践と同様にアメリカの影響を受けている。一方で，CSRに関する政策，公益開示法，会社法，贈賄防止法などは，政府として個別企業に経営倫理やCSRを促し，経済界やNPOもそれぞれの立場で，イギリス企業に経営倫理とCSRの取り組みを促進している。こうして，経営倫理やCSRへの自主的な取り組みが促されるのであるが，これは自主的な取り組みであって，すべての企業がこうした取り組みを行っているわけではなく，不祥事も起きている。2012年6月には，バークレーズ銀行がロンドン銀行間取引金利（Libor）の不正操作により，イギリスとアメリカの捜査当局から総額2億9000万ポンドの罰金の支払いを命じられている。

また，イギリスでは，外国企業によるM&Aが活発に行われ，それにより個別企業の経営倫理やCSRの取り組みに影響を与えることもある。例えば，2010年1月19日，アメリカの食品大手クラフトフーズの買収提案をイギリスにおいて，経営倫理やCSRに積極的に取り組んできたキャドバリーが受け入れたことが発表され，同年4月16日に買収手続きが完了し，キャドバリーはクラフトフーズの完全子会社となったのであるが，現在，経営倫理やCSRに関する同社の活動は，買収前とは異なり，外部から容易に確認できなくなっている。社会的企業として知られるザ・ボディショップは，2006年にフランスの大手化粧品会社であるロレアルに買収されたが，その後も価値理念報告書は公表され，同社の価値理念である，「動物実験反対」「コミュニ

ティとのフェアトレード」「自然環境の保護」「人権擁護」に関する取り組みが報告されている。いかなる社会的な促進があろうとも，経営倫理やCSRへの取り組みは，株主などの様々な利害関係者との関係のなかで，個々の企業の経営者にゆだねられることになる。

参考文献
Bevan, D. (2007) "The Impossibility of Corporate Ethics: For a Levinasian Approach to Managerial Ethics," *Business Ethics: European Review*, Vol. 16, No. 3 , pp. 208-219.
Cadbury, A. (2002) *Corporate Governance and Chairmanship*, Oxford University Press.
Charkham, J. (2005) *Keeping Better Company*, Oxford University Press.
Crane, O. Matten (2007) *Business Ethics*, 2 nd ed., Oxford University Press.
Fisher, C. and A. Lovell (2006) *Business Ethics and Values*, 2 nd ed., Prentice Hall.
Hendry, J. (2004) *Between Enterprise and Ethics*, Oxford University Press.
Lewis, D. (2011) "Whistleblowing in a Changing Legal Climate: Is It Time to Revisit our Approach to Trust and Loyalty at the Workplace?," *Business Ethics: European Review*, Vol. 20, No. 1, pp. 71-87.
Maclagan, P. (1992) "Management Development and Business Ethics: A View from the U.K.," *Journal of Business Ethics*, Vol. 11, pp. 321-328.
Moon, J. (2005) "An Explicit Model of Business-Society Relations," in Habisch, A., J. Jonker, M. Wenger and R. Schmidpeter (eds.) *Corporate Social Responsibility Across Europe*, Springer.
Smith, K. and P. Johnson (1994) *Business Ethics and Business Behavior*, Thomson Business Press.
Sternberg, E. (2000) *Just Business: Business ethics in Action*, 2 nd ed., Oxford University Press.
Webley, S. (2011) *Corporate Ethics Policies and Programmes: UK and Continental Europe Survey 2010*, the Institute of Business Ethics.

BP サスティナビリティ報告書　http://bp.com/sustainability
Shell サスティナビリティ報告書　http://reports.shell.com/sustainability-report
ザ・ボディショップ価値理念報告書　http://www.thebodyshop.com/content/pdf/ global-values_report.pdf

第13章 米国におけるCSRの展開と課題

鈴木 由紀子

はじめに

　企業の社会的責任（Corporate Social Responsibility, 以下CSRと記す）はかつて大規模化した企業の社会への影響力が大きくなったこと，また企業行動によってもたらされたマイナスの影響に対して企業がその責任を回避しようとしたことから，1960年代から1970年代を通じて日米の両国で問題となった。

　地球環境問題や世界的な貧困問題などに直面する現代において，国際社会は企業にも諸問題に対する責任を果たすことを求めている。近年ではそれらに応じようとする企業や，より積極的に社会問題の解決に貢献しようとする企業活動が散見されるようになった。

　また，経営学やマーケティングの領域では，様々な社会問題の解決をミッションとした社会的企業といわれる比較的小規模な企業ばかりでなく，開発途上国の貧困問題の解決への貢献をひとつのビジネスチャンスと捉える巨大多国籍企業の動向も注目されるようになってきた。さらに，株主利益の追求のみを目的とする株式会社の枠組みから脱した新しい企業形態まで米国の一部の州では認可されるようになっている。

　本章では，まず企業がCSRを果たすことの意味を「啓発された自己利益」をもとに検討する。次に，CSRが現代企業においてどのように実行されているのかを2つの方向から明らかにする。ひとつは，CSRが企業のたんなる社会貢献活動から本業の事業活動に結びつけて捉えられるようになり，戦略化している傾向を探る。2つ目は，従来の企業形態から脱し，新たな企業

形態へと展開する Benefit Corporation の特徴と動向を探る。以上から，米国における CSR の展開と課題を明らかにしていきたい。

1 CSR を果たす目的

(1) 現代における CSR

CSR は，1970年代に「社会的責任とは自分と組織の意思決定と行動が社会システム全体に及ぼす影響を意思決定過程で考慮する義務」（Davis and Blomstrom, 1971, p.85）のように捉える傾向にあった。その後，CSR は企業と社会との関わりのなかで概念的にも展開を遂げてきた（鈴木，2005, 2010）。

現代の CSR として何が求められているかを象徴するもののひとつとして，国際標準化機構（International Standardization Organization）が数年をかけて作成し，2010年11月1日に発行した ISO26000がある（ISO, 2010）。作成に着手した当時は企業のみを想定していたが，完成したものは企業のみならず「その規模又は所在地に関係なく，あらゆる種類の組織」を対象とし，社会的責任を果たすことを求めるものになった。これは品質管理のISO9000シリーズや環境管理の14000シリーズのような認証を目的としたものではなく，「社会的責任に関する手引き（Guidance on social responsibility）」とするあくまでガイドラインとして扱われるものとなった。そのなかで，社会的責任とは，「組織の決定及び活動が社会及び環境に及ぼす影響に対して，次のような透明かつ倫理的な行動を通じて組織が担う責任」(ISO, 2010, p.3) とされている。

・健康および社会の反映を含む持続可能な発展に貢献する。
・ステークホルダーの期待に配慮する。
・関連法令を順守し，国際行動規範と整合している。
・その組織全体に統合され，その組織の関係のなかで実践される。

内容的には，取り組むべき社会的責任の中核主題として，組織統治，人権，労働慣行，環境，公正な事業慣行，消費者課題，コミュニティへの参画およびコミュニティの発展をあげている。

⑵ 「啓発された自己利益」
①「啓発された自己利益」とは
　個人企業から始まった企業という制度も，その規模の拡大とともに株式会社形態となり，さらに株式の分散化と専門経営者の台頭により，所有と経営の分離が生じたとされた。

　現代企業においては，株主はもちろんのこと，企業を取り巻く利害関係者も多岐にわたり，経営者にはそれらの利益を考慮することも求められるようになった。そこにおいては，たんなる私的利益追求機関ではなく，制度的企業として位置づけられている（森本，1994, pp.46-47）。

　さらに，株式会社を再定義する試みのなかでは「株式会社とは，その多様な構成者すなわち利害関係者のために，（意図的に富を破壊したり，リスクを増大させたり危害を引き起こすためではなく）富や他の利得を創造するために生産的使用に資源を動員する組織である」（Post et al., 2002, p.17）とされ，株主のためだけでなく，利害関係者のためにあると定義づけられている。このように，企業の目的を株主利益の最大化のみを目指すものとして位置づけることに疑問が呈されてきた。

　そこで，諸利害関係者の利益を促進する，すなわち企業がCSRを果たすことは「公益（public interest）」の追求となるのか「私益ないし自己利益（self-interest）」の追求となるのかということが問題になる。

　「自己利益」を表わす有名な一節がアダム・スミス（Smith, A.）の次の記述である。「われわれの食事を期待するのは，肉屋や酒屋やパン屋の慈悲心からではなく，彼ら自身の利害にたいする配慮からである。われわれが呼びかけるのは，彼らの人類愛にたいしてではなく，自愛心にたいしてであり，われわれが彼らに語るのは，けっしてわれわれ自身の必要についてではなく，彼らの利益についてである」（スミス，2000, p.39）。

　これは人間行動の動機を示したものであるが，組織としての企業は「継続的事業体」として不断の利益追求を行うものである。そのような企業においてCSRを果たすことは，しばしばいわれるのが，「啓発された自己利益（自利心：enlightened self-interest）」の追求である。「開明された自己利益（自利心）」「啓蒙された自己利益（自利心）」などとも訳されているが，本章で

は「啓発された自己利益」とする。

　「啓発された自己利益」とは，Post et al.（2002）によれば，「経済的利益をあきらめることなく社会を配慮する」（Post et al., 2002, p.70）という考え方である。高田は，「他人の利益を尊重することが自己の利益の促進に連なると自覚した自利心であり，逆にいえば，自己の利益を促進するためには他人の利益を尊重しなければならないと自覚した自利心である」（高田，1974, p.70）とする。これは，企業にとっては自己利益の追求にあたって企業を取り巻く外部環境への影響を配慮することで，結果として自己利益も公益も増進させることを意味する。

　もともとこの用語は応用倫理学の中でも，ホッブズ（Hobbes, T.）に依拠したり，あるいはアリストテレス（Aristotle）にまで遡って捉えられている。本章では詳細には立ち入らないが，スチュアート（Stewart, D.）によれば，「啓発された自己利益」は，「倫理的利己主義」の一種であり，長期対短期の利益，物的と同様の精神的幸福，人間の共同体，個人間の調和の中での個人の重要性などを考慮することによって，何が個人の最善の利益かを理解しようとするものである（Stewart, 1996, pp.32-33；邦訳，p.45，ここでの訳は筆者による）。

　「啓発された自己利益」を経営学的に考察したものとしては，キーム（Keim, G. D.）は「啓発された自己利益のモデルは企業が割引された私的費用の総計を超える私的利益の現在価値がある何らかの事業に投資をすることを含意している」（Keim, 1978, p.34）と述べる。これはCSRを後述するように投資と捉えているのである。

② CEDにおける「啓発された自己利益」

　CSRのアメリカにおける研究領域であるSocial Issues in Management（科目でいえばBusiness & Society）のテキストや論文などで，この「啓発された自己利益」の論拠もしくは説明として引用される文献は，Committee for Economic Development（CED）（1971）である。

　CEDは，日本の経済同友会のように米国の経営者が個人の資格で加入し，米国経済の国家政策に対して様々な政策提言を行ってきた経済団体である。前述の報告書は1966年から始められた研究をまとめ，1971年に公表したもの

である。その目的には2つあり，ひとつは当時の米国が直面する社会問題に対する企業が果たすべき適切な役割は何かという問いに対する有益な指針を経済界に与えることであった。もうひとつは企業がこれらの社会問題への挑戦に効果的に立ち向かう努力を払っている姿を，国民と政府により一層理解してもらうことであった。

しかしながら，今日でも企業の社会的責任については多くの議論が残るところであるが，同書の後半部分においてはCED政策審議会委員の個人的見解や留保意見も掲載されており，まとめられた内容がすべて合意されていたわけではなかった。

さらに，同書が多くの文献で引用され，第3章で「啓発された自己利益―良き社会に生きる企業の鍵」というタイトルが付けられながらも，本文中では明確な定義がなされていないのである。それに該当する部分としては，次のとおりである。「現代企業の自己利益とそれを追求する方法は，古典的な自由放任のモデルからは大きく異なっている。今日では，自己利益は企業がその不可分の一体をなしている社会全体の福祉と離れがたく結びついており，企業は資本，労働，顧客など企業活動に不可欠な基礎的要素を社会そのものに依存しているのだ，という認識が広まっている。また，社会は政府に対する圧力を通じ企業の存在を維持しあるいは危うくすることができるのであるから，企業の存立は社会の理解と協力にかかっているのだ，という認識も深まっている。そして，企業活動に不可欠な諸要素や社会の理解や協力は，必要な時にいつでも自然に入手しうるのではなく，つねに努力して求めなければならないものであることも明らかになってきたのである。これら一連の理解と認識の上に立って，企業が積極的に社会の福祉を増進させることは，企業の「啓発された自己利益」にかなうものである」（CED, 1971, pp.26-27；邦訳, pp.35-36)。

③「啓発された自己利益」の理論的根拠

このCEDの提言の前年にそれを推奨し，企業の社会問題への関与に対して理論的説明を提示しようとしたのが，Baumol et al. (1970) である。

Baumol (1970) では，CSR関係の議論の中でしばしば引き合いに出される1953年のA. P. スミス裁判から企業の学術機関への寄付行為が長期的な企

業利益という点からも認められたことによって法的にも企業のフィランソロピーの正当性が加えられたと述べられている（Baumol, 1970, pp.7-8）。

とりわけ Wallich and McGowan（1970）は，CSR のなかで一番議論になる株主利益の問題を扱い，企業が社会的問題へ費用を使うことは株主利益を損ねることにはならない論拠を示そうとした（Baumol et al., 1970, pp39-59）。

そのなかでまず，企業が採用可能な投資原理を3つに分けることが可能であるとする。

最も狭い原理が，企業によって直接的に専有できるリターンのみを考える伝統的なアプローチである。中間のアプローチは単独の企業ではなく企業部門全体としてみて市場システムを通じて専有できるリターンを含むものである。最後にリターンの評価の広範囲のアプローチは，企業部門による市場を通じた専有でもなく，市場占有リターンばかりでなく（企業と利害関係者を含む）地域社会に生ずるリターンを含むものである。もちろんこの広範囲のアプローチが論点となる。

株主たちは彼らの資産のポートフォリオのリスクと期待収益から株式ポートフォリオを多様化させているが，そのうちの何社かの企業が社会志向的支出を行ったとしても，独自の路線を行く企業（彼らがいう Maverick corporations）が存在する。すなわちフリーライダーである。

したがって社会志向的支出は，単独企業ではなく，各社会的関与の範囲を企業間で決定する協力的な意思決定を促進させることを彼らは主張する。

キームは公共財（public goods）と私的財（private goods）という概念を用いて Wallich and McGowan（1970）を検討する。公共財は，私的財とは違い，費用負担（認可や取得の価格を支払うこと）なく，多くの個人が消費し享受でき，純粋な公共財の消費をだれも除外されえないものとする。社会的関与への投資は公共財に対する投資となるので，それを私的企業に促すことができるのは，集団外部の企業に少しの溢出効果もなく財やサービスを提供した少数の企業のみが充分に専有できるように組織化できる場合だけであると指摘する。やはり，そこにはフリーライドの問題が生じるからである（Keim, 1978, p. 35）。

そして，リスクを嫌う投資家のポートフォリオの分散化といってもそのポートフォリオには必ずしも多くの企業の株式を含むわけではなく，他の研究者の説からも分散化の最適な有価証券数はとても小さい（10より多くない）。したがって，Wallich and McGowan（1970）で説明された「啓発された自己利益」の説明は明らかではないものの，企業の社会活動の理論化への一歩となると評価する。
　さらに，より多くの企業の社会的投資が望まれるのであれば，企業による集団的な努力が個人の努力よりはより有望であるとする。なぜなら社会的投資は部分的に公的であるので，そのような投資で利益を得られる企業の集団がフリーライダー問題に対処する仕組みとなりえるからだという。もちろんそのような少数の企業による集団がカルテルのような戦略的行動に陥りやすいことも指摘する。

(3) 「啓発された自己利益」の限界
　上述のような「啓発された自己利益」にもとづいた CSR ついては，谷本（1987）はその問題点として次の 3 点をあげる。①利潤原理に基づいた企業主導では市民の立場での真の問題解決にはならない。②利潤創出の少ない社会関連費用は支出されない。③長期的利潤極大化ではあいまいであり，明確なガイドラインとはならない（谷本，1987，p.108）。
　また，企業倫理学的，とくに義務論的アプローチからすると他者を手段化しているという点で疑問が呈せられてきた。さらに，CSR の説明として「啓発された自己利益」を用いることに対して経営哲学的立場からも異議が唱えられている。
　厚東（2012）は，人間の行動動機として一般化された「自己利益」について，日本における歴史的な震災や事故などの非常時の人々および企業の行動を考察することを通じて，それが「自己利益」では説明がつかないことを主張する。むしろ，それはアリストテレスの「友愛共同」に求めることが適切であるとする。
　さらに，個人の行動だけでなく，企業行動においての説明もその動機は評判や自己利益のためではないとする。東日本大震災時にみられたような貢献

的な企業行動は「全体としての社会的安定」を構築させていると見るべきものであり,「啓発された自己利益」のような概念は「ミスリードする概念」であると指摘する。

さらに,自己利益を強調したアダム・スミスでさえ,職業の技術的向上の過程の言説において「知的社会的軍事的徳」というアリストテレスにつながるような「徳」という人間の基本的な行動準則を用いその重要性を理解し,それはアダム・スミスの固有の研究領域が「道徳哲学」であったからであるとする。

厚東が「友愛共同」を主張する点は理解できるが,「啓発された自己利益」がアリストテレス哲学と乖離するものとはいい切れない。経営哲学の分析レベルや前提と企業倫理学のそれらとは異なるので,このような違いが出てくるのであろう。厚東にとって,経営哲学の「哲学」とは,存在それ自体に対する基本的な考察を続けることとする。その対象は企業だけでなく教育研究機関,行政機関,非営利組織(NPO)などの組織体も含め,それらの存在の意味を問うている。

それは,企業倫理学の分析レベルでいえば,「マクロ・レベル」の分析とほぼ等しいといえる。企業倫理の分析レベルは,学問としては米国で発展したことから,DeGeorge (1990) によれば,第1にアメリカの自由企業という経済システムの道徳的評価,それに代わりうるシステムあるいはその修正というマクロ・レベル,第2にアメリカの自由企業システム内の企業研究,第3にシステム内の個人の道徳的評価,あるいは経済取引における彼らの行動の道徳的評価の研究という3つのレベルに分類される。

第2のレベルでいえば,自由企業システム内ということで,企業は利潤追求を目的とするものと捉え,それを前提とし議論が進められる。したがって,アリストテレス哲学を援用する際にも,たとえばStewart (1996) によれば,企業にとっての内的善(究極価値)すなわち「幸福」とは長期的収益性であり,そのための手段的善(手段価値)があるとする (Stewart, 1996, pp.54-63;邦訳,pp.57-68)。この考えでは「啓発された自己利益」を肯定することが可能である。

2 戦略化する CSR

(1) 企業戦略と CSR

　ここでの戦略化する CSR とは，Andrews（1980）のいう「戦略的な意思決定」すなわち，「長期間にわたって効果的であり，多くの異なる方法で自社に影響を与え，自社の経営資源の相当部分をその所期の成果に対して集中し投入するような意思決定」（Andrews, 1980, p. 19；邦訳, p.71）のもとで行われる CSR 活動とする。それは，本業とは無関連な副次的な社会貢献活動ではなく，企業戦略のもとで位置づけられた CSR を意味する。

　2000年代に入ってから，開発途上国市場いわゆる next market, emerging market や BOP（Bottom of the Pyramid もしくは Base of the Pyramid）ビジネスということが盛んにいわれるようになった。これは，世界的な貧困問題に果たす企業の役割へ関心が徐々に集まってきていることを示している。

　BOP とは，プラハラード（Prahalad, C. K.）によれば，世界の所得階層を構成する経済ピラミッドの上部は富裕層であり高収入を生み出す機会に恵まれている人々であるのに対して，ピラミッドの底辺の1日2ドル未満で暮らしている40億人以上の人々のことである。これまで顧客として扱われてこなかったこれらの層の人々をビジネスの取引の対象もしくは担い手とする考え方である。つまり「そのアプローチ（より優れた貧困救済のアプローチ）とは，貧困層とパートナーを組み，イノベーションを起こし，持続可能な Win－Win のシナリオを達成するというものだ。そこでは，貧しい人々が自ら積極的に関わると同時に，製品やサービスを提供する企業も利益を得られる」（Prahalad, 2009, pp.27-28；邦訳, p.68）という発想で，すでに成功事例が報告されている。

　世界的な規模での貧困問題は国連のミレニアム開発目標でとりあげられたが，プラハラードはこの分野で先駆的な研究を行った国連開発計画（UNDP）のブルーリボン委員会の委員でもあった。

　この分野への関心の高まりにはいくつかの理由があげられるであろうが，飽和した先進国市場から，開発途上国の貧困層の潜在力を評価し，新た市場とする考え方もそのひとつであろう。また，一方で行き過ぎた企業活動に端

を発した世界的な経済不況により深刻な社会問題が引き起こされたことから生じる企業批判への免罪符的な意味もある。

それは，次のようなポーター（Porter, M. E）とクラマー（Kramer, M. R）の記述にみられる。「企業は（後述する：筆者注）共通価値を追求するなかで，そのスキル，経営資源，管理能力を利用し，善意の政府機関や社会機関には不可能な方法によって，その過程で，事業活動は再び社会の信用を勝ち取ることができる」（Porter and Kramer, 2011, p.77；邦訳, p.31）。いずれにせよ，そこには社会貢献と事業活動を一体化させる狙いがある。

(2) ポーターとクラマーにおける CSR

ポーターとクラマーは，2000年代以降，CSR関連領域とポーターの競争優位（Porter, 1985）を結びつける主張を展開してきた。

従来，CSRイコール企業の慈善活動（philanthropy）とみなされる傾向が強かったが，Porter and Kramer（2002）においてもCSRについて企業の慈善活動を主として考察する。これまで行われてきた慈善活動が1990年から2000年代に入り急激に増加し，コーズリレーテッド・マーケティング（cause-related marketing）や脚光を浴びるスポンサーになることによってPR，広告，企業イメージやブランドの推進の一形態として使われていると指摘する。

かつてミルトン・フリードマン（Friedman, M.）がCSRを否定したように，焦点の定まらないばらばらな慈善活動では，社会的費用が経済的成果を犠牲にしてしまうという。しかし，「関連集中化した慈善活動（context-focused philanthropy）」は社会的便益と経済的便益を結合させることができると述べる。この「関連集中化した慈善活動」は次の5つのステップを必要とする。

・企業の重要な地理的位置で競争的コンテクストを考察する。
・現行の慈善ポートフォリオがこの新しいパラダイムにあっているかを調べるために見直す。慈善活動は，共同参加の義務，評判の構築のためから戦略的寄付へ移行させるべきである。（要旨）
・価値創造の4つの方式（最も効果的な被授与者を選ぶ，他にも寄付を呼

びかける，被授与者の業績を改善する，知識や実践を向上させる）に照らして現行かつ潜在的な企業寄付の戦略を評価する。
- クラスター内や他のパートナーとの集団的行動の機会を探す。
- 結果を厳格に追跡し評価する。

　Porter and Kramer（2006）では，慈善活動のあり方を問うものから，CSR そのものに焦点が移り，CSR をより企業経営のプロセスに密着したものとして展開するようになる。これまでの CSR 論は，「道徳的義務」「持続可能性」「事業継続の資格」「企業の評判」の観点から主張されてきたが，これらの説はいずれも企業と社会の相互依存関係ではなく，対立関係に注目しているという弱点があるとする。

　善良な企業市民として行動しステークホルダーの社会的関心事の変化に対応すること，事業活動の現実や未来の悪影響を緩和するという 2 面を有する受動的 CSR から，事業と CSR を一体化した戦略的 CSR へと転換させる必要があることを主張する。それは社会と企業にユニークかつインパクトの大きいメリットをもたらす活動に集中することを意味する。分析ツールとしてポーターのバリューチェーンとダイヤモンド・モデルを用いて CSR を考えようとするものである。

　ポーター・クラマー（2011）は，「企業が事業を営む地域社会の経済条件や社会状況を改善しながら，みずからの競争力を高める方針とその実行」を意味する共通価値（shared value）という用語をもち出す。これは「CSR でもなければ，フィランソロピー（社会貢献活動）でも持続可能性でもない。経済的に成功するための新しい方法である。それは，企業活動の周辺ではなく，中心に位置づけられる」とする。そこでは，既存の企業の事例を紹介しながら，企業が社会的価値を創造することで経済的価値を創造できる方法として，以下の 3 つが示されている。
- 製品と市場を見直す。
- バリューチェーンの生産性を再定義する。
- 企業が拠点を置く地域を支援する産業クラスターをつくる。

　これまでのポーターのポジショニング，バリューチェーン，産業クラスターなどの用語を用いて，ポーターの競争戦略論の枠組みに社会的価値を導

入したものといえる。また,「進化した資本主義,すなわち社会目的に従った資本主義が必要とされている」と述べる。これは,新たな「企業の生き残り策」を提唱するとともに自分たちの生き残りをかけてもいるようだ。

この共通価値の創造は,「けっしてフィランソロピーではなく,社会的価値を創造することで経済的価値も創造するという利己的な行為である。あらゆる企業がそれぞれにその事業と密接に関係する共通価値を追求すれば,社会全体の利益にかなうことだろう」と述べられている通り,まさに「啓発された自己利益」そのものである。

3 Benefit Corporation

(1) 新たな組織の要請

欧米ではCSRに関連して社会的企業家,社会的企業の動きが注目されてきていた。近年では,これらの企業の発展型とも位置づけられる動きがみられる。Waddock and Mcintosh (2010) は,変種の企業 (Enterprise Unusual) の例として,For-benefit Corporation, Benefit Corporation, 運動としてのConscious Capitalism, Biomimicry (ジャニン・ベニュス (Benyus, J.) による「自然の最良の考えを研究し,人間問題を解決するデザインやプロセスを模倣する新興の学問」) をあげる。

さらに彼らは,クラウド企業,非物質化,サービス化指向などの経済の変化に対応する新たな機関として第4部門の登場を指摘する。第4という意味は,伝統的な3部門すなわち企業,政府,市民社会 (NGOなどを想定する:筆者注) に対して「社会的目的をビジネスの方式に統合する新しい領域」と位置づける。

本節では,とくにベネフィット・コーポレーション (Benefit Corporation, 以下B Corpと記す) の特徴と現状,そして課題について言及する。

(2) B Corpの特徴

B Corpとは,経営者がCSRを果たし,会社の目的を株主の利益のためのみでなく,社会に対して便益をもたらすことをも目的とする新たな組織形態

である。これはひとつには積極的な社会貢献で有名な Ben & Jerry's Ice Cream が創業者たちの価値観を維持するために，株主訴訟に対応するために2000年にユニリーバに買収されグループの傘下に入ったことが背景にあるといわれている。

B Corp とは B Lab の HP[1]によれば，非営利組織の B Lab の社会と環境に関する業績，説明責任，透明性についての厳格な基準に適合することを認証された企業である。後述のような事業の成功を再定義するというひとつの目的に向かって，現在（2013年2月）15カ国，60業種，600の認証企業がある。

B Lab とは，内国歳入庁（Internal Revenue Services：IRS）が規定する501条（c）項（3）号団体の非営利組織で，社会問題，環境問題を解決するためにビジネスの力を用いようとする企業家のグローバルな運動を推進する組織である。B Lab は，法的インフラを提供し，一定の割合で顧客，有能な人材，資本を引き付けることを支援する3つのイニシアティブ，すなわち認証（Certified B Lab），法制化の促進（Passing legislation），格付け・分析（GIIRS Ratings & Analytics）を通じて企業家たちに奉仕するものである。

現在，B Corp は米国のメリーランド，ペンシルベニア，バーモント，ニュージャージー，バージニア，カリフォルニア，ハワイなど12州で新しい企業形態として認可されている。B Lab の白書[2]によると，この B Corp の制定法をもつ州では共通した3つの主要な規定がある。

これらの規定には企業目的，説明責任，透明性が述べられ，B Corp は，①社会や環境に実質的なプラスの影響を創造する企業目的，②非財務的利益の考慮を求める拡大された取締役の信託義務，③包括的，信頼性のある，独立した，透明性のある第三者機関の基準に照らしてすべての社会的かつ環境的業績を報告する義務があるとする。

B Corp については，米国の企業倫理学会（Society for Business Ethics）の2012年度年次大会でもセッションのひとつとして，このテーマが設けられていたことからも関心が高まっていることが分かる。

(3) B Corp の問題点

ここ数年で急速にみられるようになった B Corp であり，未だ様々な問題

点を抱えている。Andre（2012）は，2010年にいち早く法制化したメリーランド，バーモント，ペンシルベニアの3州の規定を比較して様々な観点からの問題点をあげているが，ここでは4点だけとりあげる。

第1に，B Corp のミッションの点について，第3者機関基準によって評価された社会や環境に実質的にプラスの影響をもたらすことを果たすべき一般的な公益とし，環境，労働，芸術，公衆の健康，資本形成の5点を特定の公益の項目とする。それらの項目には正確さがなく，求められている便益と従来の企業が行ってきたこととの違いがはっきりしない。また，3つの州で特定の便益目標に共通性があることは特定のB Corpの形態に促すための方向性をもったアジェンダがあることを示唆している。

次に，第1の点にも関連するが，B Corp は目的に社会，環境へのプラスの影響をもたらすことが入っていること，それらについて第3者機関によって評価を受けること以外は従来の企業とほぼ変わらず，組織デザインなどは経営者の裁量に任せている。それは多様な目的の間でトレードオフが生じる場合にも同様であり，それに関する規定もとくにない。

第3に，CSRをとりあげる時に必ず問題となることであるが，先述の特定の公益の項目のとおりCSRに関連する項目はサービスに関わる質的なものが多く，その成果を客観的に測ることは難しいことである。

最後に，アンドレが最重要の課題とすることは，B Corpと第3者評価者の金銭的な関係である。B Labは，B Corpになりモニタリング・サービスを利用する会社に金銭的なインセンティブを与えている。2007～2009年に，B Lab はそのパートナーにB Corp を紹介したので，60万ドル以上を蓄えたとされる。そのようなパートナーはB Corp にソフトウエアの提供に大幅なディスカウントをしたり，クレジット・カード処理などを提供する企業である。さらに，B Labは認証システムを使用するB Corp に手数料を課している。しかし，この点については詳細な検討が必要であるが他の認証システムでも第3者機関の評価を受ける時に費用がかかるものである。

4 おわりに

　本章では，まずCSRの理論的説明として用いられる「啓発された自己利益」の意味を探った。企業倫理学では帰結主義か非帰結主義かということがしばしば議論になるが，自己と他者の利益の増加を目指すという目標を掲げても，その主体の動機，目的が何であるかを確認することは容易ではなく，組織における場合は尚更である。したがって，CSR活動の評価に関しては困難ではあるが，その組織の活動の結果で判断するしかない帰結主義的なアプローチとなろう。さらに「啓発された自己利益」を目指すCSRといっても，自己利益が公益のための投資を上回っていなければ組織として成り立っていかないのである。

　次に，「啓発された自己利益」の現代の典型的な表れとなっている，近年の米国におけるCSRの2つの動向をみてきた。ひとつは企業戦略のもとでCSRを事業に結びつけることで企業内の中心に据えようとするものである。もうひとつはこれまでの企業の目的をひとつから複数に変えようとするものである。後者は，B Corp，第4部門のカテゴリーなどと呼ばれるようになっているが，これらの正当性は何をもって担保されるのかという問題がある。いいかえれば民主主義社会の国家において正当な手続きを経て合意されている公益と，有力な一部の企業家や諸機関による公益の実現とを同じものとして理解してよいのかという疑問が残る。

注

1　http://www.bcorporation
2　http://www.benefitcorp.net/for-attorneys/benefit-corp-white-paper　2012年10月10日アクセス。

参考文献

Andre, R. (2012) "Assessing the Accountability of the Benefit Corporation: Will This New Gray Sector Organization Enhance Corporate Social Responsibility?," *Journal of Business Ethics*, Vol. 110. pp.133-150.
Andrews, K. R. (1980) *The Concept of Corporate Strategy*, Rev. ed., R. D. Irwin（中村元一・黒田哲彦訳（1991）『経営幹部の全社戦略―全社最適像の構築・実現を求めて』産

業能率大学出版部.
Baumol, W. J. (1970) "Enlightened Self-Interest and Corporate Philanthropy" Baumol, W. J., R. Likert, H. C. Wallich and J. J. McGowan, *A New Rationale for Corporate Social Policy,* CED.
Committee for Economic Development (CED) (1971) *Social Responsibilities of Business Corporations: A Statement on National Policy by the Research and Policy Committee for Economic Development,* June, CED (経済同友会訳 (1972) 『企業の社会的責任』鹿島出版会).
Davis, K. and R. L. Blomstrom (1971) *Business, Society, and Environment: Social Power and Social Response,* McGraw-Hill.
DeGeorge, R. T. (1990) *Business Ethics,* 3 rd, ed. Macmillan (永安幸正・山田經三監訳, 麗澤大学ビジネス・エシックス研究会訳 (1995) 『ビジネス・エシックス』明石書店).
International Standard Organization (2010) *ISO26000: Guidance on Social Responsibility,* 1st ed., ISO (財団法人日本規格協会「社会的責任に関する手引―英和対訳版」).
Keim, G. D. (1978) "Corporate Social Responsibility: An Assessment of the Enlightened Self-Interest Model," *Academy of Management Review,* January, Vol. 3, Issue 1, pp.32-39.
Porter, M. E. (1985) *Competitive Advantage: Creating and Sustaing Superior Performance, Free Press* (土岐坤・中辻萬治・小野寺武夫訳 (1985) 『競争優位の戦略―いかに高業績を持続させるか』ダイヤモンド社).
Porter, M. E. and M. R. Kramer (2002) "The Competitive Advantage of Corporate Philanthropy," *Harvard Business Review.* Dec., Vol. 80, Issue 12, pp.57-68
Porter, M. E. and M. K. Kramer (2006) "Strategy & Society: The Link between Competitive Advantage and Corporate Social Responsibility," *Harvard Business Review.* Dec. Vol. 84, Issue 12, pp.78-92 (『ダイアモンド・ハーバード・ビジネス・レビュー』2008年1月号).
Porter, M. E. and M. R. Kramer (2011) "Creating Shared Value," *Harvard Business Review.* Jan/Feb, Vol. 89, Issue 1／2 , pp.62-77 (『ダイアモンド・ハーバード・ビジネス・レビュー』, 2011年6月号).
Post, J. E., A. T. Lawrence and J. Weber (2002) *Business and Society: Corporate Strategy, Public Policy, Ethics,* 10th ed., McGraw-Hill.
Post, J. E., L. E. Preston and S. Sachs (2002) *Redefining the Corporation: Stakeholder Management and Organizational Wealth,* Stanford University Press.
Prahalad, C. K. (2009) *Fortune at the Bottom of the Pyramid, Revised and Updated* 5 th *Anniversary ed.: The Eradicating Poverty through Profits,* Pearson Prentice Hall (スカイライト コンサルティング訳 (2010)『ネクスト・マーケット〈増補改訂版〉―「貧困層」を「顧客」に変える次世代ビジネス戦略』英治出版).
Stewart, D. (1996) *Business Ethics,* McGraw-Hill (企業倫理研究グループ訳 (2001)『企業倫理』白桃書房).

Waddock, S. and M. Mcintosh (2010) "Business Unusual: Corporate Responsibility in a 2.0 World," *Business & Society Review* (00453609), Autumn, Vol. 116, Issue 3, pp.303-330.

Wallich, H. C. and J. J. McGowan (1970) "Stockholder Interest and the Corporation's Role in Social Policy," Baumol ,W. J., R. Likert, H. C. Wallich and J. J. McGowan *A New Rationale for Corporate Social Policy*, CED.

厚東偉介（2012）「経営哲学における「分業」の基層」『早稲田商学』第431号，pp.77-136。

鈴木由紀子（2005）「企業の社会的責任に関する一考察」『三田商学研究』第48巻，第1号，pp.187-197。

鈴木由紀子（2010）「CSRの課題—社会的パフォーマンスの検討を通じて」『商学集志』第80巻，第1号，pp.43-59。

スミス, A. 著，水田洋監訳，杉山忠平訳（2000）『国富論〈1〉』岩波書店。

高田馨（1974）『経営者の社会責任』千倉書房。

谷本寛治（1987）『企業権力の社会的制御』千倉書房。

森本三男（1994）『企業社会責任の経営学的研究』白桃書房。

第14章 韓国におけるグローバル企業の経営倫理とCSR

文　載皓

はじめに

　1990年代以後，アングロ・サクソン型経営を特徴とするグローバル化が急激に進展している。このような動向は韓国経済にもその導入を余儀なくされ，制度面での改正など様々な変化がみられている。とくに，1997年に勃発した通貨危機以後の変化は従来のものとは非常に異なる様相をみせている。これは具体的に会社法の改正や外国人の投資制限規制の緩和などの形で現れ，その結果，企業間または個人間の経済的格差を生み出した。

　一方，このような動向のなか，1990年代以降，相次いで発生した企業不祥事は韓国国民の「反企業感情（anti-corporation sentiments）」を引き起こす主な原因となったが，韓国のグローバル大企業は，それを和らげる手段として社会貢献活動が有効であることを過去の経験から学習した。これがグローバル大企業のCSR展開を始めさせたきっかけとなったという認識が支配的である。さらに，GDPのなかで輸出の占める割合が50％に達する状況から，輸出先，とくに欧米市場の環境・労働規制への対応の手段としてCSRを取り入れた経営戦略が重要であることを認識した。このような観点から，本章では，韓国のCSRの動向についての近年の国内での論争，韓国企業の全般的なCSR活動の現状，韓国グローバル企業のサプライヤー行動憲章，内部告発について触れ，韓国グローバル企業のCSR展開の現状と課題について明らかにする。

1 韓国の倫理的環境

　まず，企業の倫理的な行動様式に大きく影響を及ぼす文化的な諸要因から考察してみよう。文化的要因と企業経営との関係について研究した代表的な研究者に Hofstede がいる。彼は，1967年と1973年に行った50カ国11万6000人以上の IBM 社員を対象にした調査の結果から，国家間の文化差異を区別する要因として，「権力格差（power distance）」「個人主義（individualism）—集団主義（collectiveness）」「男性らしさ（masculinity）—女性らしさ（feminine）」「不確実性の回避（uncertainty avoidance）」といった4つの文化的次元を見出した。現在では「長期志向（long term orientation）—短期志向（short term orientation）」の要因が付け加えられ，5つの評価基準になっている。図表14-1ではこの基準に照らし合わせた韓国の結果（2001年現在）を示しているが，大きい権力格差，中間の男性らしさ，高い不確実性の回避，高い長期志向などの特徴を有している（Irwin, 2010）。

　上記の5つ目の高い長期志向を有する傾向として近年注目を集め，研究が活発に行われているのが儒教思想である。これは中国，香港，台湾，日本，ベトナム，韓国などの東アジア地域の諸国によく現れている特徴である。そして長期志向の強い儒教思想は韓国文化を特徴づける本質的な要因として広く議論されてきた。

　韓国企業の倫理環境は儒教思想，とくに「三綱五常」からの影響が強い。この三綱五常は，朝鮮時代における500年間の国家統治の基準となった。その歴史的伝統は，いまだに韓国社会の家庭生活はもちろん，経営組織体の生

図表14-1　韓国の経営倫理に影響を及ぼす文化的要因

項目	内容	点数	程度
権力格差	特定の権力者に決定をゆだねる傾向	60	高い
個人主義—集団主義	個人の利害と集団の利害のバランス感覚	18	低い
男性らしさ—女性らしさ	性別役割分担に対する規範的な圧力	39	中間
不確実性の回避	安全欲求が優先される傾向	85	高い
長期志向—短期志向	持続性，序列関係，倹約，恥の感覚からなる傾向	71	高い

出所：Irwin（2010）p.5

活の様々な面においても構成員の重要な行動基準として認識されている。この思想によれば，君主と臣下との間には義理が，親と子供との間には親密な関係が，夫婦間ではそれぞれが行うべき仕事が，年長者と年少者との間には序列関係が，そして友達との間には信頼がなければならないことを強調している。

　これは具体的に，経営者に対する忠誠心，組織構成員に対する経営者の慈愛，上司と部下との秩序，同僚間の信頼的関係などに直接的に反映されている。とくに，人的資源管理，管理と組織の行動の方針，組織構成員の行動基準などに大きく反映されている。

　なお，直系家族と先祖崇拝，そして教育を重要視する伝統的な儒教思想は，血縁関係の有無，教育水準の高低を軸とする排他意識を醸成し，韓国企業のなかで長い間，血縁・学縁・知縁などのような縁故中心の人事行政を固着化させる最も大きな要因となった。とくに，長男を優遇する伝統的相続制度は企業内での血縁中心の所有構造と権力形成の主要要因となっている。図表14－2は儒教思想が企業経営に及ぼした影響について示している。

　儒教思想などの伝統的価値と，西洋の合理的意識構造が企業の組織成員内で共存している韓国企業では，企業倫理を巡る問題が複雑で多様な様相で展開している。

　まず，Eng and Kim（2006）は，韓国のインターネットの顧客ロイヤリティ

図表14-2　韓国社会における儒教思想の企業経営への影響

項目	家族的特徴	企業経営への影響
強調された道徳価値	「孝」が中心	家族的な雰囲気の組成
集団的な特性	血縁集団主義	閉鎖的な血縁経営
価値判断の準拠	家族・町徳性の集団	血縁・地縁および年功序列主義
意思決定の主体	家父長に集中	最高経営層への権限の集中
家族構成員の意識構造	家父長へ依存	服従心による向上的意識構造
相続制度	長子優遇，不均等相続	長子優遇，不均等相続
危険認識の属性	戦争などによる人為的危険	短期的な利益追求
外部環境に対する態度	体制維持的	変化に対して非弾力的

出所：金（1991）p.245

(E-customer Royalty) に儒教文化がいかなる影響を及ぼすかについて検討した。彼らによれば，従来までの研究では両者間の関連性を問いかけるものがまれであるという観点から，大きな権力格差が友好的な関係の形成に肯定的な影響を及ぼすという。すなわち，韓国は特定の権力者に企業の意思決定を大きくゆだねる傾向があることを意味する。このような韓国社会における大きい権力格差は，顧客の囲い込みを導き出すマーケティング活動によって緩和される傾向がある。

第2に，Choi and Jung（2008）は，投資者，経営者，顧客，サプライヤー，従業員，研究機関，そして政府の政策立案者などを含む様々なステークホルダーが及ぼす影響力に注目し，それが金融的な業績と密接な関連性があることを明らかにした。彼らは，研究のテーマとして企業倫理と企業価値（corporation value）との関連性が定性的な実験によって立証されていないところに注目した。韓国企業の倫理的なコミットメントと韓国金融市場との間に重要な関連性があることを明らかにした。しかし，その結果は，倫理的なコミットメントと金融的な業績との関係が，それほど大きく支持されていないことを明らかにした。

第3に，Park et al.（2005）は，「内部告発を行う意図（whistleblowing intentions）」について儒教的倫理と集団主義が及ぼす影響について考察した。彼らは韓国の公企業の従業員を対象にしたアンケート調査の結果として，儒教的倫理が内部告発に対する意図と相当な関連性があるものの，より詳細な要因については複雑な反応をみせたと主張する。具体的に，その関係が「父と息子」である場合は，内部および外部への告発に対して「負」の影響があったのに対し，「夫婦間の役割」は実際の告発に対して「正」の影響を及ぼすことを明らかにした。また，集団主義の影響は，集団主義の類型によって異なる結果をみせている。横型集団主義（horizontal collectivism）は内部および外部への告発に「正」の影響を及ぼしたのに対し，縦型集団主義（vertical collectivism）は，内部および外部への告発する意図へ何の影響も及ぼさなかった。これらの結果，儒教的倫理や集団主義などのような「文化の特性（cultural traits）」は，個々人の内部および外部への告発を行う意図に影響を及ぼすのである。

最後に，Chung et al.（2008）は，日本，米国，韓国，中国という4カ国の経営学部の学生を対象に，潜在的に非倫理的なビジネス行動と経営戦略と個人行動について，倫理がいかに重要であるかを調べるための一連のアンケート調査を行った。その調査によれば，各国の学生たちの儒教的な環境の面において，米国と東アジアの3国間の違いがみられるのはもちろん，東アジア3国間でも異なる結果となっている。倫理的な問題に対する経済的階層間の認識が大きければ大きいほど，社会全体の調和が強調される傾向がみられるが，本質的にはビジネス慣行においてその重要性が大きく問われることを明らかにしたが，これはとくに米国の学生たちにそのような傾向が強かった。

　近年では，NPO や NGO などのような第3セクターが責任ある企業慣行を促進する重要なインパクトを与えている。具体的には，全国経営人連合会（Federation of Korean Industry），韓国倫理経営学会（Korea Academy of Business Ethics），国際透明性機構コリア（TI Korea），「良い企業支配構造研究所」（Center for Good Corporate Governance），産業政策研究院（The Institute for Industrial Policy Studies），延世大学企業倫理研究センター（Hills Governance Center, Yonsei University），「アジア企業支配構造研究所」（Asian Institute of Corporate Governance）などが積極的に活動している（Irwin, 2010）。

2 ｜ 韓国グローバル企業の CSR 活動の現状

　韓国企業における CSR 展開の歴史は浅い。基本的には米国からの強い影響を受け，その多くは社会貢献活動が主な内容である。近年，このような背景をベースに，韓国社会で CSR の展開を巡る論争が繰り広げられているが，その主な内容は以下の通りである（李ほか，2006）。

　第1に，CSR の概念におけるコンセンサス不在の問題である。この背景には，1990年代以降，企業の倫理性や社会性を重視した「倫理経営（business ethics）」，コーポレート・ガバナンス，内部統制などにおける確たる概念の定着やその実体が明らかにされないままに，CSR の重要性だけが問われて

いる韓国国内の動向に起因する。

　第2に，企業のCSRの展開に主な主体ともいわれている様々な利害関係者間の葛藤である。これは，政府，財界，労働界，市民団体などの経済主体の間にCSRをいかに制度的に実践するかを巡る合意が得られていないことを意味する。CSRの実践主体であるグローバル大企業が「CSRをいかに実践するか」の課題を巡る調整の場を設けず，オーナー経営者の利益のみに傾斜してしまったことがその主な原因である。

　第3に，CSRをたんに寄付行為や慈善活動のような社会貢献的な活動の一部として認識していることである。1990年代半ばのサムスングループの社会奉仕団の廃止はこのような背景があると考えられる。しかし，これは，結果として韓国国民の財閥大企業に対する高い「反企業感情」として噴出し，韓国社会内での否定的で攻撃的な対応に直面させることになったといえよう。

　第4に，企業の社会的業績における企業評判（reputation）についてである。とくに，マスコミやインターネットの大きな影響力の増大がみられる。これは前の大統領選挙に多大な影響を及ぼした，有権者による活発なインターネット上の選挙活動に象徴されるように，現在の韓国社会においては，インターネットなどを媒介とした国民自らの社会参加が新たな要因として台頭し，韓国社会に対する新たな対応や認識が必要とされている。

　前述したように，韓国企業のCSRの展開は，1990年代以後，社会貢献や寄付行為などを中心とする米国型に近い形で行われていたが，近年ではCSRのプロセスを重視するパターンへと移行しつつある。そして，いまだに欧米のターゲット市場から要求される，基準が厳格な環境や労働分野に集中している傾向が強いため，グローバルな企業戦略の一部としてみなしている傾向もある。また，CSRの重要性に対する企業側の認識も，財閥企業間の経済的規模によっても大きな差が生じている。すなわち，規模の大きさやグローバル化の進捗度の度合いによっても異なる様相をみせている。

　実際に，社会貢献活動に積極的に取り組んでいるサムスングループの社会的実績について検討すると，サムスングループが最初に社会貢献活動のために予算を執行したのは1994年からであることが明らかになっている（文，2004）。同グループは，通貨危機が発生した翌年の1998年に予算執行が一時

的に急減したこと以外は，全体的に金額のベースで増加する傾向にあった。社会貢献専属組織としては「サムスン社会奉仕団」があったが，この組織は，団長1名，取締役1名，部長クラスの幹部2名，代理1名，女性社員1名で構成されている。事業性格を分析すると，公益事業の割合が圧倒的に多く，次が寄付行為，ボランティア活動支援の順になっている。

　さらに，活動分野別に分析すると，2001年までは社会福祉分野に最も多くの金額が支出されているが，2002年からは三星グループの李健熙会長による奨学財団設立後，学術・教育分野への支出額が非常に増大している。ボランティア活動の内容については，ボランティア活動チーム数，参加人員ともに1999年までに増加傾向をみせるが，1997年の通貨危機の前後に急減し，現在では徐々に回復傾向にある。

　韓国企業全体のCSR活動による社会的業績に関しては，「非常に改善された」（25％），「改善された」（67％）という結果が示しているように，CSRに対する前向きな姿勢をみせている。とくに，取締役会のなかでCSR関連委員会を設置している割合は，2009年現在，60.2％を占めており，2008年度の47.1％に比べて増加傾向をみせている（全国経済人連合会，2009）。2008年現在，約70％の企業が専属部署をもっている。これは2005年の31％に比べて増加傾向にあることを表している。この増加傾向の背景には，CSRに対する利害関係者からの要求が強化されていることがある。したがって，これらの社会的即応性などの認識の変化がCSRの専属部署の設置を促したといえる。とくに，韓国企業のCSR関連活動の特徴は，その活動が全社的に行われている傾向がある点である。しかし，今後のCSR活動で強化すべき点としては，ディスクロージャー（28％），環境重視（25％），利害関係者とのコミュニケーション（20％），社会貢献・寄付行為（14％），職場創出と競争力強化（12％）の順であげられている。

　一方，社会的責任投資（SRI）の動向についてみると，SRI取り組みの開始が2006年頃であり，きわめて遅れていることが指摘できるが，その後のキャッチアップの速度には目覚ましいものがある（朴ほか，2010）。金融機関を中心にSRIファンドの組成を増やしている傾向があるが，主に短期的な売買差益を追求する傾向もあるため，今後それらの課題が残されていると

いえよう。主なSRIには，サムスン投資信託が運用している「Ecoファンド」，SH資産運用の「Tops美しい種類別株式投資信託1号」，ラザード・エセットの「韓国コーポレート・ガバナンスファンド」などがある。

3 韓国のグローバル企業のサプライヤー行動憲章

1990年代以後，サプライチェーンを単位としてグローバルな競争はますますその激しさが増している。このような状況のなかで，グローバル企業のCSRの展開も高まっており，その実践は企業ごとに異なる形で行われている。具体的には「サプライヤー行動憲章（supplier code of conduct）」「global chain management」「enterprise chain management」などのような形で実現されている。これはCSRのガイドラインとして近年，制定・公表されているISO26000からの影響が大きいと考えられる。韓国所在のグローバル企業のサプライヤー行動憲章（supplier code of conduct）の内容は図表14-3に示されている。

さらに日韓のサプライヤー行動憲章研究結果を比較すると，次の内容に集約できる（文，2012）。

第1に，サプライヤー行動憲章の制定や導入時期については，日本がCSR元年である2003年以後急激に増加する傾向をみせているのに対し，韓国ではここ数年の間に一部のグローバル企業を中心に部分的に行われている。

第2に，サプライヤー行動憲章を制定した背景については，両国ともに関連業界における欧米での経営環境の変化，すなわち製品輸出に必要な倫理的かつ環境的な制限への対応のため進められた面が大きい。

第3に，倫理監査対象に対しては，日本が一貫して国内外の企業を対象にしているのに対し，韓国企業はいまだに国内企業に限定されている傾向がある。

第4に，サプライヤー行動憲章の管理組織については，韓国がCEOの下部組織と事業部の購買部の両者が主導しているのに対し，日本の場合はCSR専属組織の主導で行われている面が多い。

最後に，倫理監査の継続性の有無をみると，日本が一貫性をもって倫理監

図表14-3　韓国の多国籍企業のサプライヤー行動憲章の現状

企業名	サプライヤー行動憲章の制定	運用内容	管理組織	倫理監査の継続性の有無	問題点
ルノー三星自動車	Commitment of Suppliers Development ルノー本社の指示によって実施	サプライヤー側にサプライヤー行動憲章の誓約書作成実施	購買部	一回性	金融危機以後の倫理監査の継続性の欠如
現代・起亜自動車グループ	グループ会社の指示で協力社倫理行動規範の制定	内外のサプライヤーを対象に誓約書の作成	購買本部企画パート	現在内部監査中	全社的な体系組織がない点
LG電子	EICCの基準に沿って作成および実施	内外のサプライヤーを対象に誓約書の作成	本社組織である双生協力室主導で購買部と実施	誓約書の提出はあったが，倫理監査は実施せず	サプライヤー行動憲章の推進部署と購買部署との調整
三星電子	EICCの基準に沿って作成および実施	韓国国内サプライヤーのみ実施，海外サプライヤーは本年度実施予定	本社組織である双生協力室主導で購買部と実施	一回性	国内サプライヤーに限定されたSCCの取り組み
三星テスコ	テスコ本社の指示により作成および実施	外部の倫理監査機関による評価と指導	Technical Management	毎年実施中	毎年実施することによるサプライヤー側の監査費用負担

出所：文（2011）p. 100

査を継続しているのに対し，韓国ではほとんどの企業が一回性で終わっている。

4 韓国のグローバル企業の内部告発制度

　韓国のグローバル企業ではコンプライアンスのひとつとして内部告発が制度として定着しつつあるが，実際の運用の面では業種ごとや企業ごとに差異がみられる。また，内部告発が組織運営に及ぼす肯定的な側面（Jos, 1991; Rosenbloom, 2003）と，組織イメージの損傷や内部告発者が経験する精神的なプレッシャーなどの否定的な側面（Near and Miceli, 1995）が共存するような形で様々な議論が行われている。それにもかかわらず，内部告発は韓国の企業社会で継続的に増加傾向をみせている。

一方，韓国では内部告発者の保護は2002年1月25日から施行された腐敗防止法を通して，不正行為に関する申告が行われた場合，申告者の身分保障，責任減免および秘密遵守免責，報償などが行われている。しかし，現行法では申告対象になっている「不正行為」は，公務員の不正行為や公共機関に対する財産上の被害を与える行為のみに限定されているため，企業の内部告発者に対する法的な保護は期待できない状況である。
　ここでは内部告発の自主規制として比較的に制度面で優れていると評価されているLGディスプレイとポスコを事例としてとりあげ，その特徴と問題点などについて明らかにする。

(1) LGディスプレイの事例
　LGディスプレイでは，図表14-4が示しているように，サプライヤー行動憲章を遵守するためのプロセスのなかで，内部と外部の利害関係者が不正を発見したさいには，内部告発ができるように制度を設けている[1]。とくに，

図表14-4　LGディスプレイのサプライヤー倫理綱領の遵守プロセス

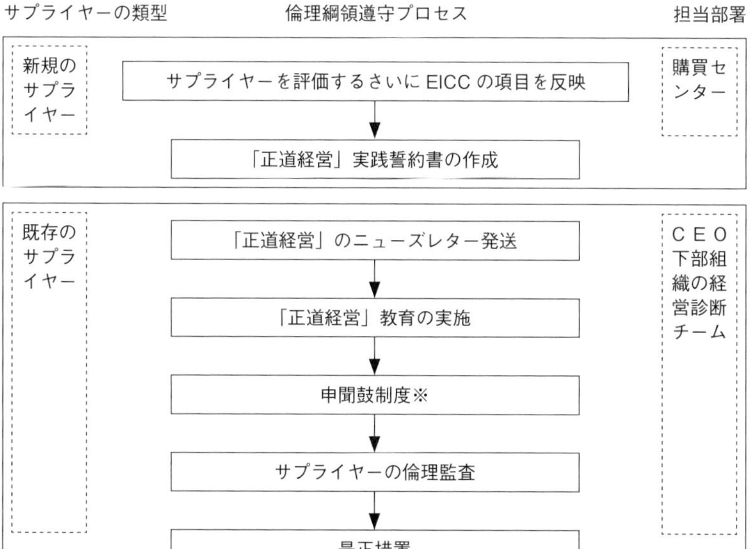

サプライヤーの類型	倫理綱領遵守プロセス	担当部署
新規のサプライヤー	サプライヤーを評価するさいに EICC の項目を反映 → 「正道経営」実践誓約書の作成	購買センター
既存のサプライヤー	「正道経営」のニューズレター発送 → 「正道経営」教育の実施 → 申聞鼓制度※ → サプライヤーの倫理監査 → 是正措置	CEO下部組織の経営診断チーム

出所：LGディスプレイの内部資料に基づき筆者作成

これは「サイバー申聞鼓制度」といい，既存のサプライヤーがLGディスプレイと取引を行うなかで不公正かつ不公平な取り扱いを受けたさいに，LGディスプレイのCSR担当役員にその詳細を直接申告できるようになっている。ここでいう「申聞鼓」とは，朝鮮王朝時代に民衆が上訴するときに民衆が打ち鳴らした太鼓からその名称が由来している。

　しかし，この制度はサプライヤー側が実際に2～3年に1回の頻度で利用されている現状からその実効性を疑問視する声も少なくない。実際に，2000年に同グループの系列会社であるLG電子で発生した事件として，サプライヤー側がLG電子に納品を行うプロセスのなかで不正を見つけた社員が本社の監査室にその事実を報告したことがあった。しかし，内部告発者が属していた組織のほかのメンバーに知らされ，共同体意識が欠けているなどの理由から社内でいじめられ，結局不当に解雇されることになった。これは頭では公益や正義のための勇気ある行動として認識されても，実際に自分自身が属している職場で内部告発者が出た場合には，感情的にそれを受け入れがたい韓国社会の特徴を物語っている。これらの事件を巡る訴訟の攻防は決着しているが，共同体を重視する文化的な側面が強い韓国社会では，日本と同様，内部告発自体への認識と，内部告発者の保護という面で，制度そのものの整備とその運用をいかに行うのかという議論は今後も続くであろう。

(2) ポスコ（POSCO）の事例

　ポスコの場合は，内部告発者を保護するための措置として，社の内外にホットラインを設置して運営している[2]。これは2004年9月から正式に実施しているが，ニューヨーク市場に上場することがその直接的な要因となった。同社でも内部告発者を保護するなどの課題を解決するために，報告するプロセスを簡潔にしている。実際に不正を見つけた内部告発者が直接CCO（Chief Compliance Officer）に報告するようになっているのが，その主な特徴である。社内の場合，社内イントラネットを通して内部告発が可能だが，不正を申告した内容が事実として判明された場合，申告報奨励金として5000ウォンを受け取ることになっている。さらに，申告の事実を知った不正者が内部告発者を見つけ出そうとする場合でも，解任されるなどの厳格な処罰を受け

図表14-5　ポスコの倫理監査体系

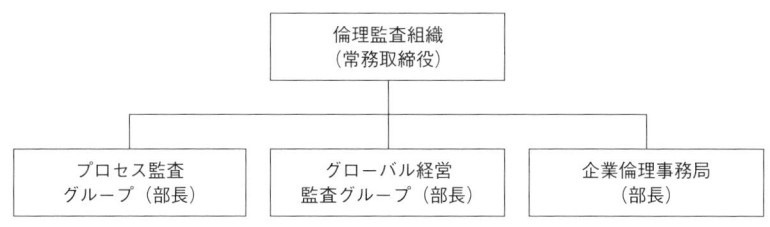

```
          倫理監査組織
         （常務取締役）
    ┌─────────┼─────────┐
 プロセス監査   グローバル経営    企業倫理事務局
グループ（部長） 監査グループ（部長）  （部長）
```

出所：2011年11月18日ポスコ正道経営室の企業倫理実践事務局のL氏と行ったインタビューに基づき筆者作成

るようになっている。

　この制度を施行してから，実際に2004年には30件（内部10件，外部20件）の申告がなされ，2011年現在ではこの申告報奨奨励金が10億ウォンまで跳ね上がった。実際に2億3000万ウォンを支払った実績があることが明らかになっている。しかし，あるサプライヤーで働いていた社員が自分の会社の不正を内部告発する事件が発生したが，これによってそのサプライヤーは倒産に追い込まれた。

　一方で，内部告発者の保護のために作り上げた制度が，職場の雰囲気を硬直化させてしまうのではないかという反論も少なくない。

　図表14-5が示しているように，倫理監査のために本社の倫理監査専属組織が存在しているが，プロセス監査グループ，グローバル経営監査グループ，企業倫理事務局という3つの下部組織で成り立っている。プロセス監査グループとグローバル経営監査グループは不正の事後的な摘発および申告の調査などの業務を担当しているのに対し，企業倫理事務局では不祥事を予防するための診断や教育訓練などの業務を担っている。

5　おわりに

　以上のように，本章ではグローバル企業の経営倫理とCSRについて概観した。

　韓国企業は，通貨危機以後のグローバル化という「黒船」の出現後，経営倫理とCSRに関連する改革が行われている。韓国のCSR活動はグローバル

化が進んでいる企業と，そうでない企業との格差が大きいのが現状である。CSRの概念定義とその実践を巡るコンセンサスは得られていないまま，様々な議論が展開されているのは，日本と同様であるといえる。CSR活動は，多くの場合，社会貢献活動や寄付行為に偏っており，とくにグローバル企業のターゲット市場の進出に必要な環境分野と労働分野に限定される傾向がある。韓国でCSRがさらに企業経営に浸透するためには，今後，利害関係者間の調整の場を設けるなどのプロセス整備が必要であると思われる。サプライヤー行動憲章の制定とその実践の動向は，ISO26000の制定・公表から影響を受けている。しかし，少数の韓国グローバル企業に限定されており，ヨーロッパ企業にみられるような体制の整備が，今後さらに必要であろう。

注
1　2011年11月17日にLGディスプレイの相生協力室室長K常務取締役とのインタビュー。
2　2011年11月18日にポスコ正道経営室企業倫理実践事務局のL氏とのインタビュー。

参考文献

Chang, S. J. (2004) "A Cultural Inspection of Financial Ethics in South Korea," *Asia Pacific Journal of Economics & Business*, Vol. 8, No. 2, December, pp. 65-97.

Choi, T. and J. Jung (2008) "Ethical Commitment, Financial Performance, and Valuation: An Empirical Investigation of Korean Companies," *Journal of Business Ethics*, Vol. 81, pp. 447-463.

Chung K.Y., J. W. Eichenseher and T. Taniguchi (2008) "Ethical Perceptions of Business Students: Differences between East Asia and the USA and among 'Confucian' Cultures," *Journal of Business Ethics*, Vol. 79, pp. 121-132.

Egels-Zanden, N. (2007) "Supplier's Compliance with MNC's Codes of Conduct: Behind the Scenes at China Toy Suppliers," *Journal of Business Ethics*, Vol. 75, pp. 45-62.

Eng, T.-Y. and E.-J. Kim (2006) "An Examination of the Antecedents of E-Customer Royalty in a Confucian Culture: The Case of South Korea," *The Service Industries Journal*, Vol. 26, No. 4, June, pp. 437-458.

Guler, P., Y. Jacylyn and J. Shi (2008) " Corporate Social Responsibility for Developing Country Multinational Corporations: Lost War in Pertaining Global Competitiveness?," *Journal of Business Ethics*, Vol. 87, pp. 3-24.

Han, E.-K., D.-H. Lee and H. Khang (2008) "Influential Factors of the Social Responsibility of Newspaper Corporations in South Korea," *Journal of Business Ethics*, No. 82, pp. 667-680.

Irwin, J. (2010) *Doing Business in South Korea; on Overview of Ethical Aspects*, Institute of Business Ethics.

Jos, P. H. (1991) "The Nature and Limits of the Whistleblower's Contribution to Administrative Responsibility," *American Review of Public Administration*, Vol. 21 (2), pp. 105-118.

Jos, P. H., M. E. Tompkins and S. W. Hays (1989) "In Praise of Difficult People: A Portrait of the Committed Whistleblower," *Public Administration Review*, Vol. 49 (6), pp. 552-561.

Kim, S. and S. Y. Chun (2003) "A Study of Marketing Ethics in Korea: What Do Koreans Care about?," *International Journal of Management*, Vol. 20. No. 3, September, pp. 377-383.

Kim, U. and Y.-S. Park (2006) "Indigenous Psychological Analysis of Academic Achievement in Korea: The Influence of Self-efficacy, Parents, and Culture," *International Journal of Psychology*, Vol. 41, No. 4, pp. 287-292.

Kim, Y. and S.-Y. Kim (2010) "The Influence of Cultural Values on Perceptions of Corporate Social Responsibility: Application of Hofstede's Dimensions to Korean Public Relations Practitioners," *Journal of Business Ethics*, No. 91, pp. 485-500.

Lee, K.-H. (2007) "Corporate Social Responsiveness in the Korean Electronics Industry," *Corporate Social Responsibility and Environmental Management*," Vol. 14, pp. 219-230.

Maloni, J. M. and M. E. Brown (2006) "Corporate Social Responsibility in the Supply Chain: An Application in the Food Industry," *Journal of Business Ethics*, Vol. 68, pp. 35-52.

Moon, J. (2012) "Current and Future Issues for the Supplier Code of Conduct in Japanese MNCs'., 2012 Joint Conference of KABE & JABES (Kookmin University in Seoul) proceeding.

Near, J. P. and M. P. Miccli (1995) "Effective Whistle-Blowing," *The Academy of Management Review*, Vol. 20, No. 3, pp. 679-708.

Park, H., M. T. Rehg and D. Lee (2005) "The Influence of Confucian Ethics and Collectivism on Whistle Blowing Intentions: A Study of South Korean Public Employees," *Journal of Business Ethics*, Vol. 58, pp. 387-403.

Oh, W. Y., Y. K. Chang and A. Martynov (2011) "The Effect of Ownership Structure on Corporate Social Responsibility: Empirical Evidence from Korea," *Journal of Business Ethics*, No. 104, pp. 283-297.

Porter, E. M. and M. R. Kramer (2006) "Strategy and Society: The Rink between Competitive Advantage and Corporate Social Responsibility," *Harvard Business Review*, December, pp. 78-92.

Rosenbloom, D. (2003) *Administrative Law for Public Managers*, Westview Press.

日本語文献

文載皓（2003）「韓国の企業統治と企業倫理」中村瑞穂編著『企業倫理と企業統治―国際比較』文眞堂。

文載皓（2004）「韓国企業の社会的責任（CSR）と社会貢献」『東亜』No. 448, pp. 28-35。

文載皓（2009）「韓国企業と『倫理経営』」『創価経営論集』第33巻，第3号，pp. 27-38。

文載皓（2010）「韓国の企業倫理」佐久間信夫編著『コーポレート・ガバナンスと企業倫理の国際比較』ミネルヴァ書房。

文載皓（2011）「グローバルSCMにおけるCSRの展開」『工業経営研究』第2巻，pp. 95-101。

文載皓（2012）「韓国の倫理的環境と企業倫理」『経営倫理』No. 65, pp. 30-35。

韓国語文献

金基充（1991）「経営倫理と儒学思想」『経営論叢』第35号，pp. 229-255。

金ドンリュル（2010）「国家間，マスコミ間の認識比較を通してみたCSRのアイデンティティおよび政策的インプリケーション」『KDI政策フォーラム』韓国開発研究院。

市民社会新聞ホームページ　http://www.ingopress.com

申ウォンム（2010）「CSRと企業競争力」『LGビジネス・インサイト』2010年8月4日, pp. 2-14。

全国経済人連合会（2009）「倫理経営の現況およびCSR推進実態の調査結果」2009年10月。

趙ヒジェ（2009）「尊敬される企業の条件」『SERI経営ノート』第33号。

朴憲俊編著（2000）『韓国の企業倫理』博英社。

朴ジョンチョル・金キョンジン・李ハンジュン（2010）「韓国型企業の社会的責任活動の測定のための尺度開発研究―消費者認識を中心として」『韓国マーケティングジャーナル』第12巻，第2号，pp. 27-52.

李ジャンウォン・李ミンドン・姜ヨンヒ（2006）「企業の社会的責任の拡散と労使関係に関するインプリケーション」韓国労働研究院研究報告書, No. 13。

第15章 台湾企業のCSRの実際

鄭　安君

1 台湾におけるCSR論議

　台湾では1990年代前後より企業の社会的責任（CSR）に対する認識が徐々に高まり，さらに2000年代後半から社会全体の関心が著しく強くなった。環境汚染や経済格差などの様々な社会問題が注目され，民間から様々なNPO法人やNPO法人のバックアップする組織[1]が次々と立ち上げられ，CSRを含む様々な公益推進活動が推進されてきた。また，1996年，台湾著名ビジネス雑誌『天下雑誌』が企業市民（台湾：企業公民）の概念を率先して提起し，2007年からは「天下企業公民」というタイトルでCSRを積極的に推進するトップ50社の企業を公表・表彰してきた[2]。同じくビジネス雑誌の『遠見雑誌』も2005年から台湾企業のCSRの動きを調査し，「企業社会責任奨」というタイトルで企業のCSR活動を表彰してきた[3]。

　一方，企業サイドからも1997年，中華航空や台湾積体電路（TSMC）などの台湾有名企業の呼びかけに，資源や環境などに配慮した持続的な企業経営を目指す研究組織「社團法人中華民國企業永續發展協會（BCSD-TAIWAN, ROC）」が設立され，現在台湾大手企業40社が参加している。行政サイドでも2002年より，台湾政府機関である経済部投資業務処が活発にCSRに関する議題を提起しはじめ，企業の社会的責任の調査・評価を行い，2004年には「台湾企業社会責任」ホームページ[4]を立ち上げた。

　CSRが台湾でも著しく注目されはじめた理由はCSRに対する世界的な流れでもあるが，そのほかに以下の3つの理由をあげることができる。1つ目は急速な経済発展に伴う汚染問題や新たな社会問題の発生である。2つ目は

231

急速に高まった市民権利意識である。3つ目は企業不祥事の多発である。戦後，台湾の経済構造が本格的に農業主体から工業主体にシフトし，輸入代替工業化（1950年代），輸出志向工業化（1960年代），第2次輸入代替工業化（重化学工業化／1970年代）を経て，1980年代には急速な経済発展とともに韓国，シンガポール，香港と並び「アジア四小龍」と呼ばれるようになった。急速な経済発展とともに汚染問題なども多発し，生活水準の向上とともに人々の環境や社会問題についての関心が著しく高まりはじめたのである。

そして，1987年，38年間も続いた台湾政府の「戒厳令」が解除された。戦後，日本領から中国領へ変換する台湾の混乱期を収拾するための「戒厳令」によって一部制限された市民の言論や結社の自由が完全に解かれた。さらに1996年に台湾では大統領の国民直接選挙が実施され，人々の政治への参加や言論の自由が保障され，市民権利意識が著しく向上した。

また，台湾では2000年代より社会を震撼させた多くの企業不祥事が発生した。2004年には有望企業とされたIT関連企業の「博達」が突然企業再生手続きを行い，その粉飾決算が発覚した。2006年には大手財団「中国信託」グループの経営者一族のメンバーによる内部取引の疑惑が発覚し，2007年には大手財閥「力覇」グループが関連企業の巨額損失を隠したことが明るみになり，経営者一族による計画的な横領事件が世間を驚かせた。そのほか，2010年には世界最大EMS[5]企業である「鴻精密工業」の中国工場で従業員の相次ぐ自殺事件が発生した。そして，台塑グループの「六軽」石油化学コンビナートで2010年の7月より1年の間に7回の火災が発生し，環境汚染が懸念された。高まった市民権利意識と発達した台湾メディアが相俟って，台湾社会はとくに2000年後半以降，企業のCSR問題を厳しく追及するようになった。

一方，台湾企業は社会のニーズに対応して，2000年代後半からCSRに注目しはじめた。現在，台湾のCSRに関する情報を最も多く収集しているのは「社團法人中華民國企業永續發展協會」とされ[6]，同協会のウェブサイトには台湾企業96社のCSRレポートの関連サイトがリンクしている[7]。それをみると，2004年より台湾企業が徐々にCSRレポートを作成しはじめたが，とくに2008年以降CSRレポートが著しく増加した。そのため，一般的には台湾企業のCSRへの取り組みは，日本や欧米諸国より遅れていると考えら

れている。

　しかし，台湾企業の CSR への取り組みは本当に遅れたのであろうか。社会のニーズに応えることこその企業存続であると考えると，世界中の企業は持続的な経営を目指して，何らかの形で CSR を果たしてきたといえよう。ただし，女性の差別問題や環境問題が注目されてきたように，CSR は各時代の倫理観，価値観および社会情勢の変化により，その定義や範囲は時代とともに変化し続けている。台湾企業は CSR に取り組んでこなかったのではなく，CSR の変化を捉えようと模索しているところと考えられないだろうか。本章は台湾企業を代表する石油化学大手の台塑グループのケースを中心に台湾企業の CSR への取り組みと現状をまとめ，台湾における CSR の展望について考える。

2 ｜ 台湾中小企業と CSR

　台湾中小企業は高い柔軟性をもち戦後台湾の経済発展のエンジンであると高く評価されてきた。台湾の政府機構である経済部中小企業處の統計データによると，2011年には台湾は合計131万791社の企業がある。そのうち，中小企業[8]が127万9784社で全体企業数の97.63％を占めている。中小企業で働く人の数は833万7000人で，就業総人口数の77.85％を占めている。また，同處のデータによると，2010年に台湾の中小企業は全体企業数の97.68％を占めるが，うち56.96％が独資経営（出資者＝経営者）である[9]。

　台湾中小企業の特徴のひとつは同族経営が多いことである。経済活動の中心が経営者の家族および個人の利益の追求になりやすく，企業情報の開示が不透明で，株主や消費者などのステークホルダーに対する配慮が不充分な部分も多いとよく指摘される。そして，資金力の弱さから環境保護への意識や執行力，労働環境の整えも不足している部分が多いとされている[10]。また，台湾は高学歴化および少子高齢化により労働力が不足している。中小企業の限られた経営資源のなか，コストの削減が厳しく，ブルーカラーの賃金も法令基準ぎりぎりとなっているところが多い。比較的に賃金の安い中国や東南アジアに工場を移転する台湾中小企業もあれば，海外から外国人労働者を迎

え入れているところも多い。その労働条件などの CSR 問題がよく提起されている。

　一方，台湾中小企業のもうひとつの特徴は輸出や相手先ブランド製造などを通じて海外市場および海外企業とかかわるケースが多いことである[11]。欧米では1990年代後半より，ナイキなどの大手企業と提携する海外委託生産工場のスウェットショップ（sweat shop）[12]問題が社会から強く批判され，消費者の不買運動や訴訟がこれらの有名企業を強く打撃した。そのため，欧米企業は海外提携工場の CSR にかかわる事項を厳しくチェックするようになり，海外市場とのつながりの多い台湾中小企業も欧米企業および市場の要求に合わせて，CSR を積極的に取り入れなければならなくなった。

3 │ 台湾大手企業と CSR

　台湾中小企業は今でも台湾経済を強く支えているが，台湾の大手企業は1990年代頃から大型化し，台湾経済を牽引するようになった。1970年代から1980年代にかけて，台湾のトップ100の大手企業グループの売上総額は台湾 GNP（国民総生産）の30％前後であったが，1990年代末になると台湾 GNP の70％を超えた（渡辺・朝本編著，2010, p.98）。グローバル化した現代社会では世界各国の大手企業グループは様々な形で世界市場に進出し，グローバル企業となるが，台湾の大手企業グループも例外ではない。中華徴信所[13]の発表によると，2010年に台湾トップ100の大企業グループの海外売上額がその売上総額の78％を占めている[14]。台湾の大手企業は積極的に海外進出していることが分かる。

　大手企業はその規模の大きさや著名さ，影響力の大きさから，もともと社会から企業のあらゆる動きが注目され，期待されやすい立場にある。台湾では多くの大手企業は本業を通じて雇用や経済効果をもって社会に貢献したほか，創業者（経営者）が高い志をもって，公益活動や人材育成，または文化支援など様々な形で企業の社会的責任を果たしてきたケースが少なくない。台塑グループや統一グループ[15]の学校開設・運営，社会的弱者の自立応援，長榮（エバーグリーン）グループ[16]の公益基金や交響楽団の設立などは代表

的な例である。一方，規模が急速的に拡大している台湾企業は，社会での存在感がますます強まっていると同時に従業員や取引先などのステークホルダーも著しく増加している。様々な立場に立つステークホルダーへの対応が日々複雑化し，大手企業にとってCSRをより専門的に対応する必要性が高まっている。

　近年，台湾ではCSRを意味する「企業社会責任」のほか，「永續経営」という言葉もよく聞く。「永續経営」とはゴーイング・コンサーン（going concern）のことで，そもそもどんなに社会や環境に貢献できる企業であっても持続的な経営を行えないと意味がないために，台湾では「永續経営」がCSRと同じような意味をもつ。今日，より多くの台湾大手企業は「企業社会責任報告書」「企業永續発展報告書」「企業公民報告書」などのタイトルで，いわゆるCSRレポートをもって自社のCSRにかかわる事項を社会に公表している。そして，多くの台湾企業がグローバル・スタンダードのGRI (Global Reporting Initiative)[17]のガイドラインを参照してCSRレポートを作成している一方，グローバル組織による第三者保証をもらう企業も増えている[18]。

　ところで，台湾大手企業も中小企業と同じく同族経営が多い。創業者は兄弟や家族の応援で中小企業から起業し，一代で巨大企業グループを築いたケースが少なくない。そして，巨大企業グループになっても同族経営が続いているケースが多い。それは台湾住民の98％は中国大陸にルーツをもち，中国漢民族の家族主義および激変してきた台湾歴史に影響され，企業規模の大小に関係なく信頼を家族内に置く企業家が多いためであると考えられる。台湾の工業化の中心産業である紡績業，プラスチック産業，自動車産業，金融サービス業，IT関連産業の多くはいくつかの家族グループによって成長した。また，中華徴信所が2006年に台湾300大グループを調査したところ，2006年の台湾の資産総額トップ10大グループのうち，金融グループが9社を占めるが，うちの6つのグループはいくつかの大家族に属している（渡辺・朝本編著，2010, p.99）。

　『天下雑誌』は今日の台湾には「十大家族」[19]という同族大手企業グループがあると指摘する（張・黄，2010, pp.124-136）。「十大家族」は13グループの台湾大手金融グループおよび商業グループを所有し，77社の上場企業を

もつ。これらの上場企業は台湾株式市場の上場企業総数の5％しかないが，台湾の株式時価総額の4分の1（25.7％）を占め，台湾の経済・社会の運営に大きく影響している。そして，その「十大家族」の筆頭企業グループは王家の台塑グループである。台塑グループは台湾の代表的な大手企業であり，CSRの先進企業である一方，CSR問題も多く抱える企業でもある。

4 台湾企業のCSR事例：台塑グループ

(1) 台塑グループ概況

　台塑グループ（台塑関係企業／Formosa Plastic Group）は創業者王永慶と王永在兄弟が1954年にアメリカ経済援助の資金を得て起業した台湾最大の民営企業である。2014年に創業60周年を迎える台塑グループの台湾名は「台塑關係企業」であるが，「台塑」は「台湾塑膠」の略で，「台湾プラスチック」の意味である。そのため，日本では台湾プラスチック・グループまたは台プラと訳される場合もある。プラスチックと聞くとまずプラスチック容器を思い浮かべるが，実際，プラスチック製品は石油を精製するさいに出来るナフサという副産物をさらに分解して作られた複雑で多様な石油化学製品のひとつである。プラスチックはその特性から鉄鋼，紙，皮，ゴム，木材などの代用品として利用することができ，われわれの日常生活用品から自動車，電子機器，住宅，医療などの分野でも多く使われて，現代社会には欠くことのできないものとなっている。

　1978年，台塑グループは海外進出の第1拠点としてアメリカのテキサス州に工場を建設した。買収したアメリカ天然ガス会社「NEUMIN」を含め，現在，台塑グループはアメリカでは「台塑美国公司」「南亜美国公司」「南亜美洲公司」の子会社があり，テキサス州やルイジアナ州に8つの工場で石油化学工業の原料製造および2次・3次加工を行っている。2011年のアメリカ事業の総売上高は2114億元で台塑グループ全体の売上高の9.3％を占める。また，1994年より台塑グループは中国に進出し，現在は広州，アモイ，南通，昆山，寧波などに10カ所の生産拠点があり，2011年の総売上高は2140億元で台塑グループ全体の売上高の9.5％を占める[20]。中国の拠点では石油化学原料

図表15-1　台塑グループの企業概況

台湾名と英語名	台塑關係企業（Formosa Plastic Group）
設立	1954年
創業者	王永慶（1917～2008）／王永在（1921～）
経営理念	勤勞樸實・止於至善・永續經營・奉獻社會
事業内容	原油の精製，石油，プラスチック加工，紡績，電子，機械，運輸，バイオ分野，教育，医療など
海外進出	アメリカ，中国，ベトナム，インドネシアなどに100社以上の関連企業
世界におけるグループ従業員数	10万2677人（2011年）
資本金	7329億元（2011年）
売上高（連結）	2兆2632億元（2011年）
CSRレポート（ウェブサイト上）	2008年～2010年の3年分
近年注目されているCSR問題	・石油精製・石油化学コンビナート「六輕」の火災事故 ・カリスマ創業者の死去による跡継ぎ問題および経営管理問題

出所：台塑グループホームページより筆者作成

製造およびプラスチックの1次・2次加工を行い，電子原材料，重工機械および発電事業も手掛けている。そのほか，インドネシアやベトナムにも進出している[21]。今日，台塑グループは資本金7329億元（約2兆円），社員数10万2677人，連結売上高2兆2632億元（約7兆円）の巨大グループに成長した[22]。台塑，南亜，台化，台塑石油など国内外に100社以上の関連企業をもつ。石油化学の川上から川下産業に手掛けているほか，紡績，電子，機械，運輸，バイオ分野，教育，医療などの事業をグローバルに展開している（図表15-1）。

(2) 王永慶の経営理念とCSR

台塑グループの企業理念は「勤勞樸實・止於至善・永續經營・奉獻社會」である。これは創業者王永慶の経営哲学であり，「質素で勤勉の態度であらゆる合理化を図り，最善の結果を限りなく追求して企業の継続経営を目指し，さらに社会に貢献・還元する」との意味である。「台湾の経営の神様」「台湾の松下幸之助」と呼ばれる王永慶は貧しい家に生まれたが，一代で巨大台塑王国を築き，良き社会にするには自分自身と企業の役割が大きいと考

えた。その強い信念とリーダーシップのもとで台塑グループは早くから積極的に様々な公益活動や社会貢献を行い，台湾 CSR のリーディングカンパニーとして高く評価されてきた。

　1960年代～1980年代には人材や医療水準の不足に対応して教育および医療に力を入れ，最先端の設備とシステムのある病院および学校を設立した。1990年代よりは経済発展に伴う格差問題や環境問題の発生に対応し，社会的弱者や環境保護などを行ってきた。さらに近年では台湾の少子高齢化社会に対応して，高齢者の介護や医療支援も行っている。

　ところが，台塑グループは CSR 問題でよくとりあげられている企業でもある。なかでも環境汚染問題が最も注目され，とくに「六軽」石油化学コンビナートの環境汚染および事故が社会的関心を集めている。1994年建設されはじめた「六軽」には港や発電所があり，発電に伴う排熱を有効利用するコージェネレーション（cogeneration）工場や石油精製工場，ナフサ分解工場，そしてプラスチックや繊維など54個の工場がある。面積の8割以上が埋め立てで建設された「六軽」の操業によって，台湾電力の供給不足を和らげ，雇用の増加とともに関連川下産業を促進してきたほか，台湾のエチレン自給率を1994年の38％から2011年の90.2％まで高めることができた。また，「六軽」の2011年の全体生産高は1兆5381億元で台湾同年度 GDP の9.2％を占めるほど台湾経済に貢献した[23]。

　しかし，環境汚染の懸念が高い石油化学産業であるため，「六軽」は住民の反対運動によって建設が頓挫した経緯もある。住民の懸念に対応して，「六軽」の工場建設にあたって台塑グループは環境保護に多額な設備投資をしていたが，地域住民や市民団体からの空気汚染や周辺の生態影響などの抗議活動が絶えない。なかでも，最も注目されている CSR 問題は2010年からの1年間に7回も発生した火災である。火災により工場内にある化学成分の飛散で人体や環境への影響が強く懸念された。

　台塑グループは火災の原因の多くは潮風に晒されて急速に老朽化した配管によるものであると分析するが，なかには従業員の判断ミスもあり，高く評価されてきた台塑グループの安全管理体制が緩みはじめたとの指摘もある[24]。同族経営の代表大手企業である台塑グループは台湾では最も早くから現代管

理手法を取り入れた企業でもある。1968年に設立された台塑グループの管理組織「總管理處」および幕僚組織「總經理室」の体制と管理手法は高く評価され，台湾民間企業のモデルとして多くの台湾企業に強い影響を与えてきた。しかし，「六軽」の度重なる火災発生の背景にはその管理体制の維持に問題が生じていると指摘されている。

(3) 台塑グループのCSRレポート

台塑グループは2008年末に「企業責任報告書」というタイトルで初めてCSRレポートを制作・公表した。2009年の報告書からはグローバル・スタンダードのGRI（G3版）とAA1000AS[25]のガイドラインに基づいて作成しているが，第三者保証による承認はない模様である。図表15-2は2010年の台塑グループのCSRレポートの目次であるが，102ページに及ぶ報告書が「環境保護」「コーポレートガバナンス」，そして「社会貢献」に中心を置いていることが分かる。なかでもとくに環境保護が一番多くとりあげられている。台塑グループは環境に影響を与えやすい石油化学産業を中核事業としているため，環境問題が企業の中心課題となっていることが見受けられる。その内容は自社の環境への取り組みの説明が最も多い。汚染問題の調査結果の開示と説明も少なくないが，防衛的内容がやや多い。また，火災などのグループ内の重大災害もとりあげられているが，原因の調査結果が半ページほど短くまとめられている。

　一方，「企業は誰のものか」と問うコーポレートガバナンスに関しては「株主」「顧客」「サプライヤーと取引先」「従業員」の順でまとめられているが，「株主」と「従業員」にかかわる内容が最も多く，ステークホルダーのなかでもとくにこの二者に注目している感が強い。そして，社会貢献に関しては創業者王永慶・王永在兄弟の哲学および精神が引き継がれていることが強調され，これまで行ってきた社会貢献活動の詳しい説明と現在の取り組みがまとめられている。とりわけすでにグループ事業の一部となった教育と医療への説明が中心となっている。

図表15-2　2010年台塑グループ CSR レポート目次

本報告について
台塑行政メッセージ
Ⅰ．グループ概要 1．台塑グループ紹介 2．経営理念 3．事業領域と主な商品 4．表彰歴 5．産業界連携 6．経済貢献
Ⅱ．環境活動 1．環境作業基準と管理 2．環境会計 3．資源節約への取り組み 4．オフィスの CO_2 削減 5．工場の環境保護取り組み 6．工場内外の緑化活動
Ⅲ．麥寮工場区に対するステークホルダーの環境保護関心議題 1．工場内外の空気品質への懸念と実際 2．工場用水への懸念と実際 3．災害予防と対応計画 4．環境評価委員会の設置 5．地域住民の健康懸念と実際 6．漁業への懸念と実際 7．付近地域への交通影響と対応 8．中華白イルカの生態影響への懸念と実際 9．生態対応型の工場づくりに向けて
Ⅳ．コーポレートガバナンス 1．株主 2．顧客 3．サプライヤーと取引先 4．従業員
Ⅴ．社会貢献 1．公益活動への取り組み 2．医療促進への取り組み 3．教育事業への取り組み 4．社会課題への取り組み 5．地域社会への貢献活動
付録：GRI 指標対照表

5　台塑グループの CSR レポートからみる企業の課題

　CSR レポートは企業がこれまで取り組んだことをまとめたものであるが，企業の CSR の実績をみることができると同時に，企業はどのような CSR 課

題に直面し，どのように対応しているかもみることができる。

「環境保護」については，台塑グループのCSRレポートで最も多くとりあげられているのは環境汚染懸念の高い「六軽」の取り組みである。内容的に防衛的な傾向がやや強く，環境の面では台塑グループは環境保護の実践という課題を抱えていることが見受けられる。「社会貢献」については，創業者兄弟の精神と理念の引き継ぎが強調されているが，台塑グループは連続3年分のCSRレポートを公開しているものの，その作成が年々遅くなっている傾向がある[26]。王永慶が2008年に91歳で亡くなり，王永在も高齢のため経営の第一線から退いているが，台塑グループCSRレポートにはいまだに創業者をトップとする組織図を載せている。社会貢献だけではなく，創業者からの企業全体の引き継ぎおよび責任所在には不透明感がある。「六軽」の度重なる問題発生もこれに関連していると考えられる。

また，台塑グループは「コーポレートガバナンス」については，とくに株主と従業員を重視する傾向がある。企業に出資する株主への重視はほとんどの企業でみられるが，CSRレポートからは台塑グループの従業員への重視が目立っている。従業員への重視は，台塑グループが人材確保と育成を最大の課題としていると考えられる。実際，CSRレポートから見受けられる台塑グループのこれらの課題の多くは台湾企業に共通する課題でもある。

2007年に『遠見雑誌』が「企業社会責任奬」の表彰に向けて，台湾企業674社に「2007年企業社会責任大調査」というアンケート調査をした[27]。調査アンケートのなかに「貴社にとって最も重要なCSR項目はどれであろうか（複数選択可）」という問いに対して，台湾の株式上場企業と台湾にある外資系企業の答えにはやや異なる傾向がみられる（図表15-3）。外資系企業はCSR項目に対して全体的に気を配る感が高いのに対し，台湾の株式上場企業は一部の項目に集中している傾向がある。そして，外資系企業の重要なCSR項目の上位3位は「従業員権利の保護」「消費者権利の保障」「企業倫理および行動基準の制定」である（ともに92.9％）が，台湾の株式上場企業は「財務情報の速やかおよび透明な開示（94.2％）」「従業員権利の保護（86.0％）」「環境保護の実践（71.6％）」である。

この調査データから，まず台湾の株式上場企業でも外資系企業でも従業員

図表15-3 『遠見雑誌』2007年企業社会責任大調査

質問：貴社にとって最も重要なCSR項目はどれであろうか（複数選択可）

項目	株式上場企業(%)	外資系企業（%）
財務情報の速やかおよび透明な開示	94.2	78.6
従業員権利の保護	86.0	92.9
環境保護の実践	71.6	85.7
誠実な納税	67.7	85.7
消費者権利の保障	61.9	92.9
企業倫理と行動基準の制定	55.6	92.9
慈善事業の参加	46.3	78.6
ステークホルダーとの対話仕組みの構築	40.5	57.1
公平競争の実施	38.1	57.1
サプライヤーにCSRの実践を要求	30.7	78.6
地域社会にある公共環境整備の協力	31.9	64.3
その他	2.3	7.1

出所：『遠見雑誌』より筆者作成

権利を重視していることが分かる。これは人材確保を重視するとの意味として捉えられる。企業にとって人材確保の重要性は世界共通であるが，台湾では起業家精神が高く転職しやすい社会環境にあるため，人材の確保がより一層重要な課題である。従業員権利への重視にはこのような背景があると考えられる。

一方，従業員権利のほか，外資系企業が注目するのは「消費者権利」と「企業倫理と行動基準の制定」である。それに対して，台湾の株式上場企業が注目しているのは「財務の開示」と「環境保護の実践」である。外資系企業と異なり，台湾の株式上場企業が財務の開示に最も関心が集まったのは2006年末から2007年初めにかけて，大手財閥「力霸」グループの関連企業の巨額損失および横領事件が発覚したことに影響されていると考えられる。同族経営の多い台湾企業は経営情報開示の不充分や不透明さがよく指摘されるが，台湾社会は企業の財務開示に対する関心が著しく高まったことで，台湾企業がそのニーズに応えようとしている，と考えられる。

また，環境保護の実践に対して台湾の株式上場企業がとくに注目している

のは，台湾企業が環境保護に対して強い関心を示していると解釈することができる。しかし，台湾の環境問題の現状を考えると，これはむしろ台湾企業が環境の分野での実践はこれまで外資系企業よりも遅れているための表れであると考えたほうがよい。地球温暖化や環境汚染への市民意識の高まりにつれ，台湾の株式上場企業も環境に配慮しなければならなくなったのである。従業員権利から，または財務の開示や環境保護の実践からも台湾企業は社会のニーズに対応し，変革し続けていることが分かる。

6　台湾における経営倫理・CSR の展望

　今日，世界のノート型パソコン生産の9割を台湾企業が請け負っていること[28]が象徴しているように，人口わずか2300万人である台湾は市場規模が小さいにもかかわらず世界経済における存在感がある。それは多くの台湾企業が輸出や EMS などの相手先ブランド生産を通じて海外市場と強く結びついているためである。そして，台湾企業でありながら中国に20カ所以上の工場および120万人の従業員をもち，アメリカ・アップルの iPhone などの製品を受託生産している世界最大 EMS 企業である鴻精密工業グループが象徴しているように，多くの台湾企業は中国やアメリカをはじめとする多くの国々と強く結びついているのである[29]。欧米から打ち寄せてくる CSR の波に対応し，台湾企業は今後も欧米基準の CSR にさらに歩み寄らなければならないのであろう。それはグローバル企業となった多くの台湾企業にとって，台湾だけではなく，中国などの進出先での生産拠点や市場などの CSR にも注意深く気を配らなくてはならないことを意味する。

　一方，台塑グループのケースからみられるように，多くの台湾企業はこれまで CSR に取り組んできたと同時に，多くの CSR 問題を抱えている。これは台湾だけではなく世界中にある多くの企業が直面している現状でもある。CSR の定義や範囲は時代とともに変化し続け，動く標的とも呼ばれる（ボーゲル，2007, p.vi)。そして，国や地域ごとに CSR の捉え方も少しずつ異なっている（岡本，2008, p.16-17)。CSR を"企業は，法令遵守にとどまることなく，企業市民として社会に貢献し，経済・社会・環境の3側面のバランス

をとりつつ，事業を持続的に成功させる"と定義することができるが，その概念は抽象的で捉えにくい（経営倫理実践研究センター・日本経営倫理CSR研究会，2009, p12）。CSRの実際を捉えようとすればするほど，その意味と範囲の広さに驚き，迷路に入り込でしまったような感覚さえある。この感覚はCSR活動を熱心に取り組んでいる企業の多くがもっているのではなかろうか。CSR活動にも定評のある有名な日本の通信会社を訪問したことがあるが，説明担当者が「これはいわゆる今日の「CSR的」な取り組み」と発言したのにはこの背景があると考えられる。

　では，CSRとは何か。麗澤大学の髙巌教授は「CSRとは企業による取り組みだけで完結しない」（髙・日経CSRプロジェクト，2004, p.16）と指摘し，CSRは企業の社会的責任（Corporate Social Responsibility）であると同時に，市民の社会的責任（Citizens' Social Responsibility）でもなければならないと考えている（髙・日経CSRプロジェクト，2004, p.37）。台湾や日本のように市民権利が多くの国や地域で保障されている今，われわれは「政府」や「企業」または「社会」などの組織へ向けて様々な提言や批判を主張することができる。その一方で，気がつけば，われわれはまるでその提言や批判の対象となった組織にまったく関係していないような第三者的な態度をとっていることが少なくない。それは近年，筆者が市民権利意識およびメディアが発達した台湾で最も強く感じている現象でもある。ところがよく考えてみると，今日の社会ではわれわれは直接でなくても，間接的に自分が批判の目を向けた組織に必ず何らか関連性をもっている。東日本大震災後の原発問題および電力問題はその一番身近な例である。

　地球の持続的な発展を考えれば，現代社会では人間社会だけではなく，動植物や自然界にも大きい影響を与えている企業にとって，CSRがますます重要な課題になる。そのCSRがさらに意味も範囲も拡大し，複雑化していく可能性が高い。それは企業が負わなければならない義務や責任が増えることを意味すると同時に，われわれ1人ひとりの人間の義務や責任もさらに増加することを意味している。

注

1 1990年に設立された喜瑪拉雅研究発展基金會はその一例である。
2 『天下雑誌』は「天下企業公民」というタイトルをもって，台湾で活動し，かつ積極的にCSRを推進しているトップ50社の企業を大型・中堅・外資の3つに分けて表彰している。
3 現在は条件付き応募という形で表彰している。
4 「台湾企業社会責任」ホームページ　http://csr.moea.gov.tw/main.aspx
5 EMSとはElectronics Manufacturing Service，電子機器の受託生産のことである。
6 呂朝賢「企業社会責任之特徵與反省：以台湾為例」2011，中華救助総会ホームページ　http://www.cares.org.tw/S_4200_detail.asp?booksn=80（2012年9月3日アクセス）。
7 社團法人中華民國企業永續発展協會（BCSD-TAIWAN, ROC），企業永續報告書ホームページ　http://www.bcsd.org.tw/report（2012年10月15日アクセス）。
8 台湾中小企業の定義：①製造業，土木建設業，鉱業および土石採取業は資本金8000万台湾ドル以下，その他の産業は営業額1億円台湾ドル以下の企業。②製造業，土木建設業，鉱業および土石採取業の従業員は200人未満，その他は100人未満の企業。
　日本中小企業の定義：①製造業・建設業・運輸業，その他の業種：資本金3億円又は従業員数300人以下。②卸売業：資本金1億円以下又は従業員数100人以下。③小売業：資本金5000万円以下は又は従業員数50人以下。④サービス業：資本金5000万円以下又は従業員数100人以下。
9 台湾・経済部中小企業處ホームページ，中小企業統計　http://www.moeasmea.gov.tw/np.asp?ctNode=673&mp=1（2012年9月3日アクセス）。
10 台湾綜合研究院，中小企業ネット　http://www.tri.org.tw/ceo/（2012年9月15日アクセス）。
11 台湾・経済部中小企業處「2011年中小企業白皮書」p.134-137　http://www.moeasmea.gov.tw/ct.asp?xItem=9654&CtNode=1089&mp=1（2012年9月3日アクセス）。
12 スウェットショップ：労働搾取。過酷な環境で労働者を抑圧する工場。
13 中華徵信所は1961年に設立された台湾有数の市場および企業調査・分析企業である。
14 鉅亨網新聞「中華徵信所：台湾百大集團國際化　購併，多角化是「新微笑曲線」！」2011.10.26　http://news.cnyes.com/content/20111026/KDZUV3XC66TDR.shtml（2012年10月3日アクセス）。
15 台湾最大の食品・物流企業グループである。1967年設立。
16 1968年に1艘の貨物船から起業した運輸事業を中心とした企業グループである。台湾初の民営航空会社（長榮航空／エバー航空）も設立し，海運，空運，ホテル，物流，警備などの事業を手掛けている。
17 GRI（Global Reporting Initiative）は全世界で通用する企業の持続可能性報告書のガイドラインを作るために，世界各国のコンサルタントや経営者団体，企業，市民団体などの協力で設立されたNGO組織である。GRIのガイドラインは企業の環境報告書やCSRレポートを作成するさいに参考にされるグローバル・スタンダードとなって

いる。

18 「企業社会責任報告書全球験証風潮」2010. 10. 15, 経済部・台湾企業社会責任ホームページ http://csr.moea.gov.tw/articles/articles_content.aspx?ID=MTAwMDE0Mg==（2012年9月16日アクセス）。
19 「十大家族」とは、台塑グループの王家、遠東グループの徐家、富邦グループの蔡家、国泰グループの蔡家、統一グループの台南幇（同じ地域出身者が形成したパートナー組織の家族企業グループ）、中信グループの辜家、和信グループの辜家、裕隆グループの嚴家、台新グループの呉家、新光グループの呉家、永豊餘グループの何家、華南グループの林家、大同グループの林家である。
20 2011年台塑關係企業ホームページ、企業年報2011 http://www.fpg.com.tw/html/abu/yearreport/2011fpg.pdf（2012年9月27日アクセス）。
21 日本経済新聞「大型製鉄所計画，東南アで始動」2012年8月22日付。
22 2011年台塑關係企業・経営概況ホームページ http://www.fpg.com.tw/html/abu/abu_yrp_lst.htm（2011年9月27日アクセス）。
23 台塑關係企業・六軽経済貢献ホームページ http://www.fpcc.com.tw/six/six_11.asp（2012年9月27日アクセス）。
24 自由時報電子版「螺絲鬆了，勞検處長批台塑化」2010. 9. 16 http://www.liberty-times.com.tw/2010/new/sep/16/today-life10.htm（2012年9月27日アクセス）。
25 AA1000AS（Accountability 1000 Assurance Standard）は英国NGO法人のアカウンタビリティ（AccountAbility）社が2003年3月に発表した第三者保証規格である。
26 台塑グループのCSRレポートは3年連続公開されてきたが、2008年版は同年12月末に公開したのに対し、2009年版は翌年の2010年7月、2010年版は2011年の年末になってからの公開となった。
27 『遠見雑誌』の「2007年企業社会責任大調査」の調査対象は2006年に台湾にある674社の株式上場企業（前年度に上場した企業を含まず）および資本金2億元、台湾における従業員数200人以上の100％外資系企業78社である。調査機関は2007年1月12日～1月31日である。台湾の株式上場企業よりの回収率が38.13％で、トップ200の上場大手企業からの回収率は46.5％であった。
28 『日本経済新聞』「広達電脳（台湾），パソコン下請け脱却に壁（アジア企業戦略解剖）」2012年9月24日付。
29 『日本経済新聞』「鴻海，重慶に大型工場」2012年10月17日付。

参考文献

岡本享二（2008）『進化するCSR―「企業責任」論を超えた＜変革＞への視点』JIPMソリューション。
経営倫理実践研究センター・日本経営倫理学会CSR研究部会（2009）『ビジネスマンのためのCSRハンドブック―先進企業の事例から用語解説まで』PHP研究所。
高巖・日経CSRプロジェクト（2004）『CSR―企業の価値をどう高めるか』日本経済新聞

社。
ボーゲル・D. 著,小松由紀子・村上美智子・田村勝省訳(2007)『企業の社会的責任(CSR)の徹底研究利益の追求と美徳のバランス―その事例による検証』一灯舎。
葉聰明(2008)『台湾のコーポレートガバナンスと企業価値』白桃書房。
渡辺利夫・朝本照雄編著(2010)『台湾経済読本』勁草書房。

張翔一・黄靖萱(2010)「華麗一族」『天下雑誌』第462号, pp.124-136。
財信出版編著(2009)『台湾最強企業力』財信出版。
王振寰・温肇東編(2011)『百年企業・産業百年―臺湾企業発展史』国立政治大学・巨流図書股份有限公司共同出版。
郭泰(2005)『王永慶奮鬥傳奇』遠流出版。

台湾經濟部・企業社会責任ホームページ　http://csr.moea.gov.tw/main.aspx
台湾經濟部・中小企業處ホームページ　http://www.moeasmea.gov.tw/np.asp?ctNode=676&mp=1
台塑グループホームページ　http://www.fpg.com.tw/
社團法人中華民國企業永續發展協會(BCSD-TAIWAN, ROC)ホームページ　http://www.bcsd.org.tw/

●●● あとがき

　日本経営倫理学会は1993年に設立され，本年2013年は20周年に当たる。本書はその記念事業のひとつとして企画・出版された。
　本学会は故・水谷雅一先生の経営倫理研究にかける強い思いで設立された。先生は実務家（古河電気工業の役員）として活躍された後，研究者になった（神奈川大学教授，名誉教授）。実務家時代，1980年代にアメリカで耳にした"Business Ethics"が日本でも重要な研究課題であることを痛感し，研究者として歩み始めた1990年，企業人，研究者，ジャーナリスト十数名を集めて「経営倫理を考える会」（筆者もそのひとり）を作り，1993年には日本経営倫理学会を立ち上げた。時はわが国経済のバブル崩壊後と重なり，産業界では次々と不祥事が起こり，日本企業の経営倫理が問われる要因となった。これと相まって本学会の研究活動も少しずつ注目されるようになり，会員数も拡大した。水谷先生は学会設立にとどまらず，三位一体構想と称して，実務家への啓蒙，普及の場である「経営倫理実践研究センター」（2011年より一般社団法人）の設立（1996年），経営倫理の専門家を育成する「日本経営倫理士協会」（1998年設立，現在まで480名の「経営倫理士」育成）を創設された。これらの三位一体の活動は，現在も産学協同の視点からユニークで活発な研究を続けている。
　2008年からは企業の社会責任，経営倫理を早くから研究され，本学会の発展に大きな力を注がれた小林俊治先生（早稲田大学教授，現在名誉教授）が引き継がれ会長となった。小林先生のもとで日本経営倫理学会は活発な研究活動を行っていたが，先生が体調を崩されたこともあり，2009年より私が引き継ぐことになった。
　私はこれまで経営倫理の研究というよりも企業の国際化，グローバル化に関心をもってきた。しかし，一方では日本企業のますますの国際化が進展するなかで，世界に貢献できるグローバル企業の基本として経営倫理の研究は

欠かせない領域であると思っていた。このような背景もあって日本経営倫理学会が20周年を迎えるにあたりその記念出版として企画したのが本書である。幸い本学会にはこの領域に関心を持つ第一線の研究者が多く，それぞれの専門分野で各章を構成することができた。今日，日本企業のグローバル化が進展するなかで本書が産業界，学界等多くのところで参考に寄与することを願っている。

2013年4月

編著者代表　高橋　浩夫

●●● 索　引

■事項索引

あ行

相手先ブランド製造……………………… 234
アカウンタビリティ……………………… 192
アジア企業支配構造研究所……………… 220
アディダス………………………………… 119
アパルトヘイト……………………………… 4
アムネスティインターナショナル…… 192
アングロ・サクソン型経営……………… 216
イギリス規格協会………………………… 193
イギリス銀行協会………………………… 192
イギリス公認会計士勅許協会…………… 193
イギリス産業連盟………………………… 190
イギリス保険業協会…………………191, 192
イタリア式申告……………………………… 32
一般社団法人経営倫理実践研究センター
　　……………………………………… 133
失われた10年……………………………… 145
エスノセントリック………………………… 4
延世大学企業倫理研究センター………… 220
応用倫理……………………………………… 6
「思いやり」の倫理………………………… 12
オリセットネット…………………………… 55

か行

海外腐敗行為防止法……………………… 113
会社本位主義……………………………… 181
価値共有型…………………………… 66, 103
「価値共有型」の経営倫理………………… 77

ガバナンスガイドライン………………… 159
株主代表訴訟……………………………… 104
環境管理の14000………………………… 200
環境保護活動……………………………… 157
韓国グローバル企業……………………… 216
韓国倫理経営学会………………………… 220
カント主義………………………………… 12
企業行動基準……………………………… 114
企業倫理委員会……………………………… 7
企業倫理教育の実施……………………… 171
企業倫理コード……………………………… 8
疑似宗教…………………………………… 11
業績連動報酬制度………………………… 160
京セラフィロソフィ……………………… 65
共約不可能性……………………………… 38
グラミン（Grameen）銀行……………… 54
グラミンレディー………………………… 58
グリーンピース…………………………… 192
グローバル企業行動基準………………… 149
グローバル・コンパクト………… ii, 121, 149
グローバル CSR…………………………… 48
経営トップの報酬の情報公開…………… 160
慶應義塾大学 COE 調査………………… 104
経済同友会………………………………… 76
継続的事業体……………………………… 201
啓発された自己利益………………… 199, 201
啓発的自己利益…………………………… 59
ゲゼルシャフト…………………………… 11
ゲマインシャフト………………………… 11
コア・コンピタンス……………………… 55

251

ゴーイング・コンサーン……………	235
公共財……………………………	204
鴻精密工業………………………	232
郷にいれば，郷に従え……………	30, 32
国際共同体主義…………………	38
国際商業会議所（ICC）…………	5
国際人権章典……………………	20
国際的共同体主義………………	33, 39, 40
国際統合報告委員会……………	159
国際標準化機構…………………	200
国連開発計画……………………	207
国連グローバル・コンパクト……	122
国連人権委員会…………………	16
国連人権宣言……………………	5
国連人権理事会…………………	15
国連多国籍企業委員会…………	4, 5
個人主義倫理……………………	10
コーズリレーテッド・マーケティング	
………………………………………	208
コード・オブ・コンダクト…………	6
コーネル大学ジョンソンスクール…	60
個別主義倫理……………………	10
コーポレートガバナンス…………	241
コマーシアリスタ…………………	31
コミュニカティブ倫理……………	10
コンセンサス倫理…………………	10
コンテキスト………………………	4
コンプライアンス…………………	98
コンプライアンス型………………	103

さ 行

サイバー申聞鼓制度……………	226
サスティナビリティ………………	62
サスティナビリティ社……………	192
サプライチェーン…………………	58
サプライチェーン管理……………	16

サプライヤー行動憲章…………	223
ザ・ボディショップ………………	197
サムスングループ…………………	221
サムスン社会奉仕団……………	222
サリバン原則……………………	7
三綱五常…………………………	217
シグマ・プロジェクト……………	193
事前対応…………………………	103
私的財……………………………	204
指導原則…………………………	15
社会責任投資フォーラム………	190
社会的企業………………………	81
社会的衝撃………………………	70
社会的責任投資…………………	81, 222
社外取締役兼任のガイドラインや社内	
規定……………………………	160
社会問題…………………………	70
従業員の誠実性に関する調査報告…	101
宗教の多様性……………………	11
主観主義的道徳観………………	34
儒教思想…………………………	217
状況主義的倫理…………………	179
状況主義的倫理観………………	181
職業倫理…………………………	8
ジョンソン・エンド・ジョンソン…	66
人権尊重責任……………………	17, 19
人権保障義務……………………	17
人権擁護団体……………………	17
人種差別…………………………	149
人種差別撤廃……………………	8
真当性……………………………	35
スウェットショップ………………	234
ステークホルダー…………………	66
ステークホルダーエンゲージメント…	104
ストックオプション………………	160
製造物賠償責任…………………	110

製品・市場マトリクス戦略	57	デュデリジェンス・ガイダンス	16
西洋の合理的意識構造	218	デュデリジェンス・プロセス	21
世界銀行	52	天下雑誌	231, 235
世界の工場	145	当為判断の停止	32
世界の市場	145	統合社会契約理論	33
絶対主義	30	倒産動向調査	101
セーフティネット	84	同族経営	233
攻めの倫理	iii	道徳情操論	187
全国経営人連合会	220	道徳的自由空間	35
戦略的（Strategic）CSR	48	道徳的自由空間の領域	36
戦略的フィランソロピー	49	東洋経済新報社『CSR企業総覧』	154
総会屋	170	独禁法遵守規定	6
ソーシャル・エンタープライズ	82	ドッド＝フランク法1502条	23
ソーシャル・ニーズ	55	トランスペアレンシー・インターナショナル	194
		トリプルボトムライン	76, 192

た 行

台塑グループ	236		
ダイバーシティ	72		
タイレノールの毒物混入事件	73	### な 行	
大和銀行のニューヨーク支店の巨額損失事件	104	ナイキ	119
台湾積体電路	231	ナイジェリアのシェル反対運動	113
ダウ・ジョーンズ	153	内部告発	3, 224
多国籍企業行動指針	121	西村あさひ法律事務所	99
多国籍企業センター	121	21世紀の企業人格の位置	iv
多国籍企業の行動基準	iii	20世紀の企業人格の位置	iv
多国籍企業の行動指針	4	日米経済摩擦	13
縦型集団主義	219	日本監査役協会	101
多民族国家	9	日本経営倫理学会実証調査部会	104
中国信託	232	日本経団連	146
中国特需	145	日本生産性本部	7
長榮（エバーグリーン）グループ	234	日本ポリグル	60
超規範	39	人間本位の資本主義	88
帝国データバンク	101	ネオ・リベラリズム	84
適法性の原理	35	ノートン	6
手続的正当性原理	35		

は 行

バークレーズ銀行 197

ハラル……………………………………53	マルチリージョナル段階………………3
バリュー・シェアリング（価値共有）型 ………………………………… 109	ミクロ社会契約……………………………34
バリューシフト………………………… v	ミレニアム開発目標……………………50
反企業感情………………………… 216	や 行
反グローバリズム……………………85	優先順位確立の原則……………………36
反トラスト法違反………………… 110	ユニセフ……………………………………55
ファーストリテイリング……………62	ユノカルのミャンマーにおける人権弾圧疑惑 …………………………… 113
ファミリー企業………………………67	
フィランソロピー…………………49, 209	横型集団主義………………………… 219
フェアトレード………………………81	予防倫理……………………………………49
覆面性の保証…………………………41	ら 行
普遍主義倫理…………………………10	
プーマ…………………………… 119	ラギー・レポート………………… 16, 18
ブランド・イメージの低下………… 102	利益供与事件……………………… 170
フリーライダー…………………… 204	リバタリアニズム……………………84
分社分権化経営………………………68	倫理監査室………………………………7
紛争鉱物デュデリジェンス・ガイダンス ………………………………27	倫理綱領…………………………………7
	倫理相対主義……………………… 179, 181
文脈的自由空間………………………42	倫理帝国主義……………………………30
米国三菱自動車のセクハラ事件…… 104	レスポンシブル・サプライチェーン・マネジメント…………………… 113
ベスタガード・フランドセン………56	
ベネフィット・コーポレーション…… 210	レピュテーション（評判）の低下… 102
ヘルシープラネット……………………71	連邦量刑ガイドライン…………… 104
ベンサム的な功利主義…………………5	労働搾取（スウェットショップ）…… 113
変種の企業………………………… 210	ロールズ的正義論………………………5
ペンシルバニア大学ウォートン・スクール ……………………………12	ロールバックマラリア…………………55
	ロンドン証券取引所……………… 191
ベントレー調査……………………… 170	わ 行
ポスコ……………………………… 226	
ポバティ・ペナルティ………………52	我が信条（Our Credo）………… 66, 68

ま 行

マイノリティ問題………………… 149	
守りの倫理………………………………iii	
マルチドメステック段階………………3	

欧文

Baucus and Near（1991）の研究 …… 110
Baumhart（1961）の調査研究 ……… 172
BOP ……………………………… 47, 207
BP のサスティナビリティ報告書 …… 196
BRICs ……………………………… 50, 145
Credo チャレンジミーティング ……… 75
CSV ………………………………………… 48
EABIS ……………………………………… 194
EBEN ……………………………………… 194
EU の成立 …………………………………… 4
GATT ………………………………………… 4
GRI ………………………………… ⅱ, 235
GRI ガイドライン ……………………… 124
ILO …………………………………………… 5
ISO26000 ……………………… 22, 125, 150
ISO9000 シリーズ ……………………… 200
JAL フィロソフィ ………………………… 65
NGO ……………………………………… 119
OECD ……………………………………… 4, 5
OECD デュデリジェンス・ガイダンス
　……………………………………………… 24
UNDP ……………………………………… 55
WHO ……………………………………… 55

■人名索引

A〜C

Aguilar, F. ………………………………… ⅰ
Albert, M. ………………………………… 10
Annan, K. ………………………………… 121
Ansoff, H. I. ……………………………… 57
Aristotle ………………………………… 202
Barney, J. B. ……………………………… 89
Bassiry, G. R. ……………………………… 4
Baumol, W. J. …………………………… 203
Beauchamp, T. …………………………… 13
Bevan, D. ………………………………… 190
Cadbury, A. ……………………………… 188
Charkham, J. …………………………… 188
Chittiwatanapong, P. …………………… 11
Ciulla, J. B. ………………………………… 9
Csikszentmihalyi, M. …………………… 91

D〜G

Donaldson, T. ………………………… 12, 33
Drucker, P. F. …………………………… 70
Dunfee, T. ………………………………… 33
Etzioni, A. ………………………………… 34
Fisher, C. ………………………………… 189
Fredrick, W. C. …………………………… 12
Freeman, E. ……………………………… 12
Friedman, M. ……………………… 12, 188, 208
Getz, K. A. ………………………………… 5
Gilder, G. ………………………………… 85
Gilligan, C. ……………………………… 86
Goodpaster, K. E. ……………………… 189

H〜L

Habermas, J. ……………………………… 41
Hart, S. L. ………………………………… 50

Hendry, J. 190
Hobbes, T. 202
Johnson, P. 188
Keim, G. D. 202
Kohlberg, L. 86, 188
Kramar, M. R. 49, 208
Levinas, E. 190
Lewis, S. 12
Lewis, D. 190
Lovell, A. 189

M

MacIntyre, A. 34
Maclagan, P. 188
Marshall, A. 187
Mathews, M. C. 9
Mead, E. 66
Milstein, M. B. 59
Moon, J. 188

P・R

Paine, L. S. v
Porter, M. E. 49, 87, 208
Prahalad, C. K. 50, 207
Putnum, R. D. 90
Rawls, J. 41
Ruggie, J. 16

S・T

Sandel, M. 33
Sarbu, S. 12
Sheldon, O 187
Simanis, E. 60
Smith, A. 187, 201
Smith, K. 188
Sternberg, E. 189

Stewart, D. 202
Taylor, C. 33

V・W

Velasqez, M. G. 189
Vogel, D. 10
Vonnegut, K. 13
Walzer, M. 34
Wood, J. 66
Wood, R. 66

●●● 日本経営倫理学会
（Japan Society for Business Ethics Study: JABES）

○1991年，産学の有志が集い「経営倫理を考える会」が発足。1993年4月に「日本経営倫理学会」創立。

○目的は
経営倫理問題に関する事項について，学術的かつ実際的な研究を行い，その研究成果の発表，診断指導技法の開発，国内及び諸外国における関連学会・研究団体との交流及び情報交換並びに連携，関連資料等の刊行等の事業活動を通じて会員相互の協力と資質の向上を促進し，わが国における経営倫理問題の発展に寄与することを目的としている。

○現在の活動は
・年1回の研究発表大会・年次総会の開催
・研究交流例会（原則とし隔月）の開催
・研究部会（理念哲学研究部会，監査・ガバナンス研究部会，企業行動研究部会，実証調査研究部会，CSR研究部会，経営倫理教育研究部会）の開催
・学会報・学会誌の発行をはじめ，経営・経済関係雑誌，書籍，新聞等への研究リポート，論文の発表掲載
・地方組織（関西地区研究部会，中部地区研究部会）活動
・経営倫理シンポジウムの開催
・国際交流・協力活動の推進

○学会事務局は
〒102-0083
東京都千代田区麹町4-5-4　桜井ビル
TEL　03-3221-1477　　FAX　03-3221-1478
URL　http://www.jabes1993.org/

○出版物は
日本経営倫理学会誌（1993年第1号より2013年3月まで第20号まで発刊）
学会報（1993年第1号より2013年3月まで第63号まで発行）

●●● 一般社団法人経営倫理実践研究センター
(Business Ethics Research Center: BERC)

○わが国産業界の相次ぐ不祥事をかんがみ，経営倫理の重要性を広く産業界に普及するために1997年11月発足。任意団体として活動してきたが2009年10月より一般社団法人経営倫理実践研究センターの組織になる。

○主な活動は
- 経営倫理の実践に関する内外の情報・資料の収集・研究
- 経営倫理の企業への普及啓発に必要な知識・情報・ノウハウの提供
- 企業における経営倫理網領（Code of Conduct）の作成ならびにその遵守徹底に関するコンサルティング
- 企業における経営倫理に関する社員研修用の資料・教材・マニュアルの作成と提供，ならびに講演会・シンポジウムの随時開催
- 企業のコーポレート・ガバナンスや新しい時代に求められる取締役・監査役のあり方に関する研究・指導サービス等の提供
- 企業における経営倫理担当最高責任者（BEO）の集合する合同会議の開催とBEO間の経験交流機会の提供
- 研究部会には監査，CSR，ケース，関西等の各部会の他，研究会を設けて活動を行っている

○本部は
　〒102-0083
　東京都千代田区麹町4-5-4　桜井ビル
　TEL　03-3221-1477　　FAX　03-3221-1478
　URL　http://www.berc.gr.jp/

○出版物は
　季刊誌『経営倫理』（2013年4月まで第70号発刊）
　「BERCニュース」Web版　http://www.berc.gr.jp/modules/contents7/

●●● 世界における経営倫理・CSR の研究機関

○ University of British Columbia Center for Applied Ethics
このウェブサイトに入れば応用倫理関係のホームページにアクセスできるので大変便利。ここから検索を始めるのが早道である。http://www.ethics.ubc.ca/resources/
http://www.ethics.ubc.ca/resources/business/
このページは前のブリティッシュ・コロンビア大学のサイトから入る。ここに入ると Code of Ethics, Ethics Institutes & Organization, Research など有益な情報が満載されている。Codes of Ethics の項目には Johnson & Johnson の Our Credo をはじめ11社のコードと8団体のコートが載っている。

○ Society for Business Ethics（アメリカ企業倫理学会）
学問的な研究状況を把握するためにはこの学会に入会するのが一番良い。入会すると Business Ethics Quarterly が送られてくるほか年4回送られてくる Newsletter には年次大会，新刊，書評，全世界で催されるビジネス倫理関係のカンファレンス情報などが満載されている。http://www.sbeonline.org

○ The Ethics and Compliance Officer Association（ECOA）
アメリカ最大の企業倫理実務家の集まり。実務的な事柄を学ぶためにはこの団体に入るのがよい。ただし企業で倫理の実務に携わっていること，同業他者の人々にも自社の取組み状況や，有益な情報を共有することなどが入会の条件となる。年に数回のトレーニングセミナーなどが行われている。http://www.theecoa.org/

○ Council for Ethics in Economics
ハイオ州コロンバスに本拠地を置くこの団体は実務家向けのプログラムが主である。この団体の特徴は世界中にネットワークがあること。過去に企業倫理の世界大会を数回開催している。http://www.businessethics.org/

○ Ethics Resource Center
ワシントンD・Cに本拠を置くこのセンターは，過去に何回も全米規模での企業倫理調査を行っており，統計的なデータを多く所有している。こうした調査をもとにした，独自のコンサルテーションシステムを持っている。http://www.ethics.org/

○ European Business Ethics Network
ヨーロッパのビジネス倫理関係の学者，実務家の集まりで産学共同の色彩が強い。アメリカの Society for Business Ethics のヨーロッパにおける姉妹団体であり，毎年秋に年次大会が開かれる。http://www.eben-net.org/

○ CSR ヨーロッパ
ベルギーのブリュッセルに本拠地を置くこの団体は企業社会責任論や SRI などを課題とする欧州企業のネットワーク。1995年に前欧州連合委員長の Jacques Delors 氏の提唱で始まった。全欧13カ国40社以上のメンバー企業を擁する。企業倫理という言葉こそ使用していないが，欧州における企業倫理担当者の集まり。http://www.csreurope.org

出所：梅津光弘（2002）『ビジネスの倫理学』丸善を参照

●●● 編著者紹介

小林俊治（こばやし　しゅんじ）
　　1967年早稲田大学大学院商学研究科博士課程単位取得。1990年商学博士（早稲田大学）。1975年早稲田大学商学部教授。現在，早稲田大学名誉教授。前日本経営倫理学会会長，元日本経営学会理事長。監修『明治に学ぶ企業倫理』『大正に学ぶ企業倫理』他

高橋浩夫（たかはし　ひろお）
　　1969年関東学院大学大学院経済学研究科修了，経営学博士（中央大学），ニューヨーク大学客員研究員（1972-1974）．現在，白鷗大学大学院経営学研究科教授，宇都宮大学大学院客員教授，ペース大学（ニューヨーク）大学院客員教授（2003-2004），日本経営倫理学会会長，多国籍企業学会理事他。著書『研究開発のグローバルネットワーク』，編著『企業倫理網領の制定と実践』，共訳『企業の経営倫理と成長戦略』他多数

●●● 執筆者紹介（執筆順）

小林俊治（こばやし　しゅんじ）〈第1章〉

高　巌（たか　いわお）〈第2章〉
　　1985年早稲田大学大学院商学研究科博士課程修了，商学博士（早稲田大学）。米ウォートンスクール客員研究員などを経て，現在，麗澤大学大学院経済研究科教授，京都大学経営管理大学院客員教授。ISOSR 高等戦略諮問会議日本代表，2008年9月，全米企業倫理コンプライアンス協会より「国際企業倫理コンプライアンス賞」を受賞。著書『コンプライアンスの知識』『ビジネスエシックス』他

田中敬幸（たなか　たかゆき）〈第2章〉
　　2012年麗澤大学大学院国際経済研究科博士課程修了，経営学博士。現在，麗澤大学非常勤講師，企業倫理研究センター特別研究員。共同執筆『経営倫理用語辞典』，論文「ビジネスにおける社会契約─統合社会契約論を巡る議論の限界と新たな可能性を模索して」「コミュニタリアニズムの「企業の社会的責任」論」「サブプライムローン問題とビジネス・エシックス」他

梅津光弘（うめづ　みつひろ）〈第3章〉
　　1980年慶應義塾大学文学部卒業，1999年シカゴ・ロヨラ大学大学院博士課程卒業（Ph.D.取得）。ノースウェスタン大学専任講師等を経て慶應義塾大学商学部准教授。慶應義塾大学国際センター副所長，日本経営倫理学会副会長等を兼任。著書『ビジネスの倫理学』，共著『日本の企業倫理』，共訳『ハーバードのケースで学ぶ企業倫理』他

水尾順一（みずお　じゅんいち）〈第4章〉
　1970年神戸商科大学卒業。㈱資生堂を経て，現在，駿河台大学経済経営学部教授，東京工業大学大学院兼任講師，経営倫理実践研究センター上席研究員。博士（経営学：専修大学），日本経営倫理学会常任理事，2010年ロンドン大学客員研究員。2008-2009年度経済産業省BOPビジネス研究会等（座長，委員）。著書『CSRで経営力を高める』『セルフ・ガバナンスの経営倫理』，編著『人にやさしい会社』他

葉山彩蘭（はやま　さいらん）〈第5章〉
　2004年横浜国立大学大学院国際社会科学研究科博士課程修了，経営学博士。現在，淑徳大学経営学部教授，日本経営倫理学会常任理事。著書『企業市民モデルの構築』，分担執筆『トップ・マネジメントの経営倫理』『理論とケースで学ぶ国際ビジネス』『経営倫理用語辞典』，論文「グローバル人材育成の課題と展望―20大学の経営教育プログラムの検証から」他

潜道文子（せんどう　あやこ）〈第6章〉
　1998年早稲田大学大学院商学研究科博士後期課程単位取得。博士（商学：早稲田大学）。現在，拓殖大学商学部教授，拓殖大学経営経理研究所所長，日本経営倫理学会常任理事。専門は，企業と社会論，経営戦略論。分担執筆『経営倫理』『江戸に学ぶ企業倫理』『フロー理論の展開』他

野村千佳子（のむら　ちかこ）〈第7章〉
　2002年早稲田大学大学院商学研究科博士後期課程単位取得退学。現在，山梨学院大学経営情報学部教授，日本経営倫理学会理事，山梨県総合計画審議会委員他。共著『個を尊重するマネジメント』，分担執筆『明治に学ぶ企業倫理』『トップ・マネジメントの経営倫理』『企業家活動でたどる日本の金融事業史』他

根岸可奈子（ねぎし　かなこ）〈第8章〉
　2012年中央大学大学院商学研究科商学専攻博士後期課程修了。経営学博士。現在，高崎商科大学，中央大学，東洋大学非常勤講師。分担執筆『現代企業の社会性』，論文「国連における多国籍企業行動指針―1972年から1993年を中心に」「多国籍企業のCSR―スターバックス社とCIの取り組み」他

高橋　浩夫（たかはし　ひろお）〈第9章〉

蟻生俊夫（ありう　としお）〈第10章〉
　1988年東北大学大学院工学研究科修士課程終了。ドイツ・ケルン大学エネルギー経済研究所・客員研究員などを経て，現在，一般財団法人電力中央研究所社会経済研究所上席研究員，白鷗大学経営学部兼任講師，日本経営倫理学会理事。編著『CSRイニシアチブ』『やさしいCSRイニシアチブ』，分担執筆『CSRマネジメント』，論文「グローバル経済下の経営倫理」他

中野千秋（なかの　ちあき）〈第11章〉
　1985年慶応義塾大学商学研究科博士課程修了，ジョージワシントン大学経営行政管理大学院客員研究員（1988－1990），ジョージワシントン大学博士（Ph.D.）。現在, 麗澤大学経済学部・大学院経済研究科教授および企業倫理研究センター長，日本経営倫理学会常任理事。著書 *Ethics-At-Work in Japanese Business* 他論文多数

出見世信之（でみせ　のぶゆき）〈第12章〉
　1997年明治大学大学院商学研究科博士後期課程修了，商学博士（明治大学）。亜細亜大学短期大学部専任講師，埼玉大学経済学部助教授を経て，現在，明治大学商学部教授，サリー大学セントメリーズ・カレッジ客員教授（2006－2007）。著書『企業倫理入門』『企業統治問題の経営学的研究』，共著『日本の企業倫理』，共訳『利害関係者志向の経営』他

鈴木由紀子（すずき　ゆきこ）〈第13章〉
　慶應義塾大学大学院商学研究科経営学・会計学専攻博士課程単位取得退学。現在，日本大学商学部准教授，日本経営倫理学会会員。共著『日本の企業倫理』，分担執筆『コーポレート・ガバナンスと企業倫理の国際比較』，共訳『企業倫理』他

文　載皓（むん　ちぇほー）〈第14章〉
　明治大学商学研究科博士前期・後期課程修了，商学博士。浜松大学経営情報学部専任講師。現在，常葉大学経営学部准教授，玉川大学マネジメント研究科講師，日本経営倫理学会理事。共著『CSR グランド戦略』，分担執筆『コーポレート・ガバナンスと企業倫理の国際比較』『経営品質科学の研究』他

鄭　安君（てい　あんくん）〈第15章〉
　2002年白鷗大学大学院経営学研究科修士課程修了，日本経営倫理学会会員。現在，白鷗大学ビジネス開発研究所研究員，相模女子大学非常勤講師。共著『ケースブック現代の国際経営』（白鷗大学ビジネス開発研究所），研究調査報告「韓国，台湾におけるソフト資源の動向に関する調査研究成果報告書（共同）」，共同執筆「台湾の大学における日本企業の研修について」他

グローバル企業の経営倫理・ＣＳＲ　　〈検印省略〉

■発行日──2013年6月6日　初版発行

■監　修──日本経営倫理学会
■編著者──小林俊治・高橋浩夫
■発行者──大矢栄一郎
■発行所──株式会社 白桃書房

　　　　〒101-0021　東京都千代田区外神田5-1-15
　　　　☎03-3836-4781　FAX03-3836-9370　振替 00100-4-20192
　　　　http://www.hakutou.co.jp/

■印刷／製本──亜細亜印刷

Ⓒ S. Kobayashi & H. Takahashi 2013　Printed in Japan
ISBN 978-4-561-26600-6 C3034

本書のコピー，スキャン，デジタル化等の無断複製は著作権法上での例外を除き禁じられています。本書を代行業者等の第三者に依頼してスキャンやデジタル化することは，たとえ個人や家庭内の利用であっても著作権法上認められておりません。

JCOPY 〈(社)出版者著作権管理機構 委託出版物〉
本書の無断複写は著作権法上での例外を除き禁じられています。複写される場合は，そのつど事前に，(社)出版者著作権管理機構（電話 03-3513-6969, FAX 03-3513-3979, e-mail：info@jcopy.or.jp）の許諾を得て下さい。

落丁本・乱丁本はおとりかえいたします。

好評書

日本経営倫理学会・(社) 経営倫理実践研究センター監修／高橋浩夫編著
トップ・マネジメントの経営倫理 本体3000円

高橋浩夫著
グローバル企業のトップマネジメント 本体2500円
―本社の戦略的要件とグローバルリーダーの育成―

企業倫理研究グループ・代表中村瑞穂著
日本の企業倫理 本体2800円
―企業倫理の研究と実践―

D. スチュアート著／企業倫理研究グループ・代表中村瑞穂訳
企業倫理 本体3000円

葉山彩蘭著
企業市民モデルの構築 本体2800円
―新しい企業と社会の関係―

黒川保美・赤羽新太郎編著
E.M. エプスタイン・山口厚江・水村典弘・文載皓・風間信隆・国田清志著
CSR グランド戦略 本体2381円

―――― 東京　**白桃書房**　神田 ――――

本広告の価格は本体価格です。別途消費税が加算されます。

好 評 書

田中宏司・水尾順一編著
人にやさしい会社 本体2381円
―安全・安心、絆の経営―

樋口晴彦著
組織不祥事研究 本体4000円
―組織不祥事を引き起こす潜在的原因の解明―

イーラーン・トレーニング・カンパニー著／小宮路雅博訳
イメージとレピュテーションの戦略管理 本体2381円

馬越恵美子・桑名義晴編著／異文化経営学会著
異文化経営の世界 本体3300円
―その理論と実践―

赤羽新太郎編著
経営の新潮流 本体2400円
―コーポレートガバナンスと企業倫理―

上田和勇編著
環境変化とリスクマネジメントの新展開 本体2800円

――――――― 東京　白桃書房　神田 ―――――――

本広告の価格は本体価格です。別途消費税が加算されます。

日本経営倫理学会編
経営倫理用語辞典

日本経営倫理学会が総力を挙げ編纂した，本邦初の本格的な用語辞典。経営学，倫理学はもとより，経済学，哲学，社会学，法学，心理学，宗教学，教育学，環境学といった内容から項目を厳選。経営倫理関係者の必携必備図書。

ISBN978-4-561-25474-4　C3534　Ｂ６判　336頁　本体2600円

株式会社
白桃書房

（表示価格には別途消費税がかかります）